Dieses Buch ist der unveränderte Reprint einer älteren Ausgabe.

Erschienen bei FISCHER Digital

Heddérichstr. 114, D-60596 Frankfurt am Main

Printed in Germany
ISBN 978-3-596-31679-3

Fischer

Weitere Informationen finden Sie auf
www.fischerverlage.de.

Auch der Erwachsene hat noch oft darunter zu leiden, wenn seine Eltern sich scheiden ließen, als er noch ein Kind war. Diese Tatsache blieb lange unberücksichtigt, denn das Interesse der Forschung galt den Kindern oder den Geschiedenen selbst. Dieser neue Blickwinkel – die langfristigen Folgen, die noch an Erwachsenen zu beobachten sind – eröffnet eine Fülle von erstaunlichen Beobachtungen. Der Familienstil, also die Art des Umgangs miteinander und mit Sachverhalten, prägt weitgehend die Möglichkeiten, die der einzelne hat, um mit den Folgen umzugehen. Trotzdem bleiben bestimmte Symptome bei den betroffenen Erwachsenen.

Edward W. Beal ist Psychiater und hat mehrere Bücher über Familien-, Scheidungs- und Sorgerechtsproblematiken geschrieben. Er lehrt an der Georgetown University Medical School, ist Vertreter des American Board of Psychiatry and Neurology und Mitglied der American Psychiatric Association.
Gloria Hochman arbeitet als freie Journalistin mit den Themenschwerpunkten Medizin, Psychologie und Soziales. In den letzten 15 Jahren wurden ihr 28 Preise für ihre Arbeiten verliehen. Sie lebt in Wynnewood, Pennsylvania.

Edward W. Beal
Gloria Hochman

Wenn Scheidungskinder erwachsen werden

Psychische Spätfolgen der Trennung

Aus dem Amerikanischen
von Aurel Ende

Fischer
Taschenbuch
Verlag

Ungekürzte Ausgabe
Veröffentlicht im Fischer Taschenbuch Verlag GmbH,
Frankfurt am Main, Juni 1994

Deutschsprachige Erstpublikation 1992
im Wolfgang Krüger Verlag, Frankfurt am Main

Die Originalausgabe erschien unter dem Titel
›Adult Children of Divorce‹
im Verlag Delacorte Press, New York

Druck und Bindung: Clausen & Bosse, Leck
Printed in Germany
ISBN 3-596-12271-6

Gedruckt auf chlor- und säurefreiem Papier

Dieses Buch ist gewidmet:

Unseren *Großeltern*
Herman Beal und Ann Vejraska
Chris Beck und Carrie Ward

Samuel und Ethel Ochman
Adolph und Elsie Honickman

Unseren *Eltern*
Edward Beal und Wanita Beck
Sarah und Abe Honickman

Unseren *Ehegatten*
Kathleen Redpath
Stanley Hochman

Unseren *Kindern*
Alan, Amy und Maryalice Beal
Anndee Elyn Hochman

Und *deren Kindern*

Inhalt

Teil 2

Wo Sie heute sind und wie Sie dort hinkamen

Teil 3

Den Teufelskreis durchbrechen

Teil 4

Scheidungsgeschwister

Teil 5

Scheidungs-Söhne

Teil 6

Scheidungs-Töchter

Geleitwort

Immer mehr Menschen lassen sich in den westlichen Industrie-Nationen scheiden. Dieser Trend scheint unaufhaltsam. In deutschsprachigen Ländern wird etwa jede dritte derzeit geschlossene Ehe wieder geschieden werden, in den Großstädten der USA schon jede zweite. Im letzten Jahrzehnt wuchs auch die Zahl der Studien, die die Langzeitfolgen einer Scheidung für die betroffenen Kinder untersuchen. Sie wurden mit unterschiedlichen Zielsetzungen und Methoden und an verschiedenen Bevölkerungsgruppen durchgeführt. Nicht wenige der Studien forderten begründete Kritik heraus. Insgesamt jedoch sprechen sie eine eindrucksvolle Sprache: Im statistischen Vergleich fahren Scheidungskinder schlechter als Kinder aus ungeschiedenen Ehen. Ihre Selbstsicherheit, Lebensfreude und -kraft scheinen mehr beeinträchtigt, sie sind anfälliger für körperliche und seelische Störungen und – vielleicht am bemerkenswertesten – weisen selbst eine, gegenüber Kindern aus ungeschiedenen Ehen, um 80% erhöhte Scheidungsrate auf.

Das vorliegende Buch wendet sich in erster Linie an Betroffene. Es ist verständlich geschrieben und verzichtet auf aufwendige wissenschaftliche Dokumentation. Dennoch – oder gerade deshalb – ist es inhaltsreich. Es spiegelt zum einen die klinische Erfahrung von Edward Beal, einem bekannten amerikanischen Familientherapeuten wider, und faßt zum zweiten die wesentlichen Resultate der bereits erwähnten Langzeitstudien zusammen. Aus meiner Sicht sind die amerikanischen und deutschen Verhältnisse weitgehend vergleichbar.

Insgesamt dürfte der Band sehr nachdenklich stimmen. Er erweist eindrucksvoll, auf wie viele Weisen und wie vergleichsweise lange sich eine Scheidung auf das erwachsene Leben der Scheidungskinder auswirkt, wobei sich im einzelnen allerdings große Unterschiede zeigen. So spielt etwa das Alter, in dem die Kinder die Scheidung von Eltern miterleben, eine wichtige Rolle. Besonders nachhaltig scheint sich diese auf Kinder auszuwirken, die dann etwa zwischen 12 und 16 Jahren alt sind. Auch hängt vieles davon ab, wie sich die Scheidung gestaltet und ob und wie die Eltern auch nach der Scheidung noch im Interesse ihrer Kinder zusammenzuarbeiten vermögen.

Und dennoch: Das Buch darf auch hoffnungsvoll stimmen. Es gibt keinen notwendigerweise familienweit zur Wirkung kommenden Wiederholungszwang. Die familientherapeutische Erfahrung lehrt vielmehr: Problematische Muster lassen sich erkennen und unterbrechen, leiderzeugende Vorannahmen lassen sich in Frage stellen, Vertrauensbereitschaft, Selbstsicherheit und Lebensglück lassen sich auch trotz Scheidungserfahrung finden. Ja, in nicht wenigen Fällen vermögen sich in der Auseinandersetzung mit dem Schicksal, Kind geschiedener Eltern zu sein, neue Quellen von Kraft und Möglichkeiten der Selbstverwirklichung erschließen. Ich wünsche dem Buch auch im deutschen Sprachraum eine weite Verbreitung.

Helm Stierlin

Vorwort

Dieses Buch ist ein wichtiger Teil dessen, was ich als kulturelle Überprüfung bezeichnen möchte: eine Überprüfung der ernsthaften Bedenken, ja sogar Befürchtungen, die viele Amerikaner, eingeschlossen unsere Psychiater, Psychologen und Sozialarbeiter, bezüglich des Überhandnehmens von Scheidungen in unserer Gesellschaft haben. Bis vor kurzem waren viele von uns, die mit Familien arbeiten, dazu geneigt, Scheidungen als Teil des modernen Lebens zu betrachten – etwas, was Paare tun (nicht weniger als die Hälfte aller Verheirateten), wenn sie über eine längere Zeitspanne hinweg nicht gut miteinander auskommen. Ich erinnere mich gut, vor zehn bis fünfzehn Jahren in Psychiater-Konferenzen gesessen zu haben, bei denen gelegentlich, sogar mit beachtlicher Zustimmung, über Scheidung diskutiert wurde: Besser auf diese Art auseinanderzugehen als in einer Ehe in Streit und Zwietracht zu leben. Ich erinnere mich an meine Überlegungen, daß keine wirkliche Anstrengung unternommen wurde, sich der Scheidung als eigenem, ernsthaftem Problem zuzuwenden – einem Schritt mit bleibenden Folgen für den Mann und die Frau, ganz zu schweigen von ihren Kindern. Die ganze Zeit lag der Nachdruck auf anderen Aspekten – Scheidung als »Konfliktlösung«, wie ich es einmal hörte: Zwei Menschen zanken sich oder noch schlimmer, sie passen nicht zueinander; sie stehen unter »Streß«; und so, es schien ganz natürlich, unternehmen sie Schritte, um ihre Ehe zu beenden. Da die Hälfte aller Eheschließungen der 70er und 80er Jahre mit einer Scheidung endeten, schien das Wort »natürlich« (für viele) nicht unangemessen zu sein.

Aber wer mit geschiedenen Männern und Frauen und ihren Kindern arbeitete, fing an, es anders zu sehen. Die Untersuchungen von Judith Wallerstein und ihren Kollegen wurden in den letzten Jahren in einer Vielzahl von sowohl wissenschaftlichen als auch populär-wissenschaftlichen Veröffentlichungen publiziert. Sie geben uns wichtige Informationen über die ernsthaften psychologischen Folgen für Scheidungskinder. Dieses Buch, die Arbeit eines Psychiaters – der Jahre mit Paaren in Scheidung, geschiedenen Männern und Frauen und ihren Kindern verbrachte – und einer mit Preisen ausgezeichneten Medizin-Journalistin, fügt einer Position, die viele Ärzte, Psychologen oder Sozialarbeiter einzunehmen beginnen, zusätzliches und hoch signifikantes Gewicht hinzu: Scheidungen als etwas, das lange und ernsthaft überdacht sein sollte, als etwas, das man tatkräftig vermeiden sollte, als etwas, dem man unverzüglich die tiefste Art psychologischer und moralischer Selbstprüfung bezüglich der Erwartungen widmen sollte.

Im wesentlichen sagen uns Dr. Beal und Gloria Hochman, daß Menschen, die eine Scheidung erwägen, nicht nur der üblichen Art »beratender« Hilfe bedürfen, sondern zusätzlich einer Art »Einspruchsinstanz«: Eine Ehe zu beenden ist ein enorm bedeutungsvoller Schritt mit psychischen Folgen, die nicht notwendigerweise verschwinden, wenn ein juristisches Urteil gefällt wurde, die sogar möglicherweise nie verschwinden, da das, was sich abspielte, ein Eigen-Leben in der psychischen Welt der Geschiedenen führt und mit größter Sicherheit auch in der ihrer Kinder. Es ist daher am besten (jedenfalls glauben das viele von uns), die Scheidung nicht nur als simples, normales Ereignis zu betrachten – also als einfache, zur Verfügung stehende Alternative zu den Schmerzen einer problembeladenen Ehe –, sondern eher als potentielle Tragödie eigener Art, also als eine Entscheidung, der mit großer, gewissenhafter und beharrlicher Ernsthaftigkeit begegnet werden sollte. In gewissem Sinn, abgesehen von religiösen Fragen, *ist* Scheidung sowohl ein moralisches wie auch ein psychologisches Problem. Wenn jemand sich darauf vorbereitet, etwas zu tun, das potentiell bleibende Folgen hat für das eigene wie auch das Leben anderer, insbesondere seiner Kinder, beschäftigt er sich ebenso mit Recht und Unrecht wie den psychologische Fragen, wie »geistige Gesundheit« oder »persönliches Wohlergehen«.

Ich hoffe, daß dieses Buch eine große Leserschaft von Männern und Frauen erreicht, die ihre Ehe in Frage stellen, oder die immer noch beunruhigende Erinnerungen an eine Ehe haben, die nicht funktionierte – die ihrer Eltern. Beal und Hochman schreiben klar, bedachtsam und mit Sensibilität – mit einer Einsicht, die man in Jahren sorgfältiger und aufmerksamer Arbeit in der klinischen Praxis gewinnt. Sie haben sozusagen aufgepaßt, haben bestimmte Lektionen gelernt, von denen ich glaube, daß viele andere sie noch lernen müssen: was Scheidung für uns am Ende des zwanzigsten Jahrhunderts wirklich bedeutet. Wenn durch dieses Buch mehr von uns wüßten, was sie wissen, dann, so glaube ich, wären weniger von uns wegen Scheidungen in den Gerichtssälen – denn vorangegangen wäre die hier empfohlene entschiedene und ernsthafte Selbsteinschätzung, die oft zur Seelensuche wird und die am leichtesten mit Hilfe anderer gelingt, seien es Ärzte, Therapeuten oder Geistliche. Dies ist ein Buch, so hofft und betet man, das viele von uns erinnern wird, daß wir auf der Suche nach einer Änderung unseres Verhaltens daran denken müssen, nach innen zu schauen – mehr um selbst geheilt zu werden als um eine wesentliche Bindung zu lösen.

Robert Coles

Einleitung

Familiengesichter sind Zauberspiegel. Wenn wir Menschen anschauen, die zu uns gehören, sehen wir Vergangenheit, Gegenwart und Zukunft.

Gail Lumet Buckly
The Hornes: *An American Family*

Wahrscheinlich ist heute jeder schon mal mit dem Thema Scheidung in Berührung gekommen: als Kind geschiedener Eltern, als guter Freund von jemandem aus einer gescheiterten Ehe, als Mann oder Ehefrau von jemandem, dessen Eltern geschieden wurden oder sich mit dem Gedanken tragen etc.

Vielleicht gehören Sie auch zu denjenigen, deren Ehe in den sechziger oder siebziger Jahren zerbrach, als die Scheidungsraten plötzlich rasant anstiegen, und Sie fragen sich jetzt, welche Auswirkungen Ihre Entscheidung auf Ihre Kinder bis hin zum Erwachsenenalter haben wird. Oder Sie überlegen, sich scheiden zu lassen und machen sich Sorgen über eventuelle Folgen. Sie können zu einer wachsenden Zahl von Männern und Frauen gehören, die sich überlegen zu heiraten, während Ihre Eltern sich ernsthaft mit dem Gedanken tragen, ihre Ehe zu beenden.

Schon in den späten Sechzigern und in den Siebzigern haben viele Psychotherapeuten versucht, Männern und Frauen durch die Krise der Scheidung hindurchzuhelfen. Wir fragten uns, was mit den Kindern passieren würde, deren Welt zerstört war, und wir mühten uns ab den Eltern zu helfen, das

Leiden ihrer Kinder zu verstehen, während sie mit ihrem eigenen Leiden beschäftigt waren.

Damals drehten sich die meisten Gedanken darum, wie entscheidend die ersten zwei Jahre nach einer Trennung für die Familienmitglieder sind, dieser Zeit voller Anpassungen und Veränderungen, Wut und Trauer. Einige Therapeuten waren zuversichtlich, daß die Kinder nach der ersten Phase damit zurechtkämen, daß sie in der Lage sein würden, die Scheidung hinter sich zu lassen und ihr Leben produktiv zu gestalten.

Doch schon damals habe ich die Scheidung nie als eine kurzfristige Krise betrachtet. Ich hatte immer die Vorstellung, daß die Gründe für eine Scheidung in früheren, ungelösten Familienbeziehungen wurzeln und daß die Kinder die Merkmale dieser Scheidungen zeigen würden.

Es ergab sich, daß ich im Laufe der vergangenen Jahre mehr und mehr mit Scheidungskindern arbeitete. Ich begleitete sie bis ins Erwachsenenalter und wurde mit den harten Herausforderungen konfrontiert, denen sie sich ausgesetzt sahen, wenn sie später ihre eigenen Beziehungen eingingen.

Es gibt viele Untersuchungen, die prüfen, ob diese Kinder fähig oder unfähig waren, ihre zerbrochenen Kindheitsträume zu reparieren, ob sie es geschafft haben, aus den Fehlern ihrer Eltern zu lernen, oder ob sie dazu bestimmt sind, diese Fehler zu wiederholen.

Die bekannteste Studie über Scheidungskinder ist die von Dr. Judith Wallerstein. Ihre Arbeit und die ihrer Kollegen vom Center for the Family in Transition in Corte Madera, Kalifornien, erstreckt sich über die vergangenen 10–15 Jahre. Dr. Wallerstein beobachtete 60 Familien in einem der San Francisco Bay vorgelagerten Gebiet. Ihre Untersuchung zeigt, daß eine Scheidung nicht nur voraussagbare Auswirkungen auf die Kinder hat, sondern auch einen Schatten ins Erwachsenenleben hineinwirft und Einfluß auf die Fähigkeit hat, das Leben selbständig zu gestalten.

Sogar noch 10 Jahre später, so schreibt Dr. Wallerstein, »er-

zählen sie uns, daß das Aufwachsen für Scheidungskinder härter ist, ... sie gehen als Erwachsene heterosexuelle Beziehungen ein mit dem Gefühl, schlechte Karten zu haben.«
Andere Forscher, u. a. E. Mavis Hetherington, ein Psychologie-Professor der Universität von Virginia, die Psychologin Sharlene A. Wolchik von der Arizona State Universität und der Soziologe Frank F. Furstenberg von der Universität von Pennsylvania haben die Auswirkungen von Scheidung, Wiederheirat und Stiefeltern-Familien auf Kinder unterschiedlichen Alters, Geschlechts und in verschiedenen Entwicklungsstadien untersucht.
Dr. Hetherington fand zum Beispiel heraus, daß Kindern aus geschiedenen Familien häufiger »negative Lebensveränderungen« widerfuhren als Kindern aus nicht geschiedenen Familien, und daß diese Veränderungen sogar noch sechs Jahre nach der Scheidung, im Zusammenhang mit Verhaltensproblemen auftauchten.
Noch erwachsene Scheidungskinder beschreiben oft, daß sie das Gefühl hätten, Opfer zu sein.
Heute begegnet man vielen Menschen zwischen 20 und 25 Jahren, die sich scheiden lassen; viele kommen aus geschiedenen Ehen. Einige von ihnen haben Eltern, die sich drei- oder viermal haben scheiden lassen. In vielen Fällen habe ich erlebt, daß Scheidung wie Familien-Silber über zwei, drei oder gar vier Generationen von einer Generation an die nächste weitergereicht wurde.
Zunächst sind es nicht die Schwierigkeiten mit der Scheidung der Eltern, die sie in mein Büro führt. Der Auslöser kann ein eigenes Beziehungsproblem sein. Die 33jährige Ginny z. B. lebt seit drei Jahren mit Eric zusammen. Sie sagt, sie liebt ihn, aber wann immer er eine Heirat erwähnt, arrangiert sie es so, daß ihre Firma sie für drei Monate nach Kalifornien schickt.
Es können auch gemischte Gefühle in Bezug auf Elternschaft sein. Nehmen wir Ronnie, der hinsichtlich seiner Vater-Rolle so starke Gefühle hat (»Ich werde meinen Sohn niemals das

durchmachen lassen, was ich durchgemacht habe.«), daß er leicht gereizt reagiert und sich schämt, weil er so fühlt.
Oder die weitverbreitete Angst, daß das, was ihren Eltern passierte, auch ihnen passieren wird. Colleen, 36, eine attraktive, talentierte Redakteurin, die seit vier Jahren verheiratet ist, hat schreckliche Angst davor, daß, egal wie sie sich bemüht, sie doch so enden wird wie ihre Mutter, die, mit 40 Jahren geschieden, langsam vereinsamt und schrullig wird.
Was auch immer das Problem ist, bei den Betroffenen rückt das Thema Scheidung im Lauf der Therapie unausweichlich in den Vordergrund. Häufig geben meine Patienten der Scheidung ihrer Eltern die Schuld für alles, was in ihrem Leben danebengegangen ist. Sie fühlen sich beraubt und »entrechtet« und haben das Gefühl, daß die Aura der elterlichen Scheidung noch gegenwärtig ist und in die Fähigkeit, eigene liebevolle Beziehungen herzustellen, eingreift, weil sie nie die Möglichkeit hatten, eine langfristige liebevolle Beziehung zwischen zwei Menschen zu erleben. Dazu kommen Zweifel, Ängste, Überempfindlichkeiten, Wut ... und der Kampf um die Befreiung von einer Vergangenheit, die immer noch eine quälende Macht hat.
In diesem Buch geht es um diesen Kampf, und es wird zeigen, daß der Urteilsspruch nicht »Lebenslänglich« sein muß. Es ist keine Frage, daß Scheidungen traumatische Auswirkungen auf alle haben, die darin verwickelt sind, trotzdem müssen diese Narben nicht dauerhaft sein.
Der größte Teil der Forschung analysiert, wie gut oder schlecht die Erwachsenen aus geschiedenen Ehen funktionieren. Leiden sie unter mangelhaftem Selbstwertgefühl? Haben sie Schwierigkeiten, einen Job zu finden oder Karriere zu machen? Nehmen sie Drogen? Neigen sie zu sexueller Promiskuität?
Ein weniger gut erforschter, doch genauso wichtiger Aspekt, der letztendlich die Lebensqualität bestimmt, ist, wie gut Erwachsene aus geschiedenen Ehen über einen längeren Zeit-

raum intime, reife Beziehungen aufbauen und aufrecht erhalten können.

Eine Scheidung durchzumachen, ist in sich ein regressiver Prozeß: Alle Familienmitglieder rutschen für etwa zwei bis drei Jahre in der Reife-Skala abwärts. Einige erholen sich erstaunlich schnell. Einige nicht. Es scheint aber allgemein eine langanhaltende Wirkung auf die Fähigkeit der Kinder zu bestehen, während des Heranwachsens und auch später sichere und stabile Beziehungen anzufangen, aufzubauen und aufrechtzuerhalten.

Eine Überprüfung der Literatur, Interviews und meine Arbeit mit einigen hundert Scheidungsfamilien haben mich zu der Überzeugung gebracht, daß jede Scheidung kurzfristig gewaltige und voraussagbare Symptome bei Kindern gleich welchen Alters hervorruft. Doch langfristig ist es nicht die Scheidung, die darüber bestimmt, ob Kinder später als Erwachsene zu Intimität und Nähe fähig sind. Der Familienstil, also der Umgang der Familienmitglieder untereinander, ist entscheidend.

Die Menschen, um die es in diesem Buch geht, waren in verschiedenen Alters- und Entwicklungsstufen, als ihre Eltern sich scheiden ließen. Sie repräsentieren eine Vielzahl von Vormundschafts-Regelungen; einige kommen aus Familien, in denen die Scheidung freundlich verlief, andere aus Familien, in denen die Scheidung bitter war.

Einige hielten einen angenehmen Kontakt mit dem Elternteil ohne Sorgerecht aufrecht, einige sahen den anderen Elternteil nur selten. Einige Väter und Mütter heirateten wieder, und das Kind erwarb ein komplexes Geflecht neuer Verwandter und Freunde. In anderen Fällen blieben die Elternteile, die das Sorgerecht hatten, allein.

Die Erwachsenen, mit denen ich gearbeitet habe, kommen aus Mittelschichts-Familien. Die meisten haben es zu etwas gebracht. Sie sind in Positionen, die Verantwortungsbewußtsein, klares Denken, gutes Urteilsvermögen und Entschlußfähigkeit von ihnen verlangen.

Diese Menschen schneiden in Untersuchungen, die Bildung und sozio-ökonomischen Status messen, gut ab, doch gibt es keine Korrelation zwischen beruflichem Erfolg und persönlicher Zufriedenheit, denn Männer und Frauen aus geschiedenen Ehen sind häufig in ihrem Privatleben »emotional gehandikapt«. In ihrem Kampf, eine enge Beziehung aufzubauen und aufrechtzuerhalten, sind sie oft unfähig, Befriedigung zu finden. Es mag sein, daß sie in der Lage sind, vor 250 Leuten eine Rede zu halten, aber sie sind unfähig, mit dem Menschen, dem sie am nächsten sein möchten, eine offene Unterhaltung zu führen.

Dieses Buch will erklären, warum das so ist. Es wird Ihnen helfen zu verstehen, was mit Ihnen passiert ist, als sich Ihre Eltern scheiden ließen, und wie Sie das wahrscheinlich beeinträchtigt hat. Es wird Ihnen ermöglichen, die Art der Familie, aus der Sie stammen, zu erkennen, sie besser kennenzulernen und zu verstehen, wie die Art der Beziehung, die Sie zu den anderen hatten, das beeinflußt, was heute mit Ihnen geschieht.

Unser Ziel ist, daß Sie langsam und aufmerksam lesen, die Botschaften aufnehmen, anfangen zu nicken, wenn Sie sich und Ihre Familie erkennen ... und dann notwendige und lohnenswerte Veränderungen in Ihrem Leben vornehmen.

In Teil Eins – Die Macht der Scheidung – werden Sie etwas über die Auswirkungen erfahren, die die Scheidung auf Sie als Individuum und auf die Gesellschaft im allgemeinen hat. Wir werden über die Veränderung reden, die eine Scheidung im Leben von Kindern bewirkt. Sie werden sehen, wie unterschiedlich Kinder derselben Familie reagieren, wie es vom Geschlecht, dem Alter der Kinder während der Trennung der Eltern, ihrer Geburtsfolge, ihrem Temperament, ihrer Belastbarkeit und – was am wichtigsten ist – wie es von der Rolle, die sie in ihren Familien spielten, abhängig ist.

Wir werden einen genauen Blick auf das Erbe der Scheidung richten – auf das komplexe Netz von Beziehungen, das mißbrauchte Vertrauen, den Verlust wertvoller Bindungen – all das, was die Gedanken von Scheidungskindern fesselt und sich auf ihr Verhalten während des Erwachsenwerdens auswirkt.

Wir werden diskutieren, wie eine Scheidung die Beziehungen zwischen Eltern und Kindern verändert. Und wir werden darüber reden, wie Familien durch die Scheidung auseinanderfallen und wie wichtig die Art und Weise ist, in der sie sich reorganisieren.

Teil Zwei – Wo Sie heute sind und wie Sie dort hinkamen – wird Ihnen helfen, sich und Ihre Familie zu verstehen. Sie werden erfahren, ob Sie (und Ihre Eltern) »verhältnismäßig reif« sind oder nicht, was es bedeutet und warum es so wichtig ist. Sie haben die Chance, Ihre Familie durch ein Vergrößerungsglas zu sehen – und können ihren Zustand vor, während und nach der Scheidung einschätzen.

Sie werden etwas über den Unterschied zwischen Denken und Fühlen erfahren, wie sich beides ins Gehege kommt und die Qualität Ihrer intimen Beziehungen beeinflußt.

Sie werden sehen, was wir mit »borgen« meinen, wann es funktioniert und wann es zerstört. Sie werden die Art Familie identifizieren können, aus der Sie stammen, und Sie werden erkennen, wie die Wiederholung von oder die Rebellion gegen Ihren Familienstil Ihre heutigen Beziehungen beeinflußt. Sie werden an den Meilensteinen Ihrer Entwicklung vorbeiziehen und sehen, wie Ihre Erfahrungen sich unterscheiden von denen jener Erwachsenen, deren Eltern zusammenblieben. Sie werden erfahren, was während der Zeit der Werbung und des Hofmachens passiert, einem Dreh- und Angelpunkt, wenn langruhende Ängste an die Oberfläche kommen, und Sie erleben, wie Sie das Wissen um Ihre Verhaltensmuster erleichtern wird.

Teil Drei – Den Teufelksreis durchbrechen – wird Ihnen helfen, mehr Kontrolle über sich zu gewinnen und damit auch mehr Kontrolle über Ihr Leben. Mit besonderen Techniken und neuen Sichtweisen wird es Ihnen möglich sein, sich von der Vergangenheit zu befreien, ohne die emotionale Verbindung zu Ihren Eltern und anderen Verwandten aufzugeben. Es wird Ihnen helfen, ihre Ehe zu schützen und Ihre Verantwortung gegenüber den eigenen Kindern zu erkennen.

Unsere Fragen werden Ihnen helfen, das Niveau Ihrer »Verhaltensreife« einzuschätzen, Ihren Familienstil zu identifizieren und Ihnen zeigen, wie Sie Ihre Rolle in diesem System modifizieren können.

Die Teile Vier, Fünf und Sechs – Scheidungsgeschwister, Scheidungs-Söhne, Scheidungs-Töchter – verflechten alle Informationen durch Fallbeispiele. Sie werden erkennen, wie alte Familienmuster von Erwachsenen wiederholt werden, wie einige die Scheidung der Eltern mit Kraft, Verständnis und in Frieden überleben, während andere ernsthaft Schaden nehmen. Sie werden klarer beurteilen können, warum bestimmte Menschen wie Richard, der sich allen Nachteilen widersetzte und gewann, oder Tammy, die sagte, sie hätte »nie eine normale Beziehung gesehen«, auf die Scheidung so unterschiedlich reagieren. Die Kapitel über die Geschwister werden Ihnen deutlich vor Augen führen, wie und warum Kinder derselben Familie individuell reagieren.

Durch den Spiegel von Fallbeispielen werden Sie begreifen, was mit den Kindern passiert, wenn sich Eltern scheiden lassen – was es leichter oder schwerer macht und wie sie noch als Erwachsene darauf reagieren.

Teil 1

Die Macht der Scheidung

1
Familienwandel

Barry ist vierzig und hat Angst. Seit vierzehn Monaten lebt er mit Jennifer zusammen und sie sind bisher glücklich gewesen. Einige »Details« in ihrer Beziehung müssen noch geklärt werden, z. B. wie oft sie ihre Mutter besuchen und welche Rolle Barrys Kind aus einer früheren Ehe in ihrem Leben spielen soll. Aber Barry glaubt, daß er dieses Mal wirklich liebt.
»Ich glaube, daß ich den Rest meines Lebens mit Jennifer verbringen möchte, aber irgendwas hält mich zurück. Jedesmal, wenn sie unsere Heirat erwähnt, finde ich einen Grund, das Datum aufzuschieben. Ein neuer Auftrag in der Agentur (Barry arbeitet in einer Bostoner Werbeagentur); eine Krise mit Mitchell (seinem Sohn); das Bedürfnis, etwas mehr Geld auf die Seite zu legen. Ich fange dann an, mich zu fragen, ob ich Jennifer wirklich liebe, oder was sonst los ist.«
Hillary heiratete vor drei Jahren mit vierunddreißig, zwölf Jahre nach ihrem College-Abschluß. Sie war von allen am meisten überrascht darüber, daß es ihre alte College-Liebe war, den sie bis zum 10. Klassentreffen nicht mehr gesehen hatte.
»Wir stellten nach der Abschlußprüfung fest, daß wir zu jung und noch nicht reif genug waren und daß wir noch an uns zu arbeiten hätten«, sagt Hillary. »Wir zogen in verschiedene Teile des Landes – ich ging nach Washington, er nach Michigan – und fingen an, uns mit anderen Menschen zu treffen.

Zweimal dachte ich, es sei Liebe, aber irgendwie hat's nie richtig geklappt. Beim Klassentreffen begegneten sich dann unsere Augen quer durch den Raum, und ich glaube, wir beide wußten, daß wir füreinander bestimmt sind.«

»Also warum fühle ich mich jetzt so unwohl? Wir haben gerade ein Baby gekriegt. Ich habe für eine Zeit mit der Arbeit aufgehört und will erst wieder damit anfangen, wenn Cara ungefähr drei ist. Aber in letzter Zeit wache ich jeden Morgen mit einem fürchterlichen Gefühl von Angst auf. Als ob irgend etwas danebengeht. Mein Herz klopft wild, und ich bin in kaltem Schweiß gebadet. Ich habe das Gefühl, daß diese phantastische Sache hier nicht weitergeht, daß es aufhört. Und ich werde daran nichts ändern können.«

»Ich suche mir immer den Falschen aus«, sagt Claudia. »Ich weiß es, aber es zieht mich an.« Claudia ist neunundzwanzig, gilt bei ihren Freunden als schön und talentiert und hat schon einige ihrer Gemälde über eine angesehene Galerie in New York verkaufen können.

»Fred hatte so einen gemeinen Zug«, schildert sie. »Er war lange Zeit einfach wunderbar, aber wenn er wütend wurde, war er tödlich. Er hatte einen grausamen Charakter. Ich meine, er wurde körperlich gewalttätig. Nachdem er mich zum dritten Mal geschlagen hatte, wußte ich, daß ich die Beziehung aufgeben mußte.«

»Aber Tony war auch nicht besser. Er war zwar nicht so launisch und nie gewalttätig, aber er hat mich nur schlecht behandelt. Er sagte, er würde anrufen und tat's nicht. Er verabredete sich mit mir zum Essen und kam nicht. Oder er rief fünfzehn Minuten zu spät an und sagte, er wäre unvorhergesehenerweise in Chicago. Einmal nahm er mich auf eine Hochzeit mit, auf der alle dunkle Anzüge trugen, und er tauchte in Jeans und Turnschuhen auf. Meine Freunde wollten wissen, warum ich mir das antat. Können Sie sich vorstellen, daß ich neun Monate mit Tony zusammen war? Dann ist er gegangen. Er hat eine andere getroffen. Ich glaube, ich bin dazu bestimmt, mein Leben zu zerstören.«

Barry, Hillary und Claudia glauben zu wissen, warum ihnen ihre intimen Beziehungen soviel Kummer bereiten. Wie Millionen anderer Männer und Frauen ihres Alters – in den Zwanzigern, Dreißigern und möglicherweise auch Vierzigern – kommen sie aus geschiedenen Ehen.
Sie sind die erste erwachsene Generation in einer Zeit, in der jeder den Ausdruck »Mischfamilien« kennt und in der es überall Grußkarten gibt, die verkünden: »Glückwunsch zu Ihrer Scheidung. Herzlich willkommen zum ersten der *besten* Tage Ihres Lebens!«
Sie sind das Erbe der Sechziger und Siebziger, den »Scheidungsjahrzehnten«, als mehr Menschen als jemals zuvor – jedes dritte Ehepaar, das 1962 heiratete, und jedes zweite Ehepaar, das 1977 heiratete – die Verbindung auflöste.

Der Anstieg der Scheidungsraten

Zerbrochene Familien sind nichts Neues. Doch zerbrachen sie zwischen 1880 und den frühen 1960ern zu 60%–90% durch den Tod eines Elternteils. Und wie wir später sehen, ist der Bruch einer Familie wegen eines Todesfalles eine weit weniger destruktive Erfahrung für Kinder als die Scheidung.
Für eine beträchtliche Anzahl von Kindern ist das aufwachsen als Scheidungswaise heute bereits die Norm, und die meisten zerbrochenen Familien sind das Resultat von Scheidung und Trennung. Seit 1972, als sich in Amerika 1 021 000 Paare trennten, sind jedes Jahr mehr als eine Million Kinder in eine Scheidung verstrickt. Nach den Untersuchungen des Soziologen Frank F. Furstenberg wird jedes zehnte Kind die Scheidung seiner Eltern erleben, wird erfahren, wie der Elternteil, bei dem es lebt, wieder heiratet und dessen zweite Scheidung miterleben – und all dies bevor es sechzehn ist.
Im Jahr 1989, dem letzten Jahr, für das Statistiken vorlagen, gab es 2 441 000 Eheschließungen und 1 163 000 Scheidungen und Ungültigkeitserklärungen, oder umgekehrt ausge-

drückt: Auf je zwei Eheschließungen kam eine Scheidung oder Ungültigkeitserklärung. Das heißt, daß nahezu 50% der Kinder ohne ihren biologischen Vater oder ihre Mutter aufwachsen. In den letzten beiden Jahrtausenden ist nichts dermaßen Revolutionäres passiert.

Die Rolle der Gesellschaft

Die Scheidungsraten, in den 50er Jahren noch relativ niedrig, schossen in den 60er und 70er Jahren aus gesellschaftlichen, ökonomischen und religiösen Gründen in den Himmel. Da war die Frauenbewegung, die vielen Frauen den Mut gab, einer lieblosen Ehe entgegenzutreten und sie zu beenden. Als Frauen die Arbeitswelt betraten, errangen sie neue Möglichkeiten, ökonomische Unabhängigkeit und das Gefühl, sich leichter aus einer Ehe lösen zu können, die sie als unbefriedigend betrachteten.

Die medizinische Wissenschaft trug ihren Teil mit der Entwicklung der Pille bei, die Eheleben und Sexualität effektiv trennte. Das moralische Klima wurde flexibler, und die religiösen und alltäglichen Zwänge in bezug auf die Heiligkeit und Unverletzlichkeit der Ehe lockerten sich.

Sogar die Kirche begann festzustellen, daß ihr Bann von Scheidung und Wiederheirat wenig Einfluß hatte. Generationen von Katholiken, darauf gedrillt, daß Scheidung und Katholizismus unvereinbar seien, kauften es ihr nicht mehr ab. Und die allgemeine Glaubensrichtung der Protestantischen Kirche verlagerte sich dahin, die Geschichte des Ehelebens eines Menschen vielleicht doch nicht als das wahre Kriterium für die Beurteilung seines Seelenzustandes zu betrachten.

Eine Keine-Schuld-Psychologie, die Überzeugung, daß Menschen nicht dafür verantwortlich gemacht werden sollen, wenn sie nicht mehr lieben, ebnete den Weg für das Keine-Schuld-Scheidungsgesetz*, das es jetzt gestattet, Ehen wegen persönlicher Unverträglichkeit aufzulösen.

* A. d. Ü.: Dies entspricht dem deutschen »Zerrüttungsprinzip«.

Die Großfamilie, ein hochentwickeltes Beziehungssystem, das dazu beitrug, Konflikte zu kontrollieren, verschwand für viele von uns. Ohne diese engen Familienbindungen beschäftigten sich Menschen weniger mit ihrer persönlichen Geschichte, definierten sich selbst auf einem oberflächlicheren Hintergrund und hatten weniger Menschen, die auf das reagierten, was sie taten. Das machte Scheidungen einfacher.
Die Freiheit der Wahl! Die Rechtmäßigkeit der Eigeninteressen! Mehr Individualität für jeden! Dies waren die Kennzeichen der 60er. In Gang gebracht von einer fast unglaublichen Palette von New-Age-Therapien, in denen »Selbst-Verwirklichung« das Schlagwort war, wurde Scheidung beinahe zu etwas Ehrenhaftem, einem Zeichen gesunder Entwicklung. Zusammen mit multiplen Orgasmen, Full-Time-Jobs und vielleicht ein oder zwei Affären schien Scheidung der angemessene und logische Schritt zur Selbsterfüllung.
Unglücklicherweise wurde der Sturm auf die neuentdeckte Freiheit nicht begleitet von einer Erkenntnis der Rolle, die frühere Zwänge bei der Aufrechterhaltung von Stabilität und Sicherheit der Gesellschaft gespielt hatten.
Sogar das Keine-Schuld-Gesetz, für das Frauen gekämpft hatten, die dachten, es würde sie rechtlich gleichstellen und Scheidung zu etwas »Zivilisiertem« machen, schlug zurück und hinterließ nach der Scheidung viele Frauen verarmt, ganz besonders dann, wenn sie älter waren und nicht über Fähigkeiten verfügten, die sie vermarkten konnten.
Lenore Weitzman, Soziologie-Professorin an der Harvard Universität, sagt, daß »keine Schuld« gleichbedeutend wurde mit »keine Verantwortung«. Die Folge ist eine »systematische Verarmung von Frauen und Kindern«.
Und die Gesellschaft hat immer noch nicht mit notwendigen Anpassungen an die Freiheit der Wahl reagiert, wie etwa Kinderhorten am Arbeitsplatz und flexiblen Arbeitszeiten.

Neue Ansichten über Bindungen

Ich sehe keinen Grund, warum der Trend in Richtung Scheidung nicht weiter eskalieren sollte. Statistiken zeigen, daß Kinder aus einer geschiedenen Ehe später wahrscheinlich selbst als Geschiedene enden, auch wenn sie sich geschworen haben, dies würde ihnen nicht passieren.

Bindung heißt heute etwas anderes als früher. Viele Leute heiraten mittlerweile mit der Einstellung, daß, falls sie glücklich sind und die Beziehung funktioniert, sie eine Bindung eingegangen sind. Aber falls sie nicht glücklich sind und alles nicht so recht klappt, so sind sie nicht gebunden. In unserer pfandfreien Einweg-Gesellschaft ist die Bindung, von der sie reden, nicht notwendigerweise eine an den Partner. Klappt die Ehe nicht, erreicht sie einige Standards der Perfektion nicht, so ist es ja leicht, den Partner zu wechseln.

Immer häufiger sehe ich, daß Menschen die Ehe nur als eine Lebensphase betrachten, die nicht unbedingt bis zum Lebensende anhalten muß. Es kommt häufiger vor, daß Menschen die romantische Liebe als Maßstab ihres Glücklichseins mit dem Partner benutzen. Wenn diese im Verlauf der Ehe dann unausweichlich schwindet oder abnimmt, wird die Scheidung häufig zum willkommenen Ausweg.

Hinzu kommt, daß die Menschen länger leben, was sie anfälliger für Scheidungen macht. Mit dem heutigen Streß und dem Druck ist die eheliche Gemeinschaft möglicherweise nicht in der Lage, dreißig oder vierzig Jahre zu überdauern. Es mag auch sein, daß einige von uns biologisch nicht so ausgestattet sind, so lange zusammenzubleiben, und daß eine Ehe nur ein bestimmtes Maß an Streß verträgt.

Dem Einfluß der hohen Scheidungsrate entkommt niemand – auch jene nicht, die aus intakten Familien kommen. Schon jetzt sind junge Leute unsicher, wenn sie eine Beziehung eingehen, sie verlieren das Vertrauen in ihr »Aushalte-Vermögen«.

Morris, ein vierzigjähriger Arzt, besteht darauf, nicht zu heiraten, obwohl seine Eltern seit zweiundvierzig Jahren verheiratet sind und, wie ihr einziger Sohn anerkennt, eine wunderbare, liebevolle Ehe führen.

»Wir leben in einer anderen Zeit, und ich sehe zu viel«, sagt Morris. »Meine Patienten – fast niemand bleibt zusammen. Sie leben eine Zeitlang zusammen. Dann trennen sie sich. Dann leben sie mit jemand anderem zusammen. Manchmal heiraten sie sogar. Aber mir kommt das irgendwie sorglos vor – wissen Sie, wenn's klappt: schön. Klappt's nicht, kann man sich ja scheiden lassen. Das ist nichts für mich. Ich arbeite vier Nächte in der Woche und jeden Samstag. Ich liebe meinen Beruf. Ich habe ein Boot. Ich habe Freunde. Das ist alles, was ich will.«

»Die Vorstellung von einer Scheidung wirkt sich auch auf intakte Familien aus«, bestätigt die Therapeutin Norma Rolnick, die ein Sorgentelefon in Montgomery County, Pennsylvania, betreut. »Kinder werden nervös, wenn sich ihre Eltern streiten; sie haben Angst, ihr Leben könnte auch so durcheinandergeraten wie das vieler ihrer Freunde.«

Ehe und Scheidung sind eher ein wesentliches Merkmal unserer Gesellschaft geworden als ein vorübergehender Abschied von der Tradition.

Zukunftsperspektiven

Es wird geschätzt, daß fast die Hälfte aller Ehen mit Scheidung enden und daß nahezu 50% der in den 1980er Jahren geborenen Kinder die Scheidung ihrer Eltern erleben werden, bevor sie achtzehn sind. Von diesen werden 57% in einer Familie mit Stiefeltern leben. Und da mehr als 50% aller Neuehen innerhalb von 10 Jahren enden, werden einige Kinder, besonders jene, die bei der Scheidung der Eltern sehr jung waren, in mehr als einer Stiefeltern-Familie leben.

Fast niemand bestreitet, daß die beste Umgebung für die gesunde Entwicklung eines Kindes ein Zuhause ist, in dem sich die Eltern vertragen. Eine Mutter und ein Vater, die sich re-

gelmäßig um das Kind kümmern, geben ihm die größtmögliche emotionale Sicherheit. Es ist jedoch unwahrscheinlich, daß wir zur Familie der Vergangenheit zurückkehren können (die, auch wenn sie intakt gewesen sein sollte, vom Idealbild weit entfernt war), einer Lebensweise, die für die meisten Menschen ökonomisch nicht mehr möglich oder persönlich nicht mehr zufriedenstellend ist.
Das Leben ist komplizierter geworden. Das Gleichgewicht zwischen Freiheit der Wahl und Verantwortungsgefühl ist sehr wacklig, und wir haben noch damit zu kämpfen. Die Freiheit der Wahl fordert ihren Preis. Für Eltern, die eine Scheidung wählen, mag es den Preis wert sein. Für die Kinder ist dies selten der Fall. Mit den Worten von Frank Pittman, Autor von *Private Lies: Infidelity and the Betrayal of Intimacy:* »Brutale Ehen können schlimm für Kinder sein, aber ich bin nicht sicher, ob langweilige Ehen es sind.«

Der Stachel der Scheidung

Gleichgültig wie viele Jahre die Scheidung zurückliegt, meine Patienten haben lebendige Erinnerungen an den Moment, in dem sie von der Trennung der Eltern erfuhren. Auch Judith Wallerstein fand bei ihren Untersuchungen heraus, daß sich Kinder sogar noch zehn Jahre später »an alle Einzelheiten erinnern, so als ob es erst vor einem Monat geschehen wäre«.
Und entsprechend teilen sie auch häufig ihr Leben ein. Die Scheidung ist der Markstein: das Leben vor der Scheidung, das Leben nach der Scheidung.
Joel, jetzt fünfunddreißig, war elf, als seine Mutter und sein Vater ihn und seine vierzehnjährige Schwester vor den Kamin im Wohnzimmer holten.
»Ich sehe es jetzt noch«, erzählte mir Joel. »Dad hatte einen Pullover und graue Hosen an. Mom war nervös und saß auf

der Sofakante – als ob sie nicht sicher wäre, ob sie bleiben könnte. Dad stammelte etwas vor sich hin und murmelte schließlich: ›Mom und ich lieben uns nicht mehr. Nächstes Wochenende ziehe ich in eine Wohnung in der Stadt. Ich werde euch noch genauso oft sehen wie bisher ...‹«
Joel sagte, er hätte nicht mehr zugehört. Er sprang von dem Stuhl auf, rannte aus dem Zimmer und schrie: »Ich hasse dich.« Er knallte die Haustür zu und rannte in die Nacht hinaus. »Ich glaube, seitdem renne ich immer noch«, sagte mir Joel. »Dieser Moment spielt sich immer wieder in meinem Kopf ab. Und ich sehe mein Leben als zwei verschiedene Teile. Vor dem Abend, als meine Eltern sagten, sie würden sich scheiden lassen, und danach. Es ist so, als ob ich zwei verschiedene Personen wäre, und ich kann mich kaum noch an die erste erinnern.«
Es ist jedoch nicht dieser Moment der entscheidende oder der, der ultimativ über die Zukunft eines Scheidungskindes bestimmt. Scheidung ist kein Einzelereignis, sondern ein Geschehen, das sich schon lange vorher ankündigt. Es beginnt, manchmal offen, aber häufig schleichend und subtil, lange bevor die Entscheidung gefallen ist, die Ehe zu beenden. Oft setzt sich Scheidung noch lange nach dem offiziellen Termin fort. Manchmal hört sie nie auf.

Das Scheidungskind als Erwachsener

Müssen Sie als Kind geschiedener Eltern ein Erwachsener mit Problemen werden? Werden Sie andere Probleme haben als Erwachsene, die aus Familien stammen, die zusammenblieben? Geht es Ihnen vielleicht besser als Kindern, die aus unglücklichen Familien kommen, deren Eltern sich jedoch nicht scheiden ließen? Werden Sie in der Lage sein, ein erfülltes, produktives Leben zu führen? Oder wird die Scheidung Ihrer Eltern zu einem quälenden Filter, durch den Sie sich und Ihre Zukunft immer sehen werden?

Wir werden die unleugbaren, dramatischen und grundlegenden Auswirkungen von Scheidung auf Kinder beschreiben und zeigen, daß es sehr wohl sein kann, daß das Gespenst Scheidung sie ein Leben lang begleiten wird.
Daß Sie aus einer Scheidungsfamilie kommen, macht Sie tatsächlich zu einem anderen Menschen als die Männer und Frauen, die in einer Familie aufwuchsen, die zusammenblieb. Es unterscheidet Sie von Familien, in denen ein Elternteil gestorben ist. Es hat bedeutende Auswirkungen auf Ihre Vorstellungen von der Zukunft und Ihr Verhalten. Darüber werden wir später reden.
Aber: **Entgegen der üblichen Annahme werden Sie erkennen, daß die Scheidung selbst nicht der entscheidende Faktor ist.** Entscheidend ist die Art der Familie, aus der Sie kommen, die Art und Weise, in der die Familienangehörigen miteinander umgehen, die Verhaltensmuster, mit denen Sie aufwachsen und ob Sie sich, unbewußt, zur Imitation oder zum Aufbegehren entschließen. Es ist sicher, daß all diese Faktoren einen Einfluß auf die spätere Persönlichkeit haben. Und das gilt, ob die Scheidung nun stattfindet oder nicht. Für erwachsene Scheidungskinder ist es das unvergleichliche Gemisch aus dem Lebensstil ihrer Familie und der Scheidung ihrer Eltern – wie sie ablief und welche Rolle sie darin gespielt haben –, das über ihre Zukunft bestimmt.
Vielleicht drückt es der Brief einer High-School-Studentin aus Florida über die Scheidung ihrer Eltern am besten aus. Sie schrieb:
»Wenn ich erwachsen bin, möchte ich etwas ganz Phantastisches werden. Ich möchte Photographin werden und Bilder von Menschen machen, von ihren Gesichtern.
Ich möchte wissen, ob es möglich ist, Liebe sterben zu **sehen.**
Beim ersten Mal habe ich es nicht mitgekriegt.«

2
Die Vertreibung aus dem Paradies

Scheidungskinder betrachten sich selbst anders als Kinder, deren Familien zusammenblieben. Welche Probleme in ihrem Leben auch auftauchen mögen, sie neigen dazu, die Scheidung ihrer Eltern dafür mitverantwortlich zu machen.
Sie sehen sich durch das Prisma der Scheidung, die, weil sie so niederschmetternd und durchrüttelnd ist, zu dem gestaltenden Ereignis ihres Lebens wird. Sie kennzeichnen ihre frühere Familie als »erfolglos« und sehen sich und ihre späteren Beziehungen als problemhafter, ängstlicher und häufiger der Gefahr des Versagens ausgesetzt. Sie trauern ihrer verlorenen Kindheit nach und dem, was sie als Fülle und Schutz einer zusammengebliebenen Familie empfinden.

Untersuchungsergebnisse

Eine Analyse von zweiunddreißig Untersuchungen, von denen die meisten in den letzten fünfzehn Jahren durchgeführt wurden, zeigt, daß die erwachsenen Kinder geschiedener Eltern mehr Probleme und niedrigere Werte in bezug auf ihr Wohlbefinden haben als Erwachsene, deren Eltern verheiratet blieben. Sie sind häufiger depressiv, fühlen sich weniger mit dem Leben zufrieden, sie sind im Schnitt weniger gut ausgebildet und sie haben weniger angesehene Berufe. Auch ihr Gesundheitszustand ist schlechter. Eine Untersuchung von 2450 Männern und Frauen, sowohl aus geschiedenen als auch intakten Familien, die in einem eigenen Haushalt lebten, bestätigte, daß die Folgen einer Scheidung sich durch das ganze Leben ziehen und daß der Bruch in der Kindheit eine quälende Angelegenheit bleibt.
Erwachsene Scheidungskinder berichteten häufiger, daß sie sich weniger glücklicher fühlen. Sie bezeichneten Kindheit und Jugend als die unglücklichste Zeit ihres Lebens. Nur die

Erwachsenen, die selbst schon geschieden waren, sagten, sie seien jetzt noch unglücklicher. Sie gestanden Symptome schlechter Gesundheit ein, hatten mehr Ängste und berichten, ihnen würden häufiger »schlimme Sachen« passieren.

Von den verheirateten Scheidungskindern berichteten ebenso viele, daß ihre Ehe glücklich sei, wie die Verheirateten aus nicht geschiedenen Familien. Allerdings waren erstere eher geneigt, Eheprobleme zuzugeben.

Verheiratete Frauen, die Scheidungskinder waren, hatten das Gefühl, daß Karriere und Elternschaft wichtiger seien als ihre Rolle als Ehefrau. Dagegen schätzten Männer, die aus Scheidungsfamilien kamen, ihre Rolle als Ehemann höher ein als ihre Karrieren, zeigten aber an der Elternrolle weniger Interesse als Frauen, die aus geschiedenen Familien kamen. Trotzdem erfüllten sie, wenn sie Vater wurden, ihre Rolle nicht weniger gut als die Männer aus ungeschiedenen Ehen.

Eine Untersuchung der Indiana Universität von 1989 zeigte, daß College-Studenten aus geschiedenen Familien sexuell aktiver waren als ihre Klassenkameraden. Die Männer zogen den der Entspannung dienenden Sex einer festen Beziehung vor, und die meisten hatten vor dem Eintritt ins College mehr als vier Partnerinnen gehabt. Der Autor der Untersuchung, Robert Billingham, gibt zu bedenken, daß Jungen, die ohne Vater im Haus aufwuchsen, sich möglicherweise die Stereotypen männlichen Verhaltens aus Film und Fernsehen zu eigen machen.

Die Frauen waren sexuell aggressiver als Frauen und Männer aus intakten Familien und gingen häufiger kurze Beziehungen ein. Der Grund dafür mag sein, daß sich alleinstehende Mütter oft auf kurze romantische Episoden einlassen und Töchter häufig das Verhalten der Mutter kopieren.

Trotzdem brachten gerade diese Frauen in aller Entschiedenheit zum Ausdruck, daß es bei *ihnen* keine Scheidung gäbe.

Die Untersuchung der Universität von Indiana stützt unsere Erkenntnisse über das Zusammenleben unverheirateter Paare – die Zahl stieg von 450 000 im Jahre 1960 auf 2 Millionen 1985. Erwachsene Scheidungskinder neigen mit 54% größerer Wahrscheinlichkeit dazu, mit einem Partner unverheiratet zusammenzuleben als Männer und Frauen, deren Eltern nicht geschieden wurden.

Anders als erwartet, führte das voreheliche Zusammenleben jedoch nicht zu größerer Stabilität in der Ehe. Eine Untersuchung zeigt, daß sich 38% jener Paare, die vor der Heirat zusammenlebten, innerhalb von 10 Jahren trennten – verglichen mit 28% bei den Paaren, die vorher nicht zusammengelebt hatten. Eine andere Untersuchung berichtet, daß Frauen, die vor der Heirat mit jemandem zusammenlebten, eine Scheidungsrate aufweisen, die um fast 80% höher liegt als bei den Frauen, bei denen das nicht der Fall war.

Dies überrascht mich nicht. Ich unterscheide zwei verschiedene Arten von Zusammenleben: Für einige Menschen, die vor der Heirat kurze Zeit zusammenleben – normalerweise etwa ein Jahr –, ist dies zu einem natürlichen Teil der Zeit der Werbung geworden, zu einem Schritt auf dem Weg zur Hochzeit.

Für andere wiederum ist es stellvertretend für einen Mangel an Nähe und Stabilität. Erwachsene Scheidungskinder, die im Brennpunkt elterlicher Probleme standen und immer noch auf deren Trennung reagieren, gehen mit größerer Wahrscheinlichkeit einige stürmische und ungebundene Beziehungen ein, in denen sie auch mit jemandem zusammenziehen. Für sie bedeutet das Zusammenleben – wie die Scheidung – Angst und Unbehagen in bezug auf die Ehe. Zusammenleben hilft ihnen nicht, sich besser verstehen zu lernen, und führt nicht zu dauerhafteren und stabileren Ehen.

Ein bleibendes Problem

Selbst Männer und Frauen, die glauben, die elterliche Scheidung »überwunden« zu haben, haben das Gefühl ein Familienproblem zu haben, das nicht verschwindet. Das ist in etwa vergleichbar mit Familien, in denen es Fälle von Diabetes oder Krebs gibt. Es bedeutet nicht, daß man krank wird, aber man ist sich dessen bewußt und denkt zu bestimmten Zeiten häufiger daran.

Die Scheidung stellt eine konstante Mahnung dar, die an entscheidenden Punkten des Lebens, z. B. bei Schulabschlüssen, im Urlaub oder bei jeder Art von Feier spürbar wird. Man kommt dann nicht um die Tatsache herum, daß man nur halb so viele Familienmitglieder hat – oder doppelt so viele.

Ob Scheidungskinder einen großen Bekanntenkreis haben, scheint keine Rolle zu spielen; sie haben das Gefühl, anders zu sein. Sie haben andere Vorstellungen von Beziehungen als Kinder aus intakten Familien, und sie betrachten die Ehe oft als etwas Ungewisses. Einerseits sehen sie in der Ehe – eher als in ihren eigenen, inneren Kräften – eine Möglichkeit, die Stabilität in ihrem Leben wiederherzustellen und zu sichern. Andererseits machen sie sich Sorgen, daß ihre Ehe so auseinanderbrechen könnte wie die ihrer Eltern.

Viele versichern später, daß die Scheidung sinnvoll war; sie erkennen, daß es damals ernsthafte Probleme gab, und sie fragen sich, ob sie dieses Beispiel kopieren werden. So tappen sie bei dem Versuch, die gleichen Fehler zu vermeiden, im dunkeln.

Die mir bekannten Scheidungskinder, diejenigen, die immer noch unter dem Schmerz, der Enttäuschung und der Frustration leiden, glauben, daß der Ursprung ihrer Probleme in der Scheidung der Eltern liegt. Kinder geschiedener Eltern sind davon überzeugt, aus dem Paradies vertrieben worden zu sein. Wenn ihre Eltern zusammengeblieben wären, würden sie sich sicherer fühlen. Sie wären charakterfester. Sie wären fähiger, erfüllende Beziehungen einzugehen, sie wären glücklicher.

Meine Erfahrung sagt mir, daß eine Scheidung zwar gewaltige Auswirkungen hat, daß aber die Überzeugung, die Scheidung habe all ihre Probleme verursacht, eine Phantasievorstellung, ein Mythos ist, den Scheidungskinder um sich herum errichtet haben. Falls sie einmal über ihre Schulter blicken würden, könnten sie junge Menschen entdecken, die genauso unsicher, unglücklich und verängstigt sind wie sie selbst. Sie würden andere Menschen sehen, die, wie sie auch, durch Beziehungen stolpern, die falschen Partner auswählen und Bindungen nicht gut ertragen können. Und die Eltern dieser Menschen haben oft fünfundzwanzig, fünfunddreißig, vierzig oder mehr Jahre zusammengelebt.
Der Grund ist einfach:
Beziehungsprobleme in der Gegenwart treten wegen unerledigter Beziehungen in der Vergangenheit auf, wegen ungeklärten Problemen mit einem Menschen der ursprünglichen Familie – Mutter, Vater, Großeltern, Schwestern oder Brüdern.
Der Hauptgrund dafür, warum Menschen gegenwärtig Probleme in Beziehungen haben, liegt darin, daß die vorausgegangenen nicht bearbeitet wurden. Dies gilt unabhängig davon, ob es in den vergangenen Beziehungen eine Scheidung gab.
Auf ebendiesem Gebiet müssen junge Männer und Frauen darum kämpfen, ihre Vergangenheit zu verstehen, Frieden mit den wichtigen Menschen in ihrem Leben schließen und die Freiheit gewinnen, mit Vertrauen eigene intime Beziehungen zu beginnen und zu erhalten.

Scheiden tut weh

Ohne jeden Zweifel hat eine Scheidung schwerwiegende Folgen für Kinder und macht ihr Leben unglaublich viel komplizierter.
Bevor sie achtzehn geworden sind, haben sie zwei oder drei

Jahre – also vielleicht ein Sechstel ihres Lebens – inmitten einer großen Krise gelebt, die ihnen viel Zeit und Energie abverlangt hat. Dadurch war es ihnen emotional nicht möglich, Beziehungen zu Gleichaltrigen herzustellen, sie konnten sich nicht voll der Schule widmen, und auch Sport und normales Spielen litten darunter. Und wenn es keinen ihnen nahestehenden, sie unterstützenden Menschen in ihrem Leben gab, fühlten sie sich im allgemeinen schmerzlich isoliert.

Sie waren der Unschuld ihrer Kindheit beraubt. Die Welt brach über ihnen zusammen, und von einem Tag zum anderen wurden die Regeln geändert.

Häufig standen sie im Mittelpunkt eines Dramas, das sie nicht geschaffen hatten und über das sie keine Macht hatten. Und sie mußten erfahren, daß auch das Verhalten der Menschen, von denen sie annahmen, am meisten geliebt zu werden, Veränderungen unterworfen war.

Gleichgültig wie alt sie zum Zeitpunkt der Scheidung waren, es untergrub ihr Gefühl für Sicherheit, unterbrach ihr Alltagsleben und lockerte die Stützpfeiler, die ihr Leben zusammenhielten. Sie machten Bekanntschaft mit der Skepsis: Wie weit kann ich mich noch auf etwas oder jemanden verlassen? Wenn man sich nicht mehr auf seine Eltern verlassen kann, auf wen dann überhaupt noch?

Von Anfang an, vom Tage an, an dem sich die Eltern trennen, beginnt die Welt des Kindes zusammenzubrechen. Das Verhalten der Eltern bestimmt, ob es zeitlich begrenzte oder bleibende Folgen für das Kind hat.

Wenn sich die Eltern trennen, verändert sich die Beziehung des Kindes zu ihnen von einem Tag zum anderen. Meist sind Eltern so sehr in ihre Probleme verstrickt, daß sie den Problemen ihrer Kinder gegenüber weniger einfühlsam sind und ihnen auch weniger zur Verfügung stehen. Falls sich ein Elternteil verliebt hat, steht diese Person im Mittelpunkt, und die Kinder rücken in den Hintergrund. In anderen Fällen wird die Beziehung zwischen Vater oder Mutter und dem Kind zu intensiv und ernsthafte Probleme brechen dadurch hervor.

Scheidung und Tod: Der Unterschied

Die Scheidung verursacht einen Bruch im Leben aller Familienmitglieder, der mit keinem anderen Ereignis verglichen werden kann, nicht einmal mit dem Tod. Normalerweise sind in einem Todesfall die Kinder und der verbleibende Elternteil älter als bei einer Scheidung. Er tritt nicht aufgrund von Konflikten ein und schafft auch nicht die Komplikationen zwischen den Generationen, die oft durch eine Scheidung hervorgerufen werden.

Die Scheidung ist etwas Gewolltes, zumindest von einem Elternteil. So kommen bei Kindern zur Traurigkeit und Depression noch Wut, Ärger und Feindseligkeit hinzu. Einige Kinder weigern sich, den Elternteil, den sie für den Bruch der Ehe verantwortlich machen, zu sehen.

Noch Jahre nach der Scheidung sind viele der dann erwachsenen Kinder nicht in der Lage, die romantisch-sexuellen Beziehungen ihrer Eltern zu einem anderen Menschen zu tolerieren, besonders dann nicht wenn sie glauben, diese Person hätte den Bruch der Familie verursacht. Folglich sind die Beziehungen des Kindes zu diesem Elternteil, gewöhnlich dem Vater, weniger befriedigend.

Der Tod einer Mutter oder eines Vaters ruft Mitleid und Unterstützung hervor: Freunde und Familie scharen sich um die Kinder, weil sie deren Schmerz verstehen und sie trösten wollen. Bei der Scheidung ist das nicht der Fall. Freunde und Verwandte nehmen sie nicht als den Tod einer Familie wahr. Aber für die Kinder ist sie genau das.

Neulich hat ein Schulkamerad meiner Tochter, der einundzwanzigjährige Howard, seine Mutter verloren, die an Krebs starb. Seine Freunde besuchten ihn zu Hause, schrieben Karten und Briefe und führten Ferngespräche, um ihm ihr Beileid auszudrücken. Als er zur Schule zurückkam, nahmen sich alle viel Zeit, um ihm durch diese Krise zu helfen. Jeder zeigte Verständnis für seine Launenhaftigkeit und häufige Zurückgezogenheit.

Als ich meine Tochter fragte, wie dieselben Freunde auf die

Scheidung von Liz' Eltern reagiert hätten – ihr Vater zog mit einer anderen Frau zusammen –, zuckte sie nur mit den Schultern: »Wir haben gar nichts gemacht.«
Freunde und Verwandte fühlen sich bei einer Scheidung in ihren Rollen oft unbehaglich. Wie sollen sie mit den Kindern umgehen? Sollen sie darüber reden (besonders wenn das Kind zurückhaltend zu sein scheint)? Falls sie es ignorieren, wendet es sich dann ab? Freunde neigen dazu, so zu tun, als ob nichts Ungewöhnliches geschehen sei. Eine Seite der Großeltern verschwindet oft aus dem Leben des Kindes. In unserer Gesellschaft ist Scheidung nichts Ungewöhnliches, aber die Folgen für die Kinder sind gewaltig und verändern ihr Leben auf dramatische Weise.

3
Der Unterschied, den eine Scheidung ausmacht

Zweifellos hat jede Scheidung Folgen für das Aufwachsen eines Kindes. Für beträchtliche Zeit lebt das Kind mit nur einem Elternteil, es wird wahrscheinlich die Wiederheirat eines oder beider Elternteile erleben, in ein komplexes Gewebe von Beziehungen einbezogen sein, und 37% werden eine weitere Ehe kennenlernen, die wieder in einer Scheidung endet.
Was all dies jedoch bedeutet – ob es das Kind auf seinem Lebensweg stärkt oder verkrüppelt –, hat sehr viel mit der Natur der Scheidung zu tun.
Jede Scheidung ist einzigartig, und was *vor* der Scheidung passierte, *wie die Scheidung vonstatten ging* und, noch wichtiger, was *nach* der Scheidung geschieht, bestimmt letztendlich, was aus dem Kind wird.
Es gibt keine Formel, mit der man die Zukunft eines Kindes voraussagen kann. Die Untersuchungen über Scheidungsfolgen mögen aufschlußreich sein, sie sind jedoch auch widersprüchlich. Sie hängen vom Alter des untersuchten Kindes ab,

davon, welche Rolle es im Verlauf der Scheidung hatte und auch von der Qualität der Beziehungen zu den Eltern.

Die wichtigsten Faktoren, die Faktoren, die bestimmen, welche Auswirkungen eine Scheidung für ein bestimmtes Kind hat, sind: *die einzigartigen Charakteristika des Kindes; die Beziehung, die sich zwischen dem Kind und den Eltern entwickelt, hauptsächlich mit dem Elternteil, der das Sorgerecht hat; und, was am wichtigsten ist, wie sich die Familie nach der Trennung der Eltern reorganisiert.*

Alle Familien haben ihren eigenen Stil, wie sie Beziehungen handhaben und wie sie mit den Differenzen zwischen Familienmitgliedern umgehen. In einigen Familien werden Meinungsverschiedenheiten in *offenem Konflikt* ausgetragen, möglicherweise gar durch verbalen oder körperlichen Mißbrauch. In anderen *ordnet* sich ein Ehepartner *unter* und drückt seine oder ihre Meinung nicht offen aus. Manchmal werden unangenehme Angelegenheiten durch körperliche oder emotionale *Distanzierung* vermieden, oder man macht sich vor, das Problem existiere gar nicht. Häufig werden die Meinungsunterschiede zwischen Ehemann und Frau dadurch diffus, daß sie ein *anderes Familienmitglied in den Brennpunkt stellen*, oft ist es ein Kind.

Die akuten Reaktionen auf die Scheidung der Eltern hängen zu einem großen Teil von bestimmten Merkmalen des Kindes – wie etwa Geschlecht und Alter – zum Zeitpunkt der Scheidung ab. Aber es sind die tief verwurzelten Verhaltensmuster der Familie (und die Häufigkeit, in der die Muster zur Zeit der Scheidung und danach auftreten), die mehr Licht auf die Intensität der direkten Reaktion eines Kindes werfen, und, was noch wichtiger ist, auf die langfristigen Folgen.

Therapeuten, die Kinder zur Zeit der Scheidung sehen, beschäftigen sich mit der Milderung akuter Symptome von Schmerz und versuchen, die Kinder wieder auf die angemessene Entwicklungsstufe zu bringen. Sie achten selten auf den Familien-Stil, auf die Art, wie die Familie miteinander umgeht. Aber genau dieser Stil hat den größten Einfluß auf die

Fähigkeit des Kindes, intime Beziehungen herzustellen, wenn er oder sie aufwächst – und das ist schließlich der höchste Maßstab für ein sinnvolles Leben.

Kinder und ihre Einzigartigkeit

Altersunterschiede

Ich glaube, daß die *Heftigkeit* der Reaktion eines Kindes, gleich welchen Alters oder auf welcher Entwicklungsstufe während der Scheidung, im wesentlichen davon abhängt, wie sehr es im Mittelpunkt der Ängste seiner Eltern steht. Aufgewühlte Eltern vermitteln ihren Kindern durch Worte, Handlungen und Körpersprache eine Botschaft: Wir sind außer uns – und deshalb habt ihr allen Grund, euch Sorgen zu machen. Dem fügen sich die meisten Kinder.

Ruhige und zugängliche Eltern vermitteln den Kindern die Beruhigung, die sie in solch turbulenten Zeiten brauchen. Diese Kinder werden wahrscheinlich sogar auf dem Höhepunkt der Scheidung weniger und mildere Symptome zeigen.

Bei meinen Patienten konnte ich die gleichen Symptome feststellen, die Judith Wallerstein und Joan B. Kelly in ihrer Untersuchung von Scheidungsfamilien in Marin County, Kalifornien, beschreiben. Ihre Untersuchung beschreibt lebendig die akuten Auswirkungen von Scheidung auf Jungen und Mädchen unterschiedlichen Alters, zeigt, daß deren Symptome ihren Entwicklungsstufen entsprechen, und reflektiert, wie Kinder die Krise, in der sie sich befinden, bewerten und damit umgehen.

Die jüngsten Vorschulkinder, im Alter zwischen zweieinhalb und drei Jahren, regredieren. Sie sind gereizt, verwirrt, aggressiv und brauchen Aufmerksamkeit. Beim Spielen konstruieren sie unsichere Spielzeugwelten, die von hungrigen Tieren bewohnt werden. Was ihr Spielzeug anbelangt, werden sie besitzergreifend, und sie reagieren ängstlich, wenn sie von ihren Müttern getrennt werden.

Ältere Vorschüler (zwischen dreieinhalb und annähernd fünf Jahren) sind weinerlich, immer den Tränen nahe und aggressiv. Die Abwesenheit der Eltern verwirrt sie, und typischerweise erzählten sie Dr. Wallerstein und ihren Kollegen: »Ich habe keinen Daddy mehr« oder »Ich brauche jetzt einen neuen Daddy«.

Einige Kinder glaubten, ihren Vater vertrieben zu haben. Ein Mädchen bestand darauf, ihr Vater habe sie verlassen, weil sie laut gespielt habe, ein anderes schlug wild auf die »unartige Baby-Puppe« ein. Diese Kinder waren noch nicht alt genug, um Ursache und Wirkung zu verstehen. Die Untersuchung stellt fest, daß die Kinder die Welt um sich herum rotieren sahen und ihrer Entwicklungsstufe entsprechend reagierten. Das Selbstwertgefühl der jüngeren Kinder war so sehr an die Eltern geknüpft, daß deren Reaktionen zum Maßstab wurden. Sie schauten auf ihre Eltern, um herauszubekommen, ob sie Angst haben müßten; und je mehr Angst die Eltern zeigten, desto mehr Angst fühlten ihre Kinder.

Die Fünf- und Sechsjährigen waren ruhelos, jammerten und hatten häufig Wutanfälle, doch war weder ihre Selbstsicherheit beschädigt noch wurde ihre Entwicklung in dem Maße verlangsamt, wie es bei den jüngeren Kindern der Fall war.

Kinder im Schulalter verhielten sich anders. Die unmittelbare und durchgängige Reaktion bei den Sieben- und Achtjährigen war Traurigkeit. Im Gegensatz zu den Vorschülern, die oft verleugneten, was mit ihnen geschah, waren sie sich ihres Leidens sehr bewußt und hatten beträchtliche Schwierigkeiten, sich Erleichterung zu verschaffen.

Ein kleiner Junge in der Untersuchung sagte, er habe das Gefühl, ständig weinen zu müssen. Die Welt eines anderen Kindes schien mit Symbolen von Tod, Beschädigung und Verlust angefüllt zu sein. Es erzählte vom Herzanfall seines Hundes, zeigte auf die Puppe des Therapeuten und sagte: »Armes kleines Ding, sie hat ja gar keine Augen.«

Kinder dieses Alters, sagt Dr. Wallerstein, wissen was mit ihnen geschieht, aber sie sind schon zu alt, um es sich mittels

Phantasie so angenehm zu machen, wie es die Kleineren können. Daher sind sie extrem traurig und haben Angst vor der Zukunft. Weinen und Schluchzen waren, gerade unter Jungen, weit verbreitet. Sie befürchteten, daß es für sie keinen sicheren Ort mehr gäbe und daß man sie nirgendwo mehr haben wollte. Sie vermißten ihre Väter ganz verzweifelt, und ihre Sehnsucht nach ihnen erinnerte auf gewisse Weise an die Trauer um einen gestorbenen Elternteil. Manchmal fragten sie sich, ob sie als nächste gehen müßten.

Neun- und Zehnjährige verstanden deutlich die Realität der Scheidung und kämpften darum, etwas Ordnung in ihr chaotisches Leben zu bringen. Oft behielten sie ihre Gefühle für sich, sprachen nicht darüber und versuchten, nicht daran zu denken. Sie schämten sich wegen der Scheidung und fanden das Verhalten ihrer Eltern peinlich. Die schulischen Leistungen litten; das galt für gute wie für schlechte Schüler. Die Beziehungen zu ihren Freunden verschlechterten sich, und ihr Verhalten war häufig katastrophal: destruktiv, feindselig, streitsüchtig, widerspenstig und zurückgezogen.

Zu ihrer Überraschung fand Dr. Wallerstein heraus, daß Jugendliche oft am härtesten getroffen waren. Die Scheidung unterbrach ihre Entwicklung zu einem entscheidenden Zeitpunkt und belastete ernsthaft ihre Fähigkeit zu tun, was Teenager tun müssen – sich von den Eltern lösen und langsam erwachsen werden. Durch die Scheidung wurden die Teenager gezwungen, sich ein Urteil über ihre Eltern zu bilden, und oft wurden sie wütend, wenn die Mutter oder der Vater ihren Kindheitsphantasien nicht mehr entsprachen.

Ich habe gesehen, daß Kinder jeden Alters und mit welchen Problemen auch immer als Folge der Scheidung zusätzliche Probleme bekamen. Eltern fällt in solchen Situationen fast nie ein, was sie unter normalen Umständen tun würden: ihre Kinder, wenn sie von der Scheidung erfahren und auch später, danach zu fragen, welche Sorgen sie haben. Sorgen sie sich darum, wo sie später leben werden? Ob sie die Schule wechseln müssen? Was sollen sie ihren Freunden erzählen?

Aber Angst lähmt Menschen – Eltern genauso wie Kinder. Und auch die rationalsten Erwachsenen können im Verlauf einer Scheidung zu irrationalen Menschen werden. So ist es verständlich, daß sie sich in dieser Zeit der Bedürfnisse ihrer Kinder am wenigsten bewußt sind.
Ehepaare, die ihre Scheidung aufschieben, bis die Kinder größer geworden sind und nicht mehr zu Hause leben, ersparen ihnen wahrscheinlich keine Schmerzen. Eine neuere Untersuchung von achtundvierzig College-Studenten, die nicht mehr zu Hause lebten, als sich ihre Eltern trennten, berichtet, daß sie schockiert und verblüfft gewesen seien, obwohl sie wußten, daß die Eltern eine unerfreuliche Beziehung hatten. Einige gaben dem Elternteil die Schuld, der das Haus verlassen hatte, und versuchten, dem oder der Verschmähten zu helfen. Einige mieden vergnügliche Aktivitäten, andere ließen sich gehen. Viele fühlten sich in bezug auf die Ehe desillusioniert und entschlossen sich, nicht zu heiraten oder Kinder zu haben.

Bonnie: Die Angst, Kinder zu haben

Bonnie, siebenunddreißig Jahre alt, sagte, es hätte lange gedauert, bis sie ernsthaft an eine Ehe gedacht hätte, und jetzt, wo sie verheiratet sei, könne sie sich nicht dazu überwinden, Kinder zu haben. Sie glaubt, daß irgend etwas, das sie nicht voraussehen oder kontrollieren kann, schieflaufen wird.
Bonnie war in der College-Abschlußklasse, als sich ihre Eltern trennten, und sie sagt, sie sei schockiert gewesen, als sie von der Trennung hörte. Als sie noch zu Hause, in einem Vorort von Houston, lebte, war sie Vaters »Herzblatt«.
»Ich fühlte mich so umsorgt und geliebt und dachte, meine Eltern führten eine wunderbare Ehe. Manchmal hatten sie sich in den Haaren, hatten Meinungsverschiedenheiten; aber das war ja auch bei den meisten Eltern meiner Freunde so. Als ich dann mit siebzehn ins College ging, dachte ich, zwischen ihnen sei alles okay. Ich hatte keinen Grund, etwas anderes anzunehmen.

Aber als ich eines Tages in den Frühjahrsferien nach Hause kam, brach meine Mom zusammen und erzählte mir, sie hätte die Scheidung eingereicht. Sie sagte, daß Dad und sie schon lange Probleme gehabt hätten. Einige wären sexueller Natur. Es ist hart, so etwas über seine Eltern zu hören. Einige lagen nur in verschiedenen Wertvorstellungen. Ich riet ihr, einen Ehe-Therapeuten aufzusuchen. Das hätte sie schon, und es wäre nichts dabei herausgekommen, sagte sie. Was sie beträfe, wäre die Ehe vorbei.
Ich erinnere mich, daß ich richtig wütend auf sie wurde. Ich glaubte, sie sei irrational und gäbe meinem Vater keine Chance. Dad und ich waren uns immer so nahe. Ich konnte mir nicht vorstellen, daß sie nicht mehr zusammen waren. Ich konnte mir nicht vorstellen, nicht mehr nach Hause zu kommen. Ich hielt es nicht aus, daß meine Mutter nach Arizona, in die Nähe ihrer Mutter zog. Ich fuhr zurück zum College und wünschte, alles würde vorbeigehen. Aber das tat es natürlich nicht. Ich glaube, mein Vater machte eine Art Midlifecrisis durch. Er begann damit, sich mit vielen Frauen zu verabreden, und er brachte sie mit in unser Haus. Einmal quartierte er die Tochter einer dieser Frauen in meinem Zimmer ein. Als ich von der Schule nach Hause kam, fand ich all ihre Sachen in meinen Schränken und Schubladen. Ich wurde so wütend, daß ich alles in Müllbeutel packte und auf den Rasen warf. Seitdem ging es mit unserer Beziehung – Dads und meiner – den Bach runter. Ich zog nach Detroit. Er schien glücklich zu sein, daß ich wegzog und ihn mit seinem neuen Leben in Ruhe ließ. Er heiratete wieder und hatte absolut nichts mehr mit mir zu tun. Beinahe wäre er noch nicht mal zu meiner Hochzeit gekommen. Sein Bruder und seine Schwägerin mußten ihn beknien, hinzufahren.
Irgendwie verstehe ich's nicht. Er verkaufte unser Haus in Houston und zog weg, aber ich weiß nicht, wohin. Er hat nicht versucht, sich mit mir in Verbindung zu setzen. Und es sieht wohl so aus, daß ich ihn wahrscheinlich nie wiedersehe. Es ist, als ob ich nie seine Tochter gewesen sei. In drei Jahren

werde ich vierzig, und es macht mir immer noch Alpträume.«

Kinder, gleich welchen Alters, sind häufig niedergeschmettert, wenn sie von der Scheidung überrascht werden.

Peggy, die achtunddreißig ist, erfuhr vor kurzem, daß sich ihre Eltern scheiden lassen werden – nach neununddreißig Jahren Ehe. »Es macht mich verrückt«, erzählte sie mir. »Ich fühle mich so niedergeschlagen, als ob ich kurz vor einem Nervenzusammenbruch stünde, und ich kann an nichts anderes mehr denken.

Ich habe das Gefühl als wäre meine ganze Kindheit ein Märchen, eine Lüge. Ich frage mich, wo ich war, als all dies geschah. Ich dachte, wir hätten eine wunderbare Familie, die sich nahesteht. Wir haben Sachen unternommen, sind zusammen weggefahren. Ich habe sie nie laut werden hören oder schreien, und meine Eltern schienen sich gegenseitig zu respektieren. Ich weiß, daß sich das Leben und die Menschen verändern, aber man verläßt sich auf seine Familie, bis daß der Tod sie scheidet. Ich habe nie eine Hochzeitszeremonie erlebt, bei der von Scheidung die Rede war.«

Männer und Frauen

Der erste Eindruck einer Scheidung wirkt auf Jungen stärker als auf Mädchen; Jungen brauchen länger, sich darauf einzustellen und haben größere Verhaltensprobleme.

Dies hat nichts mit ihrer intellektuellen Kapazität zu tun. Ich glaube, daß die Gründe zum Teil darauf zurückzuführen sind, daß Jungen und Mädchen ihre Gefühle verschieden ausdrücken. Zum anderen mag es daran liegen, daß Jungen für viele Arten von Streß anfälliger sind als Mädchen. Mehr Jungen als Mädchen haben Lernschwierigkeiten und Phobien; Jungen brauchen länger für die Reinlichkeitserziehung und reifen auch langsamer heran. Wie oft hat man nicht schon jemanden sagen hören: »Man kann kein dreizehnjähriges Mädchen mit einem dreizehnjährigen Jungen vergleichen. Sie ist eine junge Frau, und er noch ein Baby.«

Sogar im Säuglingsalter sind die Überlebenschancen von Mädchen größer als die von Jungen. Die Gründe sind noch unklar, aber die Fakten sind unumstößlich.
So überrascht es nicht, daß mit dem Beginn eines ernsthaften Traumas wie dem der Scheidung mehr Jungen als Mädchen zu antisozialem Verhalten neigen, in der Schulklasse stören, Aggressionen und gar Gewalttätigkeiten wie Beißen, Treten und das Schlagen anderer Kinder zeigen. Es ist wahrscheinlich, daß sie unter Streß unfähig werden, ihre Impulse zu kontrollieren und Anzeichen von Hyperaktivität aufweisen. Einige werden laut und rauhbeinig, andere ziehen sich von ihren Freunden zurück und verbringen viel Zeit allein in ihrem Zimmer.
Richard, jetzt fünfunddreißig, erzählte mir, daß ihm nach der Trennung seiner Eltern einfach alles egal war. »Ich ging zur Schule, habe aber nicht groß aufgepaßt, was da lief. Es schien mir nicht mehr so wichtig, und ich hatte große Konzentrationsschwierigkeiten. Meine Zensuren fielen von B's auf D's.* Nach der Schule ging ich auf mein Zimmer und spielte laute Rock-Musik. Ich bin nicht mal heute sicher, ob ich es tat, um meine Schmerzen zu lindern oder um Aufmerksamkeit zu erlangen. War ja auch egal. Keiner hat sich drum gekümmert. Es ist schwer, sich daran zu erinnern, aber ich glaube, ich habe aufgehört, überhaupt was zu fühlen.«
Ich habe immer wieder feststellen können, daß Frauen während der Zeit der Scheidung emotional eher reaktiv werden und daß sie wahrscheinlich mehr das tun, was sie natürlicherweise tun – z.B. eine Art »Überfunktion« für den Sohn zu entwickeln, wie sie es vorher für ihre Ehemänner taten.
Die Söhne schauen orientierungssuchend auf ihre Mütter. Es ist beinahe so, als ob sie nicht wüßten, was sie denken und fühlen sollen, bis die Mama es ihnen sagt. Von Jungen erwarten und fordern Eltern weniger Bewußtsein und Ausdruck ihrer Gefühle.

* entsprechen etwa der deutschen 2 und 4; A. d. Ü.

Deshalb wachsen sie auf, ohne gelernt zu haben, mit ihren Gefühlen umzugehen. Als Folge davon haben sie als Erwachsene einen Mangel an Erfahrung im Umgang mit persönlichen Beziehungen, die ja stehen und fallen mit der Fähigkeit, Gefühle zu erkennen und darauf zu reagieren.
Mädchen dagegen behalten ihre Gefühle oft für sich. Es mag sein, daß sich ihre Zensuren nicht verschlechtern; von außen erwecken sie oft den Eindruck, als könnten sie mit der Scheidung gut umgehen. Vielleicht versuchen sie, Aufmerksamkeit und Zuwendung von Erwachsenen zu gewinnen, aber ihr Verhalten ist normalerweise weder destruktiv noch anti-sozial.
Freunde und Familie sind oft überrascht, wie »gut angepaßt« Mädchen zu sein scheinen und fragen sich, wie sie mit ihren Gefühlen umgehen. Wir wissen jetzt, daß Mädchen ihre Empfindungen häufig vergraben. Die Gefühle von Traurigkeit, schmerzlichem Verlust und Verlassenheit nagen an ihnen und zeigen sich in ihrem Verhalten, wenn sie die Adoleszenz erreicht haben. Als Jugendliche treffen sie sich früher mit Jungen und haben eher Geschlechtsverkehr als Mädchen aus Familien, in denen der Vater fehlt, weil er gestorben ist. Zu dieser Zeit neigen sie dazu, sich ihren Müttern gegenüber feindselig zu verhalten; manchmal laufen sie von zu Hause weg, haben Geschlechtsverkehr mit wechselnden Partnern und experimentieren mit Drogen und Alkohol. Mädchen mit diesen Charakteristika sind häufig jene, deren Eltern sich scheiden ließen als sie noch sehr jung waren.
Mädchen haben in der Adoleszenz oft Probleme mit heterosexuellen Beziehungen, und es kann ihnen an der Fähigkeit mangeln, mit Männern auf angemessene Weise umzugehen. In einigen Fällen, besonders wenn sie einen unbefriedigenden oder gar keinen Kontakt zu ihren Vätern hatten, sind sie unfähig, auf gesunde Weise romantische Beziehungen herzustellen. Sie haben keine Erfahrung im Umgang mit einem liebevollen Vater, und darum weniger Möglichkeiten, die sozialen Fähigkeiten und das Selbstvertrauen zu erwerben, die not-

wendig sind, um Beziehungen zu Jungen und Männern angemessen zu gestalten. In vielen Fällen sind ihre Erinnerungen an Männer mit Ängsten, sogar Feindseligkeit und mit einem Gefühl der Ablehnung verflochten.

Robins Geschichte: Die ideale Tochter ... eine Zeitlang

»Ich erinnere mich an das Gefühl, daß alles verschwommen, unklar, irgendwie unwirklich war«, sagt Robin, deren Eltern sich scheiden ließen, als sie zehn Jahre alt war. »Ich war immer ein vernünftiges, ich glaube, Sie würden sagen, beherrschtes kleines Mädchen. Deshalb bin ich auch nie laut geworden. Ich habe viel geweint, aber nur, wenn ich allein war. Für alle anderen habe ich ein fröhliches Gesicht aufgesetzt. Ich sah meine Rolle darin, meiner Mutter das Leben leichter zu machen. Meine Mutter versteckte auch ihre Gefühle, aber sie war total erschöpft.«

»Ich glaubte, das könne doch nicht einfach so weitergehen. Meine Eltern waren zwei rationale Menschen, und sie schienen ihre Meinungsverschiedenheiten immer ohne großen Ärger zu regeln. Ich wünschte die ganze Zeit, sie würden wieder zueinanderfinden, und lange Zeit glaubte ich auch daran. Ich müßte mich nur weiter normal verhalten, mir vormachen, daß alles in Ordnung sei, weiter gute Zensuren nach Hause bringen ...«

»Als ich fünfzehn war, stellte ich fest, daß meine Mom und mein Dad – obwohl sie nicht wieder geheiratet hatten – nie wieder zusammenkommen würden. Wir würden nie wieder die kleine, glückliche Familie meiner Kindheit sein. Zu dem Zeitpunkt wurde ich wütend. Irgend etwas in mir platzte und es war, als sei die Scheidung erst jetzt gewesen. Ich mußte feststellen, daß es sich nicht lohnte, nett zu sein.«

Zu dieser Zeit wurde Robins Verhalten problematisch. Sie besuchte einige Kurse in der Schule nicht und ließ Klausuren ausfallen. Die Zensuren wurden schlechter. Sie schien sich um nichts anderes mehr Gedanken zu machen, als mit wem sie sich am Wochenende verabreden sollte.

»Ich ging mit jedem aus«, erzählt Robin, »und als ich sechzehn war, fing ich mit Sex an. Ich machte mir plötzlich über nichts mehr große Gedanken. Meine Mutter war außer sich, aber mir war's damals egal. Meine Mom war die nette Frau Saubermann, und was hatte ihr das gebracht? Mein Dad hat sie trotzdem nicht mehr geliebt. Ich entschloß mich, anders zu sein.«

Mit achtzehn, gleich nach dem High School-Abschluß, heiratete sie Ned, einen Anstreicher, den sie kennengelernt hatte, als ihre Mutter die Wohnung renovieren ließ. Sie kannten sich fünf Wochen, bevor sie mit ihm durchbrannte. Die Ehe hielt ein Jahr.

Sechs Monate später traf sie Marvin, und drei Wochen danach zog Robin bei ihm ein. Weihnachten des gleichen Jahres war die Beziehung zu Ende.

»Ich weiß, daß die Scheidung meiner Eltern mein Leben versaut hat«, sagt Robin. »Ich versuche jetzt, es durchzuarbeiten. Es kann sein, daß es mir besser gehen würde, wenn ich damals gleich reagiert hätte. Mittlerweile wäre mein Leben wieder etwas ausgeglichener. Es sieht so aus, als hätte ich noch einen langen Weg vor mir.«

Geschwister

Kinder berichten häufig, daß sie die Scheidung ihrer Eltern nur überlebt hätten, weil sie einen Bruder oder eine Schwester hatten, die das Trauma mit ihnen teilten, und daß die Beziehung zu ihren Geschwistern als Folge davon enger geworden sei.

Myra, heute zweiunddreißig, sagt, daß sie und ihre ein Jahr jüngere Schwester unzertrennlich geworden seien, nachdem sie von der Scheidung der Eltern erfahren hätten. »Wir waren sieben und acht, und ich erinnere mich, daß ich Angst hatte, Linda außer Sichtweite gehen zu lassen. Ich glaubte, wenn ihr etwas zustoßen würde, könnte ich nicht weiterleben. Ich glaube, sie fühlte sich auch so.«

»Die ganzen Jahre hindurch waren wir uns sehr nahe. Jetzt

haben wir unsere eigenen Freunde, leben unser Leben, aber wir sprechen noch jeden Tag miteinander, und unsere Beziehung ist uns sehr wichtig. Wir haben eine gemeinsame Geschichte und reden noch viel über Mom und Dad – als sie noch zusammen waren ... und danach.«
Andere hingegen berichten, daß zwischen ihnen und ihren Geschwistern Konflikte eskalierten oder daß die anderen, besonders wenn sie verschiedenen Geschlechts waren, nur wenig Unterstützung geboten hätten. Oft orientierte sich ein Kind in Richtung Mutter, während sich das andere auf die Seite des Vaters stellte; das brachte sie weiter auseinander. Der Ehekonflikt wird zu einem Problem zwischen Brüdern und Schwestern.
»Meine Schwestern und ich haben nie über die Scheidung geredet«, erinnert sich Richard, dessen Eltern sich scheiden ließen, als er zwölf und seine Schwestern zehn und vierzehn waren. »Jeder hat sich sehr zurückgezogen und verbrachte viel Zeit allein. Meine Schwestern hatten mehr Freunde, und deshalb glaube ich, sie haben mit denen darüber gesprochen. Aber wir haben unsere Gefühle nie miteinander geteilt. Wenn ich heute darüber nachdenke, weiß ich nicht warum. Wahrscheinlich hätte es uns allen geholfen.«
In Familien mit mehr als zwei kleinen Kindern tun sich häufig die des gleichen Geschlechts zusammen und trösten sich. Aber Jungen und Mädchen teilen – aufgrund ihrer unterschiedlichen Reaktionen – ihre Gefühle nur selten oder verbringen viel Zeit miteinander.

Temperament, Belastbarkeit und Persönlichkeit

Wir dürfen die ureigene Persönlichkeit eines Kindes nicht unterschätzen. Temperament, Beweglichkeit und Belastbarkeit haben sehr viel Einfluß auf das Verhalten nach der Scheidung.
Einige Jungen und Mädchen – wir nennen sie die »unverwundbaren Kinder« – scheinen unerträgliche Situationen zu überstehen und daraus noch stärker und emotional gesünder

hervorzugehen. Andere, die bedeutend weniger Streß erfahren, zerbrechen daran. Woher kommt dieser Unterschied?
Ich glaube, daß es sehr viel mit den inneren Ressourcen eines Kindes zu tun hat, sowohl mit dem biologischen Erbe als auch mit den durch die Umwelt erworbenen Fähigkeiten. Kinder mit schwierigem Temperament, die von ihren Eltern als leicht erregbar, impulsiv und aggressiv beschrieben wurden, tun sich angesichts einer so belastenden Situation wie der Scheidung sehr schwer. Diese Kinder haben oft nur wenige Freunde, neigen dazu, sich von angebotener Hilfe zurückzuziehen und haben normalerweise ernsthafte Schwierigkeiten in der Schule. Ihr Selbstwertgefühl ist gering, und sie sind unglücklich und einsam. Die Abwesenheit des Vaters verschärft ihre Probleme. Wenn sie eine gute Beziehung zu ihrem Vater entwickeln oder, falls die Mutter wieder heiratet, sie sich gut mit dem Stiefvater verstehen, geht es ihnen oft besser.

Nathan: Ein Stiefvater hilft

Als Nathan zehn war, ließen sich seine Eltern scheiden. Seine Mutter, Roslyn, wußte seit Jahren, daß ihr Mann untreu war, tat aber so, als merke sie nichts. Obwohl eine attraktive und kreative Frau, war Roslyns Selbstwertgefühl »im Keller«, und sie konnte den Gedanken nicht ertragen, allein zu sein. Ihr Mann, Sammy, ließ ihr aber keine Wahl. Eines Sonntags packte er die Tasche und sagte ihr, die Ehe sei beendet.
Am nächsten Tag besuchte er seinen Sohn und erzählte ihm, er würde jetzt woanders leben, ihn aber weiterhin sehen. Nathan, der schon immer schnell wütend wurde und beim Spielen mit anderen Kindern aggressiv war, hatte deshalb wenig Freunde.
Nathans Gesicht blieb ausdruckslos, als sein Vater ihm die Neuigkeit erzählte, aber er sprang von seinem Stuhl auf, warf ihn durchs Zimmer und zerbrach die Glastür eines chinesischen Schränkchens. Dann schloß er sich zwei Tage in seinem

Zimmer ein und blieb dort, ohne etwas zu essen oder mit jemandem zu sprechen.

Am dritten Tag zog er sich für die Schule an und teilte seiner Mutter mit, daß er nichts mehr über die Scheidung hören wolle. Es interessiere ihn nicht. Es wäre ihm egal. Dann fügte er hinzu, er habe seinen Vater schon immer gehaßt und sei froh, daß er jetzt weg wäre.

Nathans Verhalten verschlimmerte sich. In der Schule erzählte er niemandem von der Trennung seiner Eltern und schloß sich einer rüden, aggressiven Gruppe Jungen an, von denen er wußte, daß seine Eltern sie ablehnen würden. Bald darauf begannen sich seine Lehrer über sein störendes Verhalten in der Klasse zu beklagen, und seine vorher durchschnittlichen Zensuren stürzten ab.

Während dessen fing seine Mutter, deren Selbstwertgefühl niedriger war als je zuvor, an, mit einigen alleinstehenden Freundinnen auszugehen. Diese hatten sie gedrängt, die Haarfarbe zu ändern und modischere Kleider zu tragen. Durch die Freundinnen traf sie Roger, einen sympathischen Mann, Abteilungsleiter eines Kinderbekleidungsgeschäfts. Roger war zehn Jahre jünger als Roslyn, aber sie kamen sich sehr schnell näher, und nach acht Monaten zog Roger bei ihr ein.

Nathan wollte nichts mit ihm zu tun haben. Aber Roger, der vier jüngere Brüder und drei Neffen hatte, zeigte Geduld. Er gab nie vor, den Platz von Nathans Vater einnehmen zu wollen, der ihn jetzt einmal im Monat besuchte. Nach und nach interessierte er Nathan für Neues wie Angeln und Briefmarkensammeln. Sonntagvormittags machten sie Radausflüge und frühstückten auf dem Weg nach Hause.

In weniger als einem Jahr war Nathan ein anderes Kind. Die Zensuren wurden besser, seine Launenhaftigkeit kontrollierter. Er fand neue Freunde wie Jeff, dessen Eltern auch geschieden waren, und mit dem er seine Gefühle teilen konnte.

4
Beziehungen – Kinder und die Eltern, mit denen sie leben

Kinder lernen von ihren Eltern auf zweierlei Weise: durch Identifizierung und durch den Umgang miteinander. In Familien, die zusammenbleiben, haben Kinder die Möglichkeit, von den Ansichten und dem Verhalten der Eltern im täglichen Leben zu lernen sowie den Umgang der Eltern miteinander zu beobachten. Kinder erfahren, daß Weiblichkeit mehr bedeutet als »Mutter als Frau«, daß sie auch mit der Beziehung der Mutter zum Vater zu tun hat; und durch Reaktionen des Vaters auf die Mutter erfahren sie etwas über Männlichkeit.

Nach der Scheidung leben 90% der Kinder bei ihren Müttern. Obwohl es Anzeichen dafür gibt, daß in der Zukunft mehr Väter das Sorgerecht bekommen werden, wurden die meisten der jetzt erwachsenen Scheidungskinder von ihren Müttern großgezogen. Ist das von Bedeutung? Schafft das Anpassungsprobleme? Ist das Aufwachsen der Kinder dadurch beeinträchtigt, daß sie überwiegend nur einen Elternteil, zumeist die Mutter, zur Verfügung hatten?

Der größte Teil der Untersuchungen hat sich auf Kinder, die bei ihren Müttern leben, konzentriert, weil dies die verbreitetste Konstellation ist. Und sie zeigen, daß es die Stabilität der Mutter, ihre Gesundheit und allgemeines Geschick sowie ihre Fähigkeit, die Ordnung in der Familie aufrecht zu erhalten, ist, die sich in der ersten Zeit nach der Scheidung als ausschlaggebend für die Kinder erweist. Auch in Abwesenheit eines Vaters kann eine gut »funktionierende« Mutter dazu beitragen, daß es den Kindern halbwegs gutgeht.

Langfristig gesehen kann die Abwesenheit eines Vaters und eine ihn überkompensierende Mutter dazu führen, daß es im späteren Leben der Kinder zu einem starken Ungleichgewicht in intimen Beziehungen kommt. Die Kinder erleben nie zwei Erwachsene, die sich die Verantwortung teilen. Besonders

Mädchen neigen später – in ihrer eigenen Ehe – auf die gleiche Weise wie die Mutter zum »Überfunktionieren« in der Beziehung.

Entgegen dem weitverbreiteten Glauben haben einige Untersuchungen der letzten Jahre zu bedenken gegeben, daß das Aufwachsen bei der Mutter nicht unbedingt die beste aller Lösungen für Söhne sein könnte. Kinder scheinen sich generell besser zu entwickeln, wenn sie nach der Scheidung beim gleichgeschlechtlichen Elternteil aufwachsen.

Mädchen, die bei ihrer Mutter, und Jungen, die bei ihrem Vater leben, sind besser angepaßt. Sie haben mehr Geschick im sozialen Leben, sind reifer und kooperativer und haben ein höheres Selbstwertgefühl.

Ich habe (wie andere Forscher und Ärzte) festgestellt, daß in den zwei oder drei Jahren nach der Scheidung die Qualität der Beziehungen zwischen der Mutter (mit dem Sorgerecht) und ihren Kindern davon abhängt, ob das Kind männlich oder weiblich ist. Der vorangegangene Konflikt zwischen Ehemann und Frau scheint sich auf Mutter und Sohn negativ niederzuschlagen, während zwischen Mutter und Tochter eine eher kooperative Beziehung zu erwarten ist.

Mütter und Söhne

Gleich nach der Scheidung, wenn die Mutter besonders emotional, also am wenigsten rational ist, wird die Beziehung zu ihrem Sohn oder ihren Söhnen, für die sie das Sorgerecht hat, am problematischsten. Manchmal dauert diese Störung an. Eine Untersuchung zeigt, daß Mütter noch sechs Jahre nach der Scheidung Probleme mit der Aufsicht über ihre Söhne hatten; sie nörgelten an ihnen herum und beklagten sich über sie. Es gab auch Zuneigung zwischen ihnen, doch auch nach einer so langen Zeit war die Beziehung oft ambivalent und stark emotionalisiert.

Dafür gibt es mehrere Gründe. Zum einen sehen Mütter häufig die Charakteristika ihrer Ehemänner in den Söhnen und reagieren unbewußt negativ auf sie. Dies überrascht nicht, da Jungen oft ihren Vätern ähnlich sind – die wiederum das natürliche Modell der Söhne sind. Stellen Sie sich vor, was mit einem Sohn geschieht! Genau die Qualitäten, die sie an sich – und vielleicht ihrem Vater – am meisten lieben, könnten genau die Züge sein, die ihre Mutter überhaupt nicht mag.

Um die Situation noch weiter zu komplizieren: Ist der Vater erst einmal aus dem Haus, macht die Mutter den Sohn oft zum Vater-Ersatz und hat die gleichen Erwartungen an ihn, die sie an ihren Ehemann hatte. War der Mann zurückhaltend und zeigte keine offene Zuneigung, kann es sein, daß die Mutter von ihrem Sohn verlangt, anders zu sein – und zornig wird, wenn er ihre Erwartungen nicht erfüllt.

Die Erwartungen der Gesellschaft helfen auch nicht weiter. Eine meiner Patientinnen, eine zweiundvierzigjährige Frau mit einer turbulenten Beziehung zu ihrem achtzehnjährigen Sohn, verriet mir, daß der Pfadfinder-Führer ihres Sohnes nach der Scheidung zu ihm gesagt hatte: »Jetzt bist du der Mann in der Familie.« Jungen wollen nicht den Platz ihrer Väter einnehmen. Es konfrontiert sie mit unerträglichen Konflikten und beschleunigt oft feindseliges, anti-soziales Verhalten oder löst das glatte Gegenteil aus.

Das Verhalten von Jungen verbessert sich oft drastisch, wenn die Mutter wieder heiratet. Ich glaube, daß Mütter an diesem Punkt ihres Lebens Männer anders (und positiver) wahrnehmen, und daß sich dies im Umgang mit ihren Söhnen widerspiegelt.

Mütter und Töchter

Auf der anderen Seite wird die Beziehung zwischen geschiedenen Müttern und ihren jungen Töchtern oft intensiver – zumindest eine Zeitlang. Mädchen sind im allgemeinen ihren Müttern ähnlicher als ihren Vätern. Außerdem haben in unserer Gesellschaft Eltern andere Vorstellungen von Mädchen und behandeln sie auch anders als Jungen. Sie haben die Vorstellung, daß Mädchen warm, hilfsbereit und sensibel sind und daß ihnen mehr an zwischenmenschlichen Beziehungen liegt.

Mädchen und Mütter neigen dazu, nach der Scheidung eine enge Verbindung einzugehen. Oft gibt es eine stillschweigende Übereinkunft, daß Männer enttäuschend sind; die Scheidung scheint dies zu bestätigen. Dieses Dreieck – Mutter und Tochter gemeinsam gegen den Vater – funktioniert eine Zeitlang gut, bis die Mutter wieder heiratet oder die Tochter älter wird, sich für Männer interessiert und eigene Beziehungen eingeht. Die sehr enge Beziehung der Tochter zur Mutter beginnt dann, sich zu lösen.

Nehmen wir zum Beispiel Lori. Nach der Scheidung der Eltern lebten sie und ihr Bruder Joel weiter bei der Mutter. Lori, damals elf, und ihre Mutter kamen sich näher als jemals zuvor. Loris Vater hatte die Familie verlassen, weil er eine andere Frau getroffen hatte, die er zu heiraten beabsichtigte. Lori haßte ihn dafür und für den Bruch dessen, was sie für eine glückliche Familie gehalten hatte. Vier Jahre wollte sie nichts mit ihm zu tun haben. Sie las weder seine Briefe noch beantwortete sie seine Anrufe, und seine Geburtstagsgeschenke warf sie ungeöffnet in den Müll.

Mit sechzehn fing sie an, sich mit einem Jungen zu treffen, der auf der Geburtstagsfeier eines Cousins gewesen war. Aber sie verabredete sich lieber mit ihren Freundinnen und sah ihn nur etwa einmal im Monat. Er war der einzige Junge, mit dem sie sich während ihrer High School-Zeit verabredete. Im College fühlte sich Lori jedoch von Männern angezogen, suchte ihre Aufmerksamkeit und wünschte sich Sex. Sie schrieb ihrer Mutter Briefe über das Tanz-Marathon, das sie und Jack gewonnen hatten, über das Essen bei Kerzenlicht mit Harry an ihrem Geburtstag und über Burt, den jungen Mann aus ihrem Chemie-Kurs, der sie übers Wochenende nach New York eingeladen hatte. Während dieser Zeit fiel Loris Beziehung mit ihrer Mutter auseinander. Die Mutter teilte Loris Enthusiasmus über ihre neuentdeckte Beliebtheit nicht.

»Immer wieder erzählte sie mir, das College sei zum Lernen da und nicht zum Herumspielen«, sagt Lori. »Und sie warnte mich vor Männern – daß sie nur auf Sex aus wären. Ich solle mich nicht zu sehr auf sie einlassen, weil sie einen doch nur enttäuschen würden. Es machte mich wütend. Ich weiß, daß sie nur versuchte, mich zu beschützen, aber was wollte sie? Hat sie erwartet, daß ich in meinem ganzen Leben nichts mit Männern zu tun habe? Also erzählte ich nichts mehr und schrieb ihr nichts mehr über die wichtigen Sachen in meinem Leben. Nur noch Belanglosigkeiten wie ›Wie geht es Dir und Joel? In Politikwissenschaften habe ich eine 2 bekommen.‹ Sie wissen schon, nur diese sicheren Sachen. Und meine Mutter und ich entfernten uns immer mehr voneinander.«

Interessanterweise fand eine Untersuchung von E. Mavis Hetherington heraus, daß dieses Mutter/Tochter-Muster nicht auftritt, wenn der Vater gestorben ist. Meiner Meinung nach liegt der Unterschied darin, daß die Nähe zwischen Mutter und Tochter nicht auf einem negativen Bild des Vaters oder von Männern im allgemeinen basiert. Mütter tendieren zu positiven Erinnerungen an den Ehemann und übermitteln diese Einstellung an die Töchter, die dann später eher in der Lage sind, eine gesunde Ansicht über heterosexuelle Beziehungen zu entwickeln. Der Bruch einer Familie durch den Tod eines Elternteils wird von niemandem als Fall von Gewinnern und Verlierern gesehen, wie es bei der Scheidung häufig geschieht.

Wenn eine geschiedene Mutter wieder heiratet, ist dies ein Zeichen dafür, daß sie Männer jetzt anders sieht. Basierte die enge Beziehung zwischen Mutter und Tochter auf einem negativen Männer-Bild, so lockert sich nun die Bindung. Zum größten Konflikt kommt es dann zwischen Tochter und Stiefvater, weil das Kind die früheren negativen Ansichten der Mutter stark verinnerlicht hat. Für die Tochter ist die neue Heirat gleichbedeutend mit Verrat.

Falls die Mutter jedoch nicht wieder heiratet oder eine schlechte zweite Ehe eingeht, steht die Tochter vor neuen Problemen. Mit dem Erwachsenwerden, den ersten Verabredungen mit Männern und den ersten Beziehungen befindet sie sich in einer fast aussichtslosen Situation. Findet sie Männer angenehm und fährt fort, gesunde Beziehungen zu entwikkeln, betrügt sie die Mutter und lockert dadurch die Verbindung zwischen ihnen. Tut sie dies nicht, so betrügt sie sich selbst und ist nicht fähig, eigene befriedigende heterosexuelle Beziehungen aufzubauen.

Väter mit Sorgerecht

Wenn Väter das Sorgerecht für ihre kleinen Kinder haben, ist dies häufig ein Zeichen für ungewöhnliche Familienumstände. Es kann sein, daß der Vater schon lange die Kinder versorgte und in der Ehe eine andere Rolle spielte als den »normalen Brötchenverdiener«. Oder daß die Mutter vom Gericht als »unfähig« befunden wurde, die Kinder zu erziehen, und dem Vater das Sorgerecht zugestand.
Mittlerweile gibt es mehr Belege dafür, daß es für Jungen gut ist, beim Vater aufzuwachsen, hingegen für Mädchen eher ungünstig. Eine Untersuchung hat gezeigt, daß die Entwicklung von Jungen im Alter zwischen sechs und elf Jahren, die beim Vater mit Sorgerecht aufwuchsen, zum Teil sogar günstiger verlief als bei Jungen aus intakten Familien: Sie besaßen größeres soziales Geschick, engere Beziehungen, ein besseres Selbstwertgefühl und stellten weniger Forderungen.
Als die gleichen Charakteristika bei Mädchen gemessen wurden, schnitten sie nicht so gut ab. Das mag ein Hinweis darauf sein, daß es für ein Kind besser ist, beim gleichgeschlechtlichen Elternteil aufzuwachsen, und es wird viel damit zu tun haben, wo er (oder sie) sich besser einfühlen kann. Im Gegensatz zu Müttern, die das Sorgerecht haben, scheinen Väter Regeln aufzustellen und sie auch durchsetzen zu können,

ohne daß es zu Machtkämpfen zwischen Vater und Sohn kommt.
Ältere Jungen, die ein Mitspracherecht haben, bei wem sie leben wollen, wählen häufig ihre Väter. Sogar Jungen, die eine Zeit bei ihren Müttern gelebt haben, ziehen mit dem Erreichen der Adoleszenz gern bei ihren Vätern ein. In vielen Fällen geht das von der Mutter aus, die sagt, sie könne mit dem Verhalten ihres Sohnes nicht mehr umgehen.
Tracey hatte das Sorgerecht sowohl für Gregg, der zum Zeitpunkt der Scheidung sieben war, als auch für Wanda, die damals neun war. Mit dreizehn bezeichnete Tracey Gregg als »unerträglich«. Er versagte in der Schule, kam seinen Pflichten nicht nach, kam zu spät nach Hause und trieb sich mit einer rüden Gruppe von Freunden herum, die Tracey im Verdacht hatte, Drogen zu nehmen.
Sie bat ihren früheren Mann, zu dem sie ein freundschaftliches Verhältnis hatte, den Jungen zu sich zu nehmen. Fünf Jahre später hatte Gregg die High School abgeschlossen und gehörte zu den besten 10% der Klasse. Nach der Schule bekam er einen Job bei einer Wochenzeitschrift, und er hat ein Verantwortungsgefühl entwickelt, das sogar seine Mutter überrascht. Sein Vater sagt, es wäre nicht leicht gewesen. Der Schlüssel dazu, so meint er, wären klare Regeln und Grenzen gewesen, die jedoch so flexibel und einsichtig waren, daß Konflikte normalerweise vermieden werden konnten.
Wenn Jungen bei ihren Müttern aufwachsen und wenig oder keinen Kontakt zu ihren Vätern haben, verbringen sie einen Großteil ihres Erwachsenenlebens auf der Suche nach einem Vater. Ronnie z. B. ist ein landesweit bekannter Psychiater von 45 Jahren. Seine Kartei ist voller ergreifender Dankschreiben ehemaliger Patienten. Aber er gesteht, daß sein eigenes Leben von der quälenden und kräfteraubenden Suche nach dem Vater bestimmt wurde, den er verlor, als sich seine Eltern vor dreißig Jahren scheiden ließen.
Ronnie erinnert sich an seinen Vater vor der Scheidung als einen vielbeschäftigten Arzt in einem sackartigen grauen An-

zug, der ihn sehr liebte. Er erinnert sich, daß sein Vater ihn auf den Knien reiten ließ, ihn mit zum Baseball nahm und die Familie spontan ins Auto packte, um zu einem Vergnügungspark, in den Zoo oder zum Picknick zu fahren. Aber als Ronnie dreizehn war, erkannte er seinen Vater nicht wieder. Er sattelte um vom Hausarzt zum Psychiater, tauschte die zerknautschten Anzüge gegen hochmodische Sakkos und verließ nach fünfundzwanzig Jahren Ehe die Familie.

Zuerst zog Ronnies Vater in einen anderen Teil der Stadt, und Ronnie konnte ihn an den Wochenenden besuchen. Zwei Jahre später heiratete er wieder und zog in einen über 200 Kilometer entfernten Ort.

»Ich haßte, was Vater tat, aber ich liebte ihn«, erzählt Ronnie. »Er war die Antriebskraft in meinem Leben. Ich wollte, daß er mich liebt. Ich wollte, daß er stolz auf mich ist. Ich wollte ihm alles recht machen. Und ich habe mein Bestes versucht, eine Beziehung zu ihm herzustellen.«

»Mit Mom war das anders. Mütter umsorgen einen, egal ob man es ihnen recht macht oder nicht. Väter sind nicht so. Das macht einen Vater zu einer mächtigen Gestalt.«

Ronnie widmete sich die nächsten siebzehn Jahre der Pflege einer Beziehung, an der sein Vater nicht interessiert zu sein schien. »Meinem Vater war es scheinbar gleichgültig, was ich tat, wie ich mich fühlte oder wer ich war. Ich wurde wütend, und es gab Zeiten, in denen wir nicht mal miteinander redeten. Aber ich kam immer wieder. Es war immer ich, der die Hand ausstreckte. Das Beste, was wir jemals erreichten, war Freundlichkeit.«

Während dieser Jahre gewann Ronnie als Psychiater Ansehen. Er schrieb Artikel für die führenden Fachzeitschriften und hoffte, daß sein Vater sie lesen und darauf reagieren würde. Das tat er nicht. Nach einigen Jahren der Verzweiflung stopfte er das, was er »seine Lebens-Werke« nannte – Dutzende von Zeitschriftenausschnitten –, in einen Umschlag und schickte sie seinem Vater. Dann wartete er auf einen Anruf, der nie kam.

Nachdem Ronnie geheiratet hatte, versuchte er wieder, das Interesse seines Vaters zu erwecken. »Du bist doch nicht unsterblich«, sagte er zu seinem Vater, »laß uns doch versuchen, Freude aneinander zu haben.« Sein Vater hörte ihm zu und sagte dann: »Du hast recht. So sollte es zwischen uns sein.« Aber er unternahm nichts, um die Beziehung zu verbessern.
Ronnie gab nicht auf. Egal wie oft er von seinem Vater abgewiesen wurde, er kam zurück und hoffte jedesmal, daß es jetzt anders würde. Als sein ältester Sohn geboren wurde, nahm er ihn mit zu einem Besuch bei seinem Vater. Mit sechsunddreißig fühlte er sich noch immer eines Vaters beraubt, aber er wollte wenigstens, daß sein Sohn seinen Großvater kennenlernen sollte. Die Kontinuität des Lebens war ihm wichtig. »Ich wollte, daß mein Vater machte, was er mit mir hätte machen sollen und was *sein Vater* mit ihm hätte machen sollen. Vielleicht würde er es ja lernen, wenn er seinen Enkel sah.«
Ronnie wurde enttäuscht. Seine Beziehung zum Vater wurde nie besser. Und es dauerte bis einen Monat vor dessen Tod, daß dieser den einen Satz sagte, auf den Ronnie sein ganzes Leben lang gewartet hatte: »Ich bin stolz auf dich.«
»Ich stelle immer noch fest, daß ich nach meinem Daddy suche. Auch jetzt noch, obwohl er schon fünf Jahre tot ist. Ich wollte nur, daß er mich wahrnimmt, sieht, was ich tue, und stolz auf mich ist. Ich wollte, daß er sagt: ›Das ist mein Junge‹. Ich suche meinen Vater in anderen Menschen, und das programmiert die Enttäuschung für mich vor. Auch wenn es etwas nachgelassen hat: Ich glaube, ich komme nie darüber hinweg.«

5
Die Familie nach der Scheidung

Die Periode nach der Scheidung ist deshalb entscheidend, weil Kinder in dieser Zeit besonders verletzlich sind. Aus der Art, in der die Eltern mit ihnen und miteinander umgehen, lernen sie unauslöschliche Lektionen – positive oder negative – über Beziehungen. Sie nehmen diese Lektionen auf und handeln in ihrem Leben entsprechend.

Eltern, die dazu fähig sind, sich in die Lage der Kinder zu versetzen, und die rational und objektiv genug sind, sich auf die Gefühle der Kinder einzulassen, geben ihnen die beste Möglichkeit, die Scheidung in einem gesunden emotionalen Zustand zu überstehen. Beständigkeit, mentale Gesundheit und vernünftiges Verhalten beider Eltern sind die Grundvoraussetzungen für die Fähigkeit der Kinder, in ihrem späteren Leben befriedigende intime Beziehungen herstellen zu können.

Einige Scheidungen erfolgen in Zorn und Wut. Andere sind freundschaftlich und kooperativ. Die meisten liegen in der Mitte, und die Beziehung der Eltern verändert sich mit der Zeit – zum Guten oder zum Bösen. Doch eines ist sicher: Eine Scheidung beendet nicht die Beziehung zwischen Eheleuten, die Eltern sind.

Meist ist die Art, wie zwei Menschen sich in der Ehe verhalten, die gleiche Art, die sie während der Scheidung und in den ersten zwei oder drei Jahren danach an den Tag legen. Dieser Familien-Stil – die Art, in der die Familie miteinander umgeht – hat Einfluß auf die unterschiedliche Art, in der Scheidungskinder aufwachsen. Dies beinhaltet (ist aber nicht darauf beschränkt) den Zugang des Kindes zu beiden Eltern, Besuchsrechte und das Aufrechterhalten der Verbindungen zu Mitgliedern des erweiterten Familienkreises.

Bei einer Scheidung im Zorn kommt es häufig zu erbitterten Kämpfen um das Sorgerecht, und die Kinder werden zu Schachfiguren, zu Gegenständen in einer Schlacht, die oft zum Krieg eskaliert.

Die Intelligenz der Eltern zählt dann nicht mehr, und es spielt auch keine Rolle mehr, wie liebevoll und fürsorglich sie sind. Der Zorn aufeinander wirft einen Schatten auf ihre Vernunft und die Sensibilität ihren Kindern gegenüber. Ihr Urteilsvermögen ist getrübt; sie tauschen Häuser gegen Kinder und machen keinen Unterschied mehr zwischen Töchtern und Geld. Wenn sie sich Jahre später an ihr Verhalten erinnern, sind sie entsetzt. Meine Patienten erzählen mir oft, daß ihnen bewußt war, daß sie zur Zeit der Scheidung ihren Kindern übel mitgespielt haben, aber sie konnten nicht anders.

»Mom will, daß ich Daddy hasse«, sagt Theresa, die neun Jahre alt ist. »Dad will, daß ich Mom hasse. Jeder sagt mir schlimme Sachen über den anderen. Ich weiß nicht, was ich machen soll, wenn ich mit einem von ihnen zusammen bin. Ich sage gar nichts mehr und fühle mich die ganze Zeit schuldig.«

Ben, ein 37jähriger Zeitschriftenredakteur, der mit der Leiterin einer Sozialdienststelle verheiratet war, befand sich in einer der qualvollsten Situationen, die mir je begegnet sind.

»Ich hatte Angst, meinen Sohn zu verlieren, und kriegte schon Verfolgungswahn. Meine Frau Marie sagte, sie wolle ihn haben. Ich sagte, ich wolle ihn. Sie sagte ihm, er könne mich nicht anrufen. Ich drohte damit, mir das Sorgerecht vor Gericht zu erkämpfen. Sie drohte mit Selbstmord. Und mein Sohn wurde von uns hin- und hergerissen.«

Für normalerweise vernünftige Menschen wie Ben und Marie ist es nichts Ungewöhnliches, wenn sie ihren Kindern gegenüber Bemerkungen fallen lassen wie: »Deine Mutter ist eine billige Hure« oder »Dein Vater hat doch nie was getaugt. Guck, was er der Familie antut.«

Manchmal sind die Vorwürfe subtiler, doch genauso destruktiv. »Dein Vater hat angerufen, er kann sich am Sonntag nicht mit dir treffen« oder »Hast du die Schuhe nicht bekommen, für die ich deiner Mutter Geld geschickt habe? Wahrscheinlich hat sie es beim Friseur gelassen.«

Vor 100 Jahren blieben die Kinder nach der Scheidung fast

immer beim Vater, erst zu Beginn dieses Jahrhunderts verlagerte sich das Sorgerecht auf die Mutter. Solange sie nicht als völlig unfähig gilt, weil sie geisteskrank oder Alkoholikerin ist und aus diesem Grund offensichtlich überfordert, für die Kinder zu sorgen, glaubt die Mehrheit immer noch, daß Mütter die natürlichen Versorger sind und ihre biologische Verbindung zu den Kindern anders und stärker sei als die der Väter.

Heute begehren immer mehr Väter dagegen auf. Einige verlangen das alleinige Sorgerecht. In anderen Fällen verlassen die Mütter die Familie und hinterlassen die Versorgung der Kinder manchmal völlig unvorbereiteten Vätern. Das gemeinsame Sorgerecht wird zunehmend als akzeptable Lösung anerkannt.

Oft sehen gerade jene Väter, die die Scheidung nicht beantragt haben, das Sorgerecht als einzige Möglichkeit, den Kontakt zu ihren Familien aufrechtzuerhalten. Sie sagen ihren Frauen: »Du kannst gehen, aber die Kinder bekommst du nicht.« In den Fällen, in denen der Psyche des Ehemannes brutal zugesetzt wurde – vor allem, wenn seine Frau untreu war –, droht er mit Kampf oder einem Gerichtsverfahren um zu beweisen, daß sie eine unfähige Mutter ist.

10 bis 15% der Scheidungen werden von Sorgerechtsverfahren begleitet. Oft will der Vater der Mutter das Sorgerecht nicht lassen und ihr auch keinen Unterhalt für die Kinder zahlen.

Die Kinder werden zum Mittelpunkt eines qualvollen und auszehrenden Sorgerechtsstreits, der in und/oder außerhalb des Gerichtssaals ausgetragen wird. Manchmal werden sie sogar zum Fehlverhalten eines Elternteils befragt, insbesondere dann, wenn sie Zeugen eines Ehebruchs waren.

Beverly ist heute 30 und erinnert sich lebhaft an den Tag, als sie mit Fotos zum Gericht ging, die ihren Vater und eine andere Frau beim Geschlechtsverkehr zeigten. Sie hatte die Bilder zufällig gefunden, als sie im Koffer ihres Vaters nach dem Geschenk suchte, das er ihr von einer Reise mitgebracht hatte. Sie war damals 15 und wußte, daß die Ehe der Eltern konfliktträchtig war. Aber von einer Affäre ihres Vaters wußte sie nichts. Sie behielt die Fotos monatelang bei sich, gab sie aber freiwillig ihrer Mutter, als ihre Eltern sich trennten und ihr Vater auf dem Sorgerecht für die Tochter bestand.
»Ich kann mir nicht vorstellen, was sie sich dabei gedacht haben, mir so etwas anzutun – zum Gericht gehen und vor einem Richter mit langer schwarzer Robe aufzutreten. Ich hatte schreckliche Angst. Aber ich haßte meinen Vater für das, was er uns antat. Und ich sagte ihm, ich würde mit den Bildern zum Gericht gehen. Wenn ich darüber nachdenke, so glaube ich, meine Mutter hatte wirklich keine Wahl. Aber mein Vater ... ich glaube, er war ein wirklich schlechter Mann, mich all das durchmachen zu lassen.«
Beverly hatte nie die Möglichkeit, Frieden mit ihrem Vater zu schließen. Als er starb war sie 22, und ihre Besuche bei ihm waren selten und äußerst angespannt. Sie sagt, sie habe immer noch Probleme mit Männern, und sie glaubt, daß ihr eine harmonische Beziehung verwehrt bleiben wird.
Auch wenn der Gerichtssaal nicht das Schlachtfeld ist, enden Kinder häufig als die blutenden Soldaten. Der Elternteil, der das Sorgerecht will, versucht die Kinder oft mit erstaunlichen Versprechungen zu ködern oder zu beeinflussen:
»Wenn du bei mir lebst, kriegst du ein Zimmer, das du selbst einrichten darfst.«
»Du wirst mehr Freiheit haben. In einem Jahr, wenn du 16 bist, kaufe ich dir ein Auto.«
»Wir machen jedes Jahr lange Ferien, vielleicht sogar in Paris oder London.«

»Du bekommst ein eigenes Telefon mit eigener Nummer.«
Eltern, die nicht das bekommen, was sie wollen, haben viel Macht, den Ehegatten zu schikanieren. Traurig ist dabei, daß die Kinder als Trumpfkarten ausgespielt werden.
»Mein Vater erzählte mir immer schlimme Sachen über meine Mutter«, sagt die 30jährige Yvonne. »Und meine Mutter erzählte mir gleichermaßen schreckliche Dinge über meinen Vater. Mom wollte, daß ich den Anwälten erzähle, mein Vater hätte mich sexuell mißbraucht. Sie sagte, das wäre ihm dann so peinlich, daß er uns mehr Geld geben würde.«
»Dad wollte, daß ich sage, Mom wäre fünf Jahre mit Männern rumgezogen und hätte Kokain genommen.«
»Ich kann nicht sagen, ob davon überhaupt etwas stimmte. Vielleicht hat mich Dad, als ich noch klein war, irgendwo berührt, wo er es nicht durfte, aber es ist nichts, an das ich mich noch gut erinnere. Und Mom hatte einen Freund, der ein- oder zweimal vorbeikam. Er schickte ihr ein Dutzend Rosen zum Geburtstag, als ich acht war.«
»Aber jetzt war ich 13 und liebte beide. Ich wollte nicht, daß sie sich trennten und ich zum Mittelpunkt des Streits wurde. Ich blieb länger in der Schule, um ihr Geschrei nicht hören zu müssen.«
»Als Dad schließlich auszog, wollte Mom nicht, daß ich ihn sehe. Sie sagte, er sei schlecht und hätte einen negativen Einfluß auf mich. Wenn ich wolle, könne ich ruhig zu ihm ziehen, aber sie würde dann nichts mehr mit mir zu tun haben wollen.«
»Welche Wahl hatte ich? Ich habe meinen Vater ein Jahr nicht gesehen, bis die Scheidung durch war. Dann bekam er Besuchsrecht. Aber es wurde nicht besser. Er durfte das Haus nicht betreten, wenn er mich abholte. Oder er mußte mit einer speziellen Freundin kommen, der meine Mutter vertraute, sonst ließ sie mich nicht mit ihm gehen.«
»Wenn ich nach Hause kam, quetschte sie mich aus über alles, was passiert war. Wer war noch da? War ihre Freundin die ganze Zeit dabei? Hatte er versucht, mich anzufassen?

Wie sieht sein Haus aus? Hatte er irgend etwas über sie gesagt? Was habt ihr gemacht? Was habt ihr gegessen? Hat er dir Geld gegeben?«
»Er machte dasselbe. ›Wie geht's dem Freund deiner Mutter? Wo arbeitet sie? Ist sie zu Hause, wenn du aus der Schule kommst?‹«
»Jeder versuchte, etwas Gemeines über den anderen zu sagen. Ich tolerierte das, bis ich 19 war, bis ich es nicht mehr aushielt. Dann sagte ich beiden: ›Keine Fragen mehr. Falls ihr was wissen wollt, geht ans Telefon und fragt.‹«
Loyalitätskonflikte und Schuldgefühle wegen der Wahl zwischen den Eltern begleiten das Erwachsenwerden der Kinder. Sogar als 30- oder 40jährige erinnern sie sich noch an die Szene im Gerichtssaal und an die Frage, bei wem sie leben wollten. Sie sagen, daß sie nie die Wahrheit hätten sagen können. Einige wählten den Elternteil, von dem sie glaubten, daß er sie am nötigsten brauche. Andere suchten sich den aus, den ihre Geschwister nicht gewählt hatten.
Viele meiner Patienten haben noch immer Schuldgefühle bei dem Gedanken, wie sich der nicht-gewählte Elternteil wohl fühlt. Roger, der 50 ist, fliegt noch jedes Jahr zu Weihnachten von Atlanta nach Toronto, so daß er einen Teil des Tages mit der Mutter und den anderen Teil mit dem Vater verbringen kann.

Freundschaftliche Scheidungen

Zunehmend mehr Familien arbeiten auf etwas hin, das sie als »freundschaftliche Scheidung« beschreiben. Eine Scheidung, bei der beide Eltern wenigstens menschlich und höflich miteinander umgehen und am Wohlergehen des anderen noch Interesse zeigen.
Zieht man die inhärente bittere Natur der Scheidung in Betracht, sind erstaunlich viele Paare in der Lage, Freunde zu bleiben. Wenn sie fähig sind, einen Familienzusammenhalt

herzustellen, der dem vor der Scheidung irgendwie nahekommt, stehen die Chancen gut, daß die Kinder davon profitieren. Es mag sogar sein, daß diese Kinder stärker und besser angepaßt sind als jene aus zwar intakten, aber gestörten und unglücklichen Elternhäusern.

Betty und Philip waren fast seit Beginn ihrer Ehe unglücklich. Beide sagten, es habe keine größeren Probleme gegeben, sondern nur ein schrittweises Auseinanderleben, als beide neuen Interessen nachgingen und sich ihre Bewertungskriterien änderten. Sie hatten mit Anfang 20 geheiratet und schnell zwei Kinder bekommen. Candy, damals sechs, und Timmy, vier. Sie wußten, daß sie nicht weiter zusammenleben wollten, aber beide fühlten sich für die Kinder verantwortlich und wollten keine schnelle Trennung. Daher beschlossen sie, daß Philip für sechs Monate in den dritten Stock ihres großen Hauses in Virginia ziehen sollte; er und Betty wollten ein unabhängiges Leben führen, aber die Familie sollte als Einheit weiterbestehen. Mindestens dreimal in der Woche wollte man zusammen essen, und an einem Tag des Wochenendes plante man, etwas mit den Kindern zusammen zu unternehmen. Ihre Beziehung bekam Ähnlichkeit mit der von Geschwistern.

Als Philip auszog, wohnte er nur ein paar Straßen weiter, so daß er die Kinder weiterhin sehen konnte. Er und Betty diskutierten eine gütliche finanzielle Einigung, die den Lebensstil der Kinder nicht gefährden würde, und obwohl beide einen Anwalt hatten, gab es kaum Kontroversen über Geld und Besuchsrechte und überhaupt keine über das Sorgerecht.

»Betty ist eine wunderbare Mutter«, sagte Philip. »Für unsere Kinder könnte es keine bessere geben.«

Philip mußte aus beruflichen Gründen viel reisen, wenn er jedoch zu Hause war, verbrachte er viel Zeit mit den Kindern, die ihn auch anrufen und besuchen durften, sooft sie wollten. Häufig verbrachten sie das Wochenende in seiner Wohnung. Sogar als beide wieder heirateten – normalerweise für Kinder eine Zeit des Aufbegehrens –, gab es kaum Probleme. Die zwei Paare schätzten und pflegten ihre Freundschaft. Für Philips Eltern ist Betty noch immer die Schwiegertochter. Zu Bettys zweiter Hochzeit kam Philip mit seiner zweiten Frau, seinen Eltern und der ganzen Familie.

Candy, jetzt 18 Jahre, sagt, die Scheidung hätte keinen großen Einfluß auf ihr Leben gehabt, abgesehen von einer kurzen Periode der Orientierungslosigkeit als ihr Vater auszog und einer Zeit, in der ihre Mutter mehr Unterstützung als üblich brauchte. Sie meint sogar, es hätte eher Vorteile gehabt.

»Als ich älter wurde, sah ich, daß es richtig von ihnen war, sich scheiden zu lassen«, erzählt mir Candy. »Mein Vater und seine Frau sind etwas ältere Yuppies, sie sind auf Karriere und materielle Dinge aus, streben nach Macht und Prestige. Meine Mutter und ihr Mann sind Menschen, denen Beziehungen und Selbstverwirklichung viel bedeuten. Sie lieben Kunst, Musik und schöne Blumen. Meine Mutter sieht immer das Gute im Menschen, und das steckt an. Sie hat ein gesundes Selbstbild.«

»Ich glaube, ich bin eher wie meine Mutter, aber die Situation hat mir auch geholfen, den Standpunkt meiner Stiefmutter zu verstehen. Sie hat darauf gedrängt, daß ich Unabhängigkeit und eine Karriere anstreben sollte. Sie sagte, die Errungenschaften meiner Karriere würden mir Macht in meinen persönlichen Beziehungen geben. Sie bezahlt sogar meine Schule. Ich stimme nicht mit ihr überein, aber es ist in Ordnung. Ich respektiere ihre Ansichten, und unsere Beziehung wird dadurch nicht in Mitleidenschaft gezogen.«

Auf der anderen Seite fühlt sich ihr Bruder Tim nicht so zufrieden. Im Gegensatz zur Erfahrung vieler Jungen, deren Mütter wieder heiraten, ist er seinem Stiefvater nicht näher gekommen, den er mehr als Aufseher betrachtet. Seinen eigenen Vater zog er deutlich vor. Kurz nachdem sein Vater wieder geheiratet hatte, bekamen er und seine Frau einen Sohn, der schon als kleiner Junge außergewöhnliche Begabungen und Talente aufwies. Tim fühlte sich zurückgesetzt und begann, sich von seinem Vater und dessen neuer Familie zu-

rückzuziehen. Er erkennt heute, daß er Hilfe braucht, um seine Ängste aufzuarbeiten, und er hat sich vorgenommen, seine Beziehung zum Vater wieder ins reine zu bringen.
Sowohl Candy als auch Tim sagen, sie hätten es vorgezogen, wenn ihre Eltern glücklich und zusammengeblieben wären. Natürlich gab es einige unvermeidbare Probleme. Aber sie sagen mit Nachdruck, daß ihre Eltern die »richtigen Sachen« – wie sie es nennen – gemacht haben.
»Sie haben uns zusammen von der Scheidung erzählt und klargestellt, daß sie uns nicht auseinander bringen wollen«, sagt Candy. »Keiner hat gemeine Dinge über den anderen gesagt. Und sogar heute, wo Tim Schwierigkeiten mit Dad hat, macht Mom ihm Mut, Dad wieder näherzukommen.«

Besuche beim anderen Elternteil

Ein Besuch bei dem Elternteil, der das Sorgerecht nicht hat, ist ein Schlüsselpunkt der Reaktion des Kindes auf eine Scheidung. Kinder brauchen die Gewißheit, daß sie nicht verlassen wurden und daß sie immer einen Vater und eine Mutter haben, die ihnen physisch und emotional zur Verfügung stehen – egal was zwischen den Eltern abläuft.
Eine kanadische Studie, die die schulischen Leistungen von Kindern nach der Trennung der Eltern untersuchte, stellte fest, daß die Kinder, die Mutter oder Vater nicht regelmäßig sahen, in den schulischen Leistungen erheblich nachließen. Dies war unabhängig von Alter und Geschlecht. Der Gewinn dieser Besuche hängt jedoch davon ab, wie kooperativ die Eltern sind. Wenn Eltern die Kinder als Zwischenträger benutzen, wenn sie nach jedem Besuch Informationen über den anderen Elternteil herauslocken wollen, wenn die Besuche Konflikte auslösen – wie oft, wie lang, wann usw. –, kann dies die Handlungsfähigkeit von Kindern stark beeinträchtigen.
In der Scheidungsberatung konzentriert man sich oft darauf,

den Elternteil, der das Sorgerecht nicht hat, auf dem laufenden zu halten, ihn (oder sie) wissen zu lassen, wie wichtig es ist, für seine Kinder da zu sein. Man drängt ihn, nicht deshalb wegzubleiben, weil es zu schmerzhaft sein könnte oder weil er zu große Schuldgefühle bekommen könnte. Daß eine Beziehung *vor* der Scheidung phantastisch war, hat allein keinen Bestand, sie muß gepflegt und aufrecht erhalten werden. Und die Kehrseite der Medaille: War eine Beziehung vor der Scheidung nicht so perfekt, haben die Eltern eine neue Chance, es besser zu machen.

Auch unter den besten Umständen – wenn die Eltern sich über das Sorgerecht und häufige und flexible Besuchszeiten einig sind – ist es, weder für die Kinder noch für die Eltern, ideal. Dads Tag kann der Sonntag sein, aber das Kind sehnt sich am Donnerstag nach ihm. Wenn es Streit mit einem Lehrer gab, man von einem Freund abgewiesen wurde, wenn es ein »schrecklicher, wirklich schlimmer Tag« war und nichts klappt, kann es sein, daß der Elternteil, den man am nötigsten braucht, nicht für einen da ist.

Wo ist er, wenn ich ihn brauche?

»Wenn ich Alpträume hatte«, erinnert sich die heute 20jährige Connie, »wollte ich zu meinem Dad, damit er mich in den Arm nimmt und tröstet. Aber Dad war mit seiner Freundin in seiner Wohnung. Auch wenn er mir gesagt hatte, er sei immer für mich da – was sollte ich denn machen? Ihn anrufen und sagen: ›Hoffentlich störe ich dich nicht, aber ich habe schlimme Alpträume?‹ Es ist einfach nicht dasselbe.«

Ratschläge bei Entscheidungen – angefangen bei der Kleidung eines 17jährigen bis zu den Kursen, die er in der Schule belegen sollte – üben einen Einfluß auf die Wertvorstellungen, die das Leben eines Kindes formen, aus. Dieses Gefüge läuft Gefahr auseinanderzufallen, da dem Kind nicht beide Eltern in einer vereinten Familie zur Verfügung stehen. Besuche, auch wenn sie regelmäßig stattfinden, schaffen eine sehr eigene Mischung aus Freude und Enttäuschung. Und sowohl für den Vater/die Mutter als auch für die Kinder sind sie nichts als ein unangemessener Ersatz für das, was einmal war und was man versucht, wiederherzustellen.

Eltern als Fremde

Im neuen Leben des nicht sorgeberechtigten Elternteils fühlen sich Kinder oft als Fremde. Sie nehmen sich in seiner Wohnung eher als Gäste denn als Bewohner wahr. Sie sind unsicher im Umgang mit dem neuen Partner oder wissen nicht, was sie von ihr/ihm halten sollen. Sie beklagen sich darüber, daß ihre Väter/Mütter keine Möglichkeit haben, sie kennenzulernen und zu verstehen. Oft sind die Besuche schon vorbei, bevor etwas Wichtiges gesagt oder getan wurde.

»Wir haben gekichert und Dad den Eismann genannt«, sagt Jill, die sieben war, als sich ihre Eltern trennten. »Er holte mich und meine Schwester jeden Sonntag ab, und es war immer das gleiche. Sogar wir konnten merken, daß er sich komisch mit uns fühlte – so, als ob er nicht mehr derselbe Vater wäre.«

»Er kam so, daß wir in einem Restaurant in der Nähe seiner Wohnung frühstücken konnten, und dann sagte er: ›Okay, Mädchen, was machen wir heute?‹«

»An einem Sonntag war's der Zoo, an einem anderen ging's ins Kino. Einmal waren wir im Zirkus. Aber es hörte immer mit Eis-Essen auf. ›Okay‹, sagte er, ›es ist Eiszeit.‹ Wir wußten, was das bedeutet: Zeit, nach Hause zu gehen.«

»Einmal, ungefähr drei Monate nach der Scheidung, sagte meine Schwester Elaine, die ein Jahr jünger ist: ›Können wir mal sehen, wie du lebst?‹ Ich trat unter dem Tisch nach ihr, weil ich wußte, daß Dad uns nicht da haben wollte. Ich wußte, daß er eine Freundin hatte und dachte mir, daß sie in der Wohnung ist.«

»Dad wurde richtig rot und guckte auf die Uhr. Dann sagte er: ›Oh ja. Na klar. Nächste Woche gehen wir in meine Wohnung.‹ ›Nächste Woche‹ dauerte acht Monate. Als Dad uns dann mit in die Wohnung nahm, war uns das schon egal, glaube ich. Wir wußten, daß wir ihm nicht wichtig waren.«

Manchmal übt das neue Leben von Vater/Mutter einen großen Reiz aus, wie eine nie enden wollende Party, zu der die Kinder nur ab und zu eingeladen werden. Das trifft besonders dann zu, wenn zum Beispiel der Vater eine Freundin hat, die einen guten Eindruck auf die Kinder machen will. Auf die Mutter, die zu Hause bleibt, kann das sehr bedrohlich wirken.

Ingrid, 14 Jahre, als sich ihre Eltern trennten, war sehr gern in der eleganten Wohnung ihres Vaters im Herzen von Manhattan. Sie hatte eine phantastische Aussicht auf den Central Park, und in der Stadt gab es immer so viele Dinge zu erledigen. Im Vergleich dazu kam ihr das Leben in Westchester lustlos und langweilig vor.

»Dad hatte all diese interessanten Freunde, die scheinbar nichts zu tun hatten. Manchmal blieben ein paar von ihnen über Nacht. Ich hatte mein eigenes Zimmer mit meinen eigenen Sachen und das Gefühl, dazuzugehören. Immer gab es was zu unternehmen, eine Kutschfahrt im Park, einen Einkaufstrip nach Greenwich Village oder eine Kunstausstellung in Connecticut. Mary, Dads Freundin, war lustig und ließ mich machen, was ich wollte. Sie hatte jede Woche ein Geschenk für mich. Manchmal eine schöne Haarnadel, einen neuen Pullover oder eine Halskette. Sie kaufte mir Parfüm und nahm mich zu meiner ersten Maniküre mit.«

»Erst als ich fast 19 war und es einige Marys im Leben meines Vaters gegeben hatte, stellte ich fest, daß wir einander gar nicht kannten. Immer noch war ich von seinem Leben sehr beeindruckt und war gern ein Teil davon.«

»Aber es war alles oberflächlich. Wir haben nie über etwas Wichtiges geredet. Er fragte mich nach der Schule und erzählte mir von dem großen Geschäft, das er letzte Woche abgeschlossen hatte. Aber die wichtigen Sachen – wie ich mich fühlte und wie es in mir aussah –, die gab es nur zwischen mir und meiner Mutter.«

Buck: »Onkel Dad«

Besuche können für den fortgezogenen Vater gleichermaßen entmutigend sein. Der Schriftsteller Bryan Wooley hat diese Väter als »Onkel Dad« bezeichnet. Ein Vater, der seine Familie verlassen hat, ist oft entschlossen, seinen Kindern nahe zu bleiben und es nicht zuzulassen, daß Zeit und Entfernung ihre Beziehung zerstören. Viele, wie zum Beispiel Buck, hatten keine Vorstellung davon, wie schwierig – und zerstörerisch – es sein würde.

»Viele meiner Freunde waren geschieden, und ihre Kinder schienen okay«, erzählte mir Buck. »Sie hatten Freunde, kamen in der Schule klar, manchmal ging es ihnen gut und manchmal schlecht – wie anderen Kindern auch. Nebenbei: Ich war sehr gern Vater. Und ich war intelligent. Ich habe die Literatur zu Scheidungsproblemen gelesen. Ich wußte, was ich zu tun hatte und wollte meinen Kindern ›qualitative‹ Zeit geben.«

»Ich hätte die Bücher aber auch genausogut in den Ofen stekken können«, sagt Buck 10 Jahre später. »Was aus mir wurde, war für das Leben meiner Kinder ohne Bedeutung. Zu meinem Kummer und zu meiner Überraschung heiratete meine Frau 18 Monate nach unserer Scheidung einen freundlichen und feinen Mann, der meinen Kindern ein toller Vater ist.«

»Klar, es sind noch meine Kinder. Er hat sie nicht adoptiert. Aber: Er ist da, wenn sie sich beim Fußballspielen ein Bein brechen. Er hat zugeschaut, als sich meine Tochter für ihr erstes Rendezvous fertig machte. Er plant die Picknicks und Ferien mit ihnen. Er ist es, der Einfluß darauf hat, was aus ihnen wird, und wird immer ein Teil von ihnen sein. Ich – ich bin ein Außenseiter.«

»Ich erinnere mich, als ich noch zu Hause war, daß ich mich immer über die Unordnung der Kinder beklagt habe. Rollschuhe im Wohnzimmer, Fahrräder auf der Veranda und Schulbücher auf dem Eßtisch. Jetzt ist meine Wohnung sauber und aufgeräumt. Alles ist an seinem Platz. Sogar die Handtücher im Wäscheschrank sind gleich gefaltet und nach Farben geordnet. Ein Stapel blaue, ein Stapel rote. Ich würde alles dafür hergeben, das alte Durcheinander wiederzubekommen. Kaugummipapier unter den Sofakissen und eine Hamburger-Schachtel in der Spüle. Ich habe zwar keine Unordnung, aber auch keine Kinder mehr.«

Buck zog später in den Mittelwesten, weil er es nicht ertrug, Teilzeit-Vater zu sein. »Heute sind meine Kinder älter, 18, 24 und 26 Jahre, alle unverheiratet. Wir telefonieren miteinander. Aber wir sind immer noch wie Fremde. Jeder kommt im Sommer für zwei Wochen. Ab April werde ich nervös. Wie wird es sein? Sind wir in der Lage miteinander zu reden? Werden sie mich mögen? Werde ich sie mögen?«

»Ich habe gehört, daß es mit der Zeit besser wird. Wenn die Kinder älter werden, ihr eigenes Leben führen, kann man die verlorene Zeit wieder gutmachen. Wissen Sie, man steht nicht mehr im Wettbewerb mit einem Vater, der in einem Haus mit ihnen wohnt. Man kann besser erklären, und sie können besser verstehen. Kann sein, daß es so wird. Aber ich bin jetzt 56, und vergangene Zeit ist einfach vorbei. Ich habe keine Chance, etwas aufzuholen. Und sie auch nicht.«

Buck ist mit diesem Gefühl nicht allein. Der Schmerz, sich wie ein Fremder zu fühlen, wird für viele abwesende Eltern unerträglich. Es kommt ihnen so vor, als ob es für sie und für ihre Kinder leichter wäre, wenn sie wegblieben. Häufig haben sie das Gefühl, daß die Kinder wissen müßten, daß sie Interesse an ihnen haben, daß sie für sie da wären, wenn die Kinder sie nur wollten.

Kinder sehen das anders. Da ihnen die Erfahrung und die Fähigkeit fehlt, die Handlungen ihrer Eltern im einzelnen zu prüfen oder zu verstehen, wird sein oder ihr Verhalten zum Barometer, an dem gemessen wird, wie sehr sie von ihnen geliebt werden. Gibt es nicht genug Kontakt, um eine Beziehung aufzubauen, bekommt das Kind eine deutliche Botschaft. Sie lautet: »Mein Vater (oder meine Mutter) liebt mich nicht genug.« Das angeschlagene Selbstwertgefühl eines Kindes kann zu einer Last werden, die es bis ins Erwachsenenalter mitschleppt.

Das Maß an Fürsorge, das ein Kind vom nicht zu Hause lebenden Elternteil erfährt, ist schockierend gering. Weitaus geringer, als die meisten Menschen sich vorstellen. Obwohl die Untersuchungen nicht eindeutig sind, weisen viele darauf hin, daß 40% der abwesenden Väter keinen Kontakt zu ihren Kindern haben. Eine Untersuchung zeigte, daß fast die Hälfte aller Kinder, die entweder bei der Mutter oder beim Vater leben, in den vorausgegangenen 12 Monaten keinen Kontakt zum anderen Elternteil gehabt hatten. Bei denen, die Kontakt hatten, sah nur eine Minderheit ihn/sie durchschnittlich einmal pro Woche. Es ist traurig, daß nur etwas mehr als ein Viertel der Kinder einmal pro Woche telefonierte, wenigstens einmal im Monat bei ihm/ihr übernachtete und einen Platz in der Wohnung des abwesenden Elternteils hatte, an dem sie persönliche Dinge aufbewahren konnten.

Auch wenn die Eltern anfangs gute Absichten hatten, können andere Prioritäten entstehen. Das können Ansprüche aus einer neuen Liebesbeziehung sein, eine längere Arbeitszeit, da zwei Haushalte versorgt werden müssen, Reisen, und eben auch die Unannehmlichkeiten und das Unbehagen darüber, die Zeit mit den Kindern einplanen zu müssen. Wenn auch die Besuche nicht ganz aufhören, so werden doch die Zeitspannen zwischen den Besuchen oft länger. Häufig wissen Väter auch nicht, wie sehr sich die Kinder nach Besuchen sehnen. Manchmal versucht der sorgeberechtigte Elternteil, der die Reaktionen der Kinder aus erster Hand kennt, zum Aufbau einer Beziehung zu ermutigen. Sehr oft jedoch funktioniert es nicht.

Leonard: »Ich bin 22, und es tut noch immer weh«

Leonard leidet noch immer unter der Ablehnung seines Vaters. »An Einzelheiten erinnere ich mich nicht mehr, weil ich erst fünf war«, sagt er. »Aber ich weiß, an einem Tag hatte ich einen Vater, am nächsten nicht mehr. Meine Mutter packte die Koffer, und wir zogen von Des Moines nach Baltimore zurück, wo die Familie meiner Mutter lebte. Meine Mutter erklärte mir, daß sie und Dad sich scheiden lassen wollten, weil sie nicht mehr miteinander auskämen. Erst in meinen späteren Teenagerjahren erfuhr ich, daß er gewalttätig war und meine Mutter und auch mich geschlagen hat, als ich noch sehr klein war.«

»Wir haben nie von ihm gehört. Scheinbar unterstützte er uns, obwohl meine Mutter einen Job als Produzentin bei einer Fernsehgesellschaft hatte – was sie auch vor der Ehe gemacht hat. Ich weiß, daß meine Mom ihn ermutigte, mit mir Kontakt aufzunehmen, weil ich manchmal nachts Telefonate mithörte, wenn sie glaubte, ich würde schlafen.«

»Einmal hörte ich sie zu ihm sagen: ›Du hast einen wunderbaren Sohn, auf den du stolz sein kannst. Es ist vier Jahre her, seit du ihn gesehen oder mit ihm gesprochen hast. Was ist los mit dir?‹«

»Ich glaubte nicht, daß mit meinem Vater etwas nicht stimmte. Ich dachte, mit mir stimmt etwas nicht. Ich hatte Freunde, deren Eltern geschieden waren, und ihre Väter hatten sie übers Wochende bei sich, kauften ihnen Sachen und unternahmen was mit ihnen. Ich fühlte mich richtig schlecht.«

»Als ich größer wurde, machte ich eine harte Zeit durch. Im Sommerlager kriegten die anderen Kinder, deren Eltern geschieden waren, von beiden Besuch. Ich nicht. Es ärgerte mich mehr und mehr und beeinträchtige meine Konzentrationsfähigkeit. Meine Aufmerksamkeit in der Schule nahm ab, und das einzige, wozu ich noch Lust hatte, war Sport – physische Sachen, bei denen ich Energie und etwas Wut loswerden konnte. Vielleicht auch ein wenig Traurigkeit.«

»Als ich mit 17 reif für die High School-Graduierung war, fragte meine Mutter, ob ich meinen Vater einladen wollte. Als erstes sagte ich: ›Nein‹, aber nur aus Trotz. Ich habe lange Zeit gegrübelt und wußte eigentlich immer, daß ich meinen Vater gern dabeigehabt hätte. Schließlich habe ich es meiner Mom gesagt, und sie schickte ihm eine Einladung, auf die ich noch eine persönliche Bemerkung schrieb.«

»Jeden Tag wartete ich darauf, etwas von ihm zu hören. Vielleicht würde er anrufen. Vielleicht würde er einen Brief schreiben. Schließlich schlug Mom vor, ich solle ihn anrufen. Ich hatte Angst und bat sie, es für mich zu machen.«

»Mein Dad ist Professor an der Universität von Iowa, und er sagte, an dem Wochenende sei eine große Konferenz, und er glaube nicht, daß er kommen könne. Aber er muß es sich noch anders überlegt haben, weil er eine Woche später anrief und sagte, er würde kommen.«

»Ich versuchte so zu tun, als ob ich nicht nervös wäre. Aber ich hatte mehr Angst davor, meinen Vater zu sehen, als vor einem Versprecher in meiner Graduierungsrede.«

»Im Endeffekt war dann alles okay. Die Familie meiner Mutter behandelte ihn höflich – obwohl ich wußte, daß alle ihn haßten. Meine Mom war toll. Sie tat alles, damit der Tag glatt über die Bühne ging. Dad und ich redeten sehr wenig miteinander, aber er sagte, er sei stolz auf mich und nahm mich ein-, zweimal in den Arm.«

»Danach war ich sicher, wir würden uns jetzt von Zeit zu Zeit sehen. Aber es ist nie passiert. Ich rief ihn ein paarmal an, einmal um ihn zu bitten, mir eine Jacke zu kaufen, die ich mir wünschte. Ich wußte, daß mir meine Mutter die Jacke hätte kaufen können, aber ich brauchte einen Grund, um Kontakt zu meinem Vater aufzunehmen. Ich beschrieb ihm die Jacke, die ich wollte, und er sagte: ›Okay, ich werde sie diese Woche abschicken.‹ Am folgenden Samstag bekam ich einen Briefumschlag mit einem Scheck. Keine Jacke, kein Brief. Nur ein Scheck.«

»Ich habe es immer wieder versucht. Aber mein Selbstwertgefühl... nun ja, ich habe nicht viel davon. Wenn ich ein Mädchen treffe, das ich mag, überrascht es mich nicht, wenn sie mich nicht mag. Wenn man mich nicht zu einer Party einlädt, bei der ich erwartet hatte, eingeladen zu werden, ist mir das sogar egal. Meine Mom und ihre Familie stehen mir sehr nahe, und ich fühle mich richtig gut mit ihnen. Aber ich will trotzdem eine Beziehung zu meinem Vater. Ich glaube nicht, daß ich meinen Frieden finde, bevor ich das geschafft habe.«

Gemeinsames Sorgerecht

Macht gemeinsames Sorgerecht das Leben für Scheidungskinder leichter? Ich denke ja. Es reflektiert Kooperation zwischen den Eltern und zeigt, daß beide die Entscheidungen über das Wohlergehen des Kindes treffen.

Normalerweise funktioniert das gemeinsame Sorgerecht am besten, wenn die Eltern in der gleichen Stadt, möglichst in der Nachbarschaft, wohnen, die Schule leicht zu erreichen ist und das Kind die alten Freunde behalten kann.

Einige Kinder haben das Gefühl, dies sei die bestmögliche Scheidungswelt, während andere gemischte Gefühle haben. Manche Klagen sind rein logistischer Natur. Die Bluse, die Emmi heute anziehen will, ist im Haus des Vaters, die Unterlagen für den Chemieunterricht bei der Mutter. Die Freundin, mit der sie sich abends treffen will, wohnt in Dads Nachbarschaft, aber es war ausgemacht, daß sie bei Mom ist. Sie wäre lieber bei der Mutter, aber deren Freund bleibt über Nacht. Und so weiter. In mancher Hinsicht spiegelt das gemeinsame Sorgerecht jedoch ziemlich genau die Familie vor der Scheidung wider, da dem Kind auf einer regelmäßigen Basis beide Elternteile zur Verfügung stehen. Die schlechten Gefühle, die durch große Entfernungen und sporadische Besuche entstehen, nagen wahrscheinlich weniger und stehen harmonischen Beziehungen nicht im Weg.

In den Fällen, in denen das gemeinsame Sorgerecht vom Gericht ausgesprochen wurde oder in denen es den Eltern dazu dient, das Gesicht zu wahren, funktioniert es nicht so gut. Es sind hier nicht die Eltern, die gemeinsam beschlossen haben, daß das gemeinsame Sorgerecht das Beste für ihre Kinder sei. Gerichtliche Anordnungen, so sinnvoll sie in anderen Fällen sein können, sind nicht dazu geeignet, das Feuer persönlicher Konflikte zu löschen. Wenn zwei Elternteile (oder im Falle der Wiederheirat vier) verschiedener Meinung sind, was das Beste für ein Kind ist, muß jemand ein Widerspruchsrecht haben. Falls die Scheidung keine »freundliche« Einigung war, kann das Kind Objekt der Kontroverse bleiben, ungeachtet des gemeinsamen Sorgerechts. Ich arbeite mit einer Familie, in der es eine heftige Meinungsverschiedenheit zwischen Eltern und Stiefeltern über die Ausbildung des Kindes gab. Eine Woche vor Schulbeginn weiß der 16jährige Junge noch nicht, in welcher Stadt er in welche Schule gehen wird.

Ein zusätzliches Problem trat dadurch auf, daß die Stiefmutter darüber verstimmt war, daß ihr Mann und seine Ex-Frau eine Entscheidung hinsichtlich der Schule getroffen hatten, die sie ausschloß. Ich habe jetzt ein Treffen mit allen vieren beschlossen, und zumindest haben alle zugesagt, daran teilzunehmen.

Man geht immer mehr dazu über, das gemeinsame Sorgerecht auszusprechen. In vielen Ländern sind Richter dazu ermächtigt, es im Interesse der Kinder auszusprechen. Ob es allerdings zur besseren psychischen Gesundheit der Kinder führt, bleibt abzuwarten.

Zugang zu Verwandten

Der Zugang zu Großeltern, Tanten, Onkeln, Cousins, Cousinen und anderen Verwandten ist für das Scheidungskind von großer Bedeutung. Die Kinder, bei denen oder in deren Nähe Großeltern leben, fühlen sich weniger zerrissen und beschützter. Während sich in ihrem Leben viel verändert, sind einige wichtige Menschen immer noch für sie da. Je mehr Kommunikation und Gespräche es zwischen Kindern und wichtigen Verwandten gibt – oft ist es eine Tante oder eine Großmutter –, desto wahrscheinlicher überstehen Kinder die Scheidung ohne großen Schaden. Dies trifft auch dann zu, wenn die Verwandten hauptsächlich als konkrete Hilfe oder zur emotionalen Unterstützung eines der beiden scheidungswilligen Elternteile da sind. Ihre Anwesenheit und Teilnahme wirkt sich deutlich wohltuend auf das Leben der Kinder aus.

Steve: Großmutter war da

Steve, 36, fand die Scheidung seiner Eltern nicht sonderlich traumatisch und glaubt, daß seine Großmutter dabei die entscheidende Rolle gespielt hat.

»Meine Großmutter lebte nach dem Tod meines Großvaters sechs Jahre bei uns. Meine Mutter war Assistentin eines Möbelherstellers, und Großmutter blieb zu Hause, kochte und kaufte ein. Wenn ich aus der Schule kam, war sie da.«

»Dad war Verkaufsleiter einer größeren Kosmetikfirma und viel unterwegs. So kam es, daß wir nicht mal vor der Scheidung viel Zeit miteinander verbrachten.«

»Hinterher kam es mir so vor, als hätte sich für mich nicht sehr viel verändert. Mein Bruder und ich hatten immer noch unsere Oma. Wenn wir aus der Schule kamen, wartete sie immer mit Schokoladenkuchen und Milch auf uns. Sie war es, die uns nach den Hausaufgaben fragte und danach, was während des Tages so alles passiert sei.«

»Es ist nicht so, daß wir kein enges Verhältnis zu unserer Mutter gehabt hätten. Wir freuten uns immer, wenn sie abends von der Arbeit kam. Und am Wochenende unternahmen wir was mit Mom. Sie war es, die die Entscheidungen traf. Dad zählte nicht so sehr, auch wenn er mal zu Hause war. Er saß auf dem Sofa vor dem Fernseher, während wir mit Mom herumzogen. Also hat sich nach der Scheidung wirklich nicht sehr viel verändert.«

»Ich sehe Dad jetzt nicht mehr so oft, aber ich glaube, unser Verhältnis ist okay. Wir streiten nicht viel oder so. Weder er noch Mutter haben wieder geheiratet.«

In Fällen wie diesem, wenn die Mutter sich nicht von der elterlichen Verantwortung zurückzieht, kann das Arrangement gut funktionieren. Aber Mütter, die glauben, daß *ihre* Mütter zu sehr eingreifen, die ihre eigene Unabhängigkeit herausgefordert sehen, können den Konflikt möglicherweise an ihre Kinder weitergeben.

Auch wenn Verwandte wie Großeltern oder Tanten nicht mit in der Familie leben, können sie dadurch, daß sie für die Kinder da sind und sie unterstützen, deren Fähigkeit, mit den Veränderungen in ihrem Leben umzugehen, entscheidend beeinflussen.

Veränderungen und was sie bedeuten

Veränderungen wie der Umzug in eine andere Nachbarschaft, Wechsel der Schule, neue Sorgen um Geld und das Aufgeben alter Freundschaften machen das Leben noch schwieriger.

Jesse, der neun war, als sich seine Eltern scheiden ließen, sagt, daß er sich nachts unter der Bettdecke verkroch und hoffte, daß der Alptraum, den er gerade durchlebte, vorüberginge. »Es war schlimm genug, daß Daddy auszog. Schlimm genug, daß ich keine Familie mehr hatte. Aber dann erzählte mir Mom noch, sie würde das Haus verkaufen müssen und in die Nähe meiner Großmutter ziehen. Ich glaube, davor hatte ich mehr Angst als vor der Scheidung. Ich würde all meine

Freunde verlieren, versuchen müssen, eine neue Fußballmannschaft zu finden, und das auch noch in einer neuen Schule. Mom ging wieder arbeiten, und Lenny (sein bester Freund) und ich blieben den ganzen Tag nach der Schule zusammen. Nicht mal einen besten Freund würde ich mehr haben.«

Jesse hatte Glück. Er wurde so verzweifelt, daß seine Eltern ihn zu einem Psychotherapeuten brachten, der ihm half, seine Gefühle zu artikulieren. Seine Eltern – obwohl sie eine harte Scheidung ausfochten – gaben nach und beschlossen, das Haus zu behalten, bis Jesse seinen High School-Abschluß machte.

»Wenn ich zurückschaue«, sagt Jesse, der heute 26 ist, »glaube ich nicht, daß ich es überlebt hätte, wenn ich mein Zuhause verloren hätte. Ich erinnere mich, daß ich mich umbringen wollte.«

Plötzliche Armut

Ein großer Teil der Kinder findet sich nach der Scheidung in dramatisch veränderten finanziellen Verhältnissen wieder. Verschiedene Untersuchungen zeigen, daß ein Jahr nach der Scheidung der Lebensstandard der Männer um bis zu 42% stieg. Der Lebensstandard der Frauen und der Kinder, die sie aufzogen, sank auf einen Durchschnitt von 37% bis 73%, je nach Untersuchung.

Ein Forschungsprojekt aus Kalifornien zeigt, daß fünf Jahre nach der Scheidung das Einkommen einer Frau 30% dessen beträgt, was sie während der Ehe hatte. Das Einkommen des Mannes steigt dagegen um 14%. Laut Volkszählungsbehörde bekamen 1985 nur die Hälfte der Mütter die ihnen zustehende Unterstützung für die Kinder; ein Viertel erhielt nur einen Teilbetrag, und ein anderes Viertel bekam gar nichts. Der ökonomische Verfall ist bei Mittelschichtsmüttern oft ausgeprägter.

»Meine Mutter, Schwester und ich endeten in Armut«, erzählt die 42jährige Shirley, eine glänzende Anwältin aus einer der größten Kanzleien in Washington. »Ich war 17, meine Schwester 13, als Vater fortging. Während des ganzen Scheidungsverfahrens gab es viel Streit und Geschrei um Geld. Wieviel Mom bekommen sollte, wieviel wir für die Schule, für Kleidung und Taschengeld.«

»Mein Vater wechselte während dieser Zeit dreimal den Anwalt, weil keiner länger mit ihm arbeiten konnte. Er war so verrückt und unvernünftig. Irgendwie schaffte er es, seine Forderungen durchzusetzen, so daß Mom praktisch nichts hatte. Wir blieben in unserem Haus, aber es gab Zeiten, in denen wir die Klimaanlage nicht benutzen konnten, weil wir kein Geld für die Stromrechnung hatten, und wir mußten im Winter an der Heizung sparen und in dicken Pullovern rumlaufen.«

»In der Zwischenzeit kaufte Dad – der nicht im Luxus lebte – ein Haus, richtete es ein, hatte ein neues Auto und war immer gut angezogen. Wenn wir ihn sahen jedenfalls. Ich nehme ihm das immer noch übel.«

Das Bedürfnis nach Beistand

Einige Kinder werden von den Menschen, die sie kennen, als freundlich, locker, leicht zugänglich, wißbegierig und geschickt beschrieben. Es mache Spaß, sie um sich zu haben. Diese Kinder können normalerweise gut mit Streßsituationen umgehen. Das liegt in der Regel an einem höheren Selbstwertgefühl und an einer größeren Zahl von Menschen, an die sie sich wenden können. Manchmal sind diese helfenden Menschen die Freunde, manchmal sind es Familienmitglieder. Es können auch Lehrer oder Nachbarn sein. Wichtig ist jedoch, daß diese Menschen nicht nur existieren, sondern daß das Kind auch in der Lage ist, sich an sie zu wenden.

Diese Menschen geben dem Leben eines Scheidungskindes eine andere Richtung. Er oder sie füllt die Lücke, die Eltern hinterlassen, die zumindest eine Zeitlang angespannt, unglücklich, frustriert und unzugänglich sind. Ohne diesen Beistand kann auch das belastungsfähigste, best-angepaßte Kind eine Scheidung nicht folgenlos überstehen. Unglücklicherweise gibt es in unserer Gesellschaft nur wenig Unterstützung für Scheidungskinder, und es existieren keine Trauerrituale für das, was ein Kind oft als den Tod seiner Familie empfindet.

»Banana-Splits«

Das Bedürfnis nach Beistand wird immer sichtbarer, und es entstehen Gruppen, die Kindern helfen, mit dem Schmerz über die Trennung der Eltern umzugehen. Eine solche Gruppe sind die »Banana-Splits« im Staat New York, die als Gesprächsgruppe begannen und mittlerweile überregional tätig sind und mit Kindern vom Grundschulalter bis zur High School arbeiten. Wir sollten uns anhören, was sie zu sagen haben:

»Ich hatte das Gefühl, als würde die Welt um mich herum zusammenbrechen... es ist schön, hier weinen zu können und zu wissen, daß sich keiner über dich lustig macht.«

»Anfangs hielten es meine Eltern nicht mal im selben Zimmer aus. Als mich meine Mutter am Wochenende zu Dad brachte, fuhr sie nicht mal in seine Einfahrt. Sie hat mich nur vor der Tür abgesetzt. Ich fühlte mich wie ein Idiot, daß ich ihn überhaupt noch sehen wollte. Aber ich wollte es.«

»Eltern sollten mit der Arbeit aufpassen. Ich weiß, daß es wichtig ist, schließlich müssen sie für unser Essen und andere Sachen zahlen, aber manchmal hätte ich lieber meine Mutter gesehen als gegessen. Ich meine, ich wäre lieber hungrig gewesen als einsam.«

Gruppen wie die Banana-Splits sind für Kinder in ihrem Scheidungsschmerz von unschätzbarem Wert. Wie alle Selbsthilfegruppen bieten sie Ruhe in einer unbedrohlichen Umgebung, in der man seine Gefühle unter Gleichen ausdrücken kann. Sie sind jedoch kein Ersatz für einen Erwachsenen, der einem Kind in Jahren der Krise zur Seite steht. Und langfristig gesehen gewinnt ein Kind, das einen besten Freund hat, jemanden innerhalb oder außerhalb der Familie, mit dem es seine Gefühle verarbeiten kann, eine bessere Einstellung zum Leben. Aber sogar diese Art von Beistand kann für ein Kind, das in einer außergewöhnlich stressigen Umgebung lebt, nicht genug sein.

6
Das Vermächtnis der Scheidung

Schnelleres Erwachsenwerden

Vorpubertäre oder pubertierende Scheidungskinder werden oft schneller erwachsen als andere Kinder ihres Alters. Sie haben mehr Verantwortung. Es wird von ihnen erwartet, daß sie selbständiger sind, und sie sind entscheidungsfähiger. Besonders Mädchen überfunktionieren geradezu als Beistand eines Elternteils, der in Depressionen versunken ist oder seine Handlungsfähigkeit verloren hat.
In traditionellen Familien haben Kinder nur ein eingeschränktes Mitspracherecht. Sie haben keinen Einfluß auf das Haushaltsgeld, einen möglichen Umzug, den Job ihrer Eltern, und sie bestimmen auch nicht, wie weit der Kontakt zum erweiterten Familienkreis geht.
In scharfem Kontrast dazu können Scheidungskinder bei fast allem mitreden. Ihre Verantwortlichkeiten ändern sich; ebenso ihre Rechte und Privilegien. Ich habe gesehen, wie sich Teenager über die Entscheidungen ihrer Mutter (oder ihres Vaters) hinwegsetzten, die Haushaltsroutine übernahmen, den Urlaub planten und Regeln für die kleineren Geschwister aufstellten. Ich habe auch erlebt, daß sie die Unterhaltungen ihrer Eltern unterbrachen, ihre Mutter mit »Cynthia« statt mit »Mutter« anredeten, und ich habe sie zu ihren Eltern sagen hören, sie »sollen sich um ihre eigenen Angelegenheiten kümmern«, oder »Ich wünschte, du wärst jetzt ruhig«.

Sheryl und ihre Mutter

Sheryl war erst fünf, als sich ihre Eltern trennten. Heute, 20 Jahre später, sind sie immer noch nicht geschieden, denn, wie Sheryl es ausdrückt: »Sie können einander nicht lassen.«

Sheryl und ihre Mutter waren eher Freundinnen als Mutter und Tochter. Die Mutter brachte Sheryl all die kulturellen Erfahrungen wie Oper, Theater, Konzerte, Ausstellungen usw. nahe, von denen sie glaubte, sie würden ihr einen wohlstrukturierten Lebenshintergrund verschaffen. Sie lehrte ihre Tochter Reiten, Schlittschuhlaufen, Tennisspielen und Schwimmen. Doch die Entscheidungen in der Familie traf ganz klar Sheryl. Sie entschied, ob umgezogen werden sollte und wohin, aber auch kleinere Angelegenheiten wie z. B., welches Kleid ihre Mutter im Theater tragen sollte. Da ihre Mutter große Probleme damit hatte, Entscheidungen zu treffen, betrachtete Sheryl sie als »Wischi-Waschi« und hatte wenig Respekt vor ihr. Sie gab Widerworte, unterbrach sie beim Reden und sprach sie schon im Alter von 11 Jahren mit dem Vornamen an.

Und doch war sie, wie ihre Freundinnen bemerkten, auf eine unpassende und in sich unstimmige Art von ihrer Mutter abhängig. Egal, wo sie sich gerade befand – im Sommerlager, über das Wochenende bei Freunden und später im College –, sie rief zweimal am Tag ihre Mutter an. Sie verplante die meisten Ferien mit ihrer Mutter, und als sie vom College kam, aßen sie fast jeden Abend zusammen.

Der Weg ihrer beruflichen Laufbahn führte sie von ihrer Heimatstadt Boston nach Chicago, wo sie für eine Gruppe von Finanzberatern tätig war. Sowohl sie als auch ihre Mutter hatten sich Sorgen darüber gemacht, wie sie wohl mit dem selbständigen Leben zurechtkommen würde, und beide waren dann angenehm überrascht. Sheryl suchte und fand eine Wohnung, richtete sie ein, wurde eine hervorragende Köchin, war unterhaltsam, fand neue Freunde in der fremden Stadt und erledigte ihre Arbeit mit außerordentlichem Geschick.

Ihre intimen Beziehungen jedoch »ließen viel zu wünschen übrig«. »Ich habe im Laufe der Jahre gelernt, auf mich aufzupassen. Aber ich habe nie gelernt, auf gesunde, liebevolle Weise mit einem Mann umzugehen. Ich habe das nie beobachten können.«

Es hat Vor- und Nachteile, wenn man schneller erwachsen wird. Die meisten Eltern, die zusammenbleiben, sind nicht erfahren genug, ihren Kindern angemessene Aufgaben zuzuteilen. Je nach Alter können Kinder ihre Spielsachen aufräumen, Essen machen, Einkaufslisten zusammenstellen, Wäsche waschen und die Zimmer sauberhalten.

Scheidungskinder haben keine Wahl. Wenn der Elternteil, bei dem sie leben, normalerweise die Mutter, arbeiten muß oder will, werden die Kinder mit anpacken müssen. Gewöhnlich schadet es ihnen nicht, im Gegenteil, rückblickend sagen viele erwachsene Scheidungskinder, die Abmachungen hätten erstaunlich gut geklappt und sie auf den Weg zu Kompetenz und Unabhängigkeit gebracht. Sie geben auch zu, daß es Schattenseiten gab, sie waren sich zum Beispiel der finanziellen Engpässe, die ihre Sicherheit bedrohten, bewußter. Und sie waren gezwungen, ihre Eltern, besonders den Elternteil, bei dem sie lebten, mit all seinen Schwächen und Zweifeln zu sehen. Häufig gab es Ärger, weil die Forderungen der Eltern mit denen der Kinder kollidierten oder sie einfach überfordert waren. Dann kam es zu Wut, Ablehnung und offenem Aufbegehren. Einige Kinder beklagen den Verlust ihrer Kindheit. Zuviel Energie mußte in andere Richtungen geleitet werden.

»Es war mir alles unangenehm«, sagt die heute 29jährige Daryl. »Ich war 13, als sich meine Eltern scheiden ließen, und ich wollte, daß Mom sich um mich kümmert und nicht umgekehrt. Ich fühlte die große Last, selbständig sein zu müssen, weil bei mir als Einzelkind niemand da war, der mir half. Das machte mich vorzeitig ernst und nüchtern, und darüber ärgere ich mich immer noch.«

Scheidungskinder werden oft zu Vertrauten ihrer Eltern – eine Rolle, die ihnen nicht angemessen ist. Obwohl Sally, eine 42jährige Geschiedene, weiß, daß sie ihren 14 Jahre alten Sohn nicht mit unbezahlten Rechnungen belasten, ihren Alptraum, als Obdachlose auf der Straße zu enden, nicht mit ihm diskutieren sollte, sagt sie, sie könne nicht anders. »Er ist da, ich kann mit ihm reden, und mehr als jeder andere steckt er mit mir in dieser Sache drin. Ich brauche das Gefühl zu wissen, daß ich nicht allein bin.«

Aus und mit der Verantwortung lernen die Kinder auch Rechte abzuleiten, die die Mutter oder der Vater ihnen, manchmal widerspruchslos, zugestehen. Lisa, eine 36jährige Mutter, arbeitet als Buchhalterin für eine große Firma in Richmond, Virginia, und sie ist seit drei Jahren geschieden. Neulich erzählte sie, daß ihr neunjähriger Sohn entschieden hätte, ihr Haus nicht zu verkaufen, obwohl es zu groß und zu kostspielig sei. »Ich wollte eine Wohnung in der Nähe meiner Mutter mieten und etwas Geld für den Sommerurlaub und für Kleidung sparen«, sagt sie. »Aber Scott wollte nicht. Er sagte, seine Freunde wohnten alle in der Nähe, und er wäre sowieso so viel allein (seine Mutter geht eine Stunde früher zur Arbeit als Scott in die Schule und kommt erst vier Stunden nach ihm zurück), also wollte er einen Ort, der ihm vertraut ist.«

Scotts Wunsch ist verständlich. Seine Mutter versteht ihn. Aber es ist keine Entscheidung, die er treffen würde, wenn er kein Scheidungskind wäre.

Was geschieht mit diesen Jungen und Mädchen, wenn sie erwachsen werden? Sind sie unabhängiger, kompetenter und selbständiger?

Sie entwickeln sich in verschiedene Richtungen. Einige Kinder werden so selbständig, vielleicht auf narzißtische Weise, daß sie nicht fähig sind, Fürsorge annehmen zu können. Bei ihren intimen Beziehungen ist das nicht gerade hilfreich.

Andere Männer und Frauen erwarten von ihren Partnern, daß diese das Loch in ihrer Seele füllen, das durch den Verlust des Elternteils, von dem sie zu abhängig waren, entstand. Das ist selbstverständlich keine Lösung.
Einige der erwachsenen Scheidungskinder (normalerweise Frauen) suchen sich einen Partner, der von ihnen so abhängig ist, wie es vorher der eine Elternteil war.
Die Erfahrungen der Scheidung bereiten viele Kinder gut auf die Zukunft vor. Früh im Leben lernen sie mehr als die meisten von uns darüber, daß es in Beziehungen um Geben und Nehmen geht. Sie begreifen, daß niemand – auch nicht die idealisierten Eltern – perfekt ist, und sie werden sensibler gegenüber den Bedürfnissen und Verletzbarkeiten anderer. Als Eltern reagieren sie mit Wärme und Spontaneität auf das Bedürfnis ihrer Kinder nach Zuwendung und Sicherheit – und gehen manchmal zu weit. Zu anderer Zeit können sie sich unbewußt darüber ärgern, daß ihre Kinder Eltern haben, die sich mehr um sie sorgen, als es ihre Eltern taten.
Es ist nicht ungewöhnlich, daß sich Erwachsene aus geschiedenen Ehen so intensiv ihren Kindern zuwenden, daß sie sich dabei emotional verausgaben.
Als Jeromes Sohn Matthew geboren wurde, schwor er sich, daß es ihm an nichts mangeln sollte. »Er wird sich nie Sorgen um Geld, Kleidung oder die Liebe seines Vaters machen müssen. Egal was passiert, ich werde immer für ihn da sein«, sagt Jerome, ein gutverdienender Börsenmakler.
Als Jerome 16 war, verließ sein Vater die Familie. Anfangs besuchte er sie jeden Monat, dann zog er in eine andere Stadt, und die Besuche wurden seltener – ein- bis zweimal im Jahr. Jeromes Versuche, den Kontakt zu seinem Vater wiederherzustellen, waren erfolglos. Sein Vater war »höflich, freundlich«, aber er war definitiv nicht daran interessiert, Zeit mit seinem Sohn zu verbringen. Er brauche Freiheit, sagte er zu Jerome. »Eines Tages wirst du das verstehen.«
Als sein eigener Sohn, Matthew, sieben war, wurde er in einen Autounfall verwickelt und blieb teilweise gelähmt. Je-

rome durchkämmte das Land nach Ärzten, las medizinische Bücher und informierte sich umfassend. Er gestaltete das Haus um, baute Rampen und Spezialtüren und verbrachte jeden Abend und jedes Wochenende mit seinem Sohn. Er gab buchstäblich sein eigenes Leben auf. Seine Golfschläger verschenkte er an eine Pfadfinder-Gruppe, er verkaufte sein Boot und weigerte sich, ohne seinen Sohn in Urlaub zu fahren. Seine Frau erntete schiefe Blicke, wenn sie abends mal mit Freundinnen ausging. Zwei Jahre später, verbraucht und voller Sorgen, stellte er fest, daß er Hilfe brauchte. Es dauerte nicht lange, bis ihm durch eine Therapie bewußt wurde, daß er seine eigene Kindheit ausagierte und das Gespenst seines Vaters vertreiben mußte, um seine Ehe und seine Gesundheit zu retten.

7
Das Netz der Beziehungen

Die Scheidung fügt dem Leben von Kindern eine neue Dimension hinzu. Sie zwingt zu der Konfrontation mit einer Anzahl komplexer Beziehungen, der Kinder aus intakten Familien nicht ausgesetzt sind. Es muß ihnen nicht unbedingt schlechter gehen, mit Sicherheit aber wird ihr Leben komplizierter.

Der Umgang mit dem Elternteil, mit dem man lebt, und mit dem, der einen besucht (oder auch nicht), ändert sich. Manchmal werden Brüder und Schwestern getrennt und zwischen den Eltern aufgeteilt. Da immer häufiger das gemeinsame Sorgerecht ausgesprochen wird, hat ein Kind oft mehr als ein Zuhause, jedes mit eigenen Regeln und Standards. Bei der Mutter muß man um neun im Bett sein, beim Vater darf man sich noch um Mitternacht eine Pizza kommen lassen. Mutter verbietet Süßigkeiten, bei Vater sind immer ein paar Tafeln Schokolade im Kühlschrank. Mutter gestattet es, in Hosen ins Restaurant zu gehen, Dad besteht auf einem Kleid.

Dann ist da noch Mutters »Freund« und Vaters »Freundin«. Kinder – auch noch später als Erwachsene – fühlen sich unbehaglich, wenn sie sich auf sie beziehen. »Was soll ich sagen, wenn ich von ihnen rede?« fragt die 22jährige Terri. »Meines Vaters Geliebte? Seine Freundin? Seine Bekannte? Seine Gefährtin? Seine Partnerin? Seine Mit-Bewohnerin? Sein Liebling? Wir brauchen eine neue Sprache, um mit den Veränderungen Schritt zu halten.«

Bei einer Wiederheirat gibt es eine Stiefmutter, einen Stiefvater, seine oder ihre Kinder aus anderen Ehen, den erweiterten Familienkreis und Freunde. In 37 bis 50% kommt es neuerlich zur Scheidung und oft zu einer weiteren Eheschließung. Es kann Halbbrüder und -schwestern geben ... Es wird kompliziert, und man braucht viel Energie, um mit diesen verwikkelten Beziehungen zu jonglieren.

»Wenn ich heirate«, erzählte mir die 26jährige Myrna, »wird es zwei Hochzeiten geben. Eine für die Familie meines Vaters und die andere für die meiner Mutter. Ich weiß aber noch nicht, was ich mit den Leuten aus der zweiten Ehe meiner Mutter mache. (Myrnas Mutter hat jetzt ihren dritten Ehemann.) Soll ich sie zur Feier der Familie meines Vaters einladen?«

Eine College-Freundin meiner Tochter sagt, sie sei verwirrt und desillusioniert. In ihrem ersten College-Jahr ließen sich ihre Eltern – beide Forscher an einem College in Philadelphia – scheiden. Im zweiten Studienjahr heirateten beide wieder. Im dritten Jahr ließen sich beide wieder scheiden; und als sie ihren College-Abschluß machen wollte, heirateten sie wieder – einander.

Eine Scheidung stellt Kinder vor eine Reihe nie enden wollender Veränderungen, und sie müssen darum kämpfen, diese in ihr eigenes bereits chaotisches Leben zu integrieren. Die erste kann dann kommen, wenn der Elternteil, bei dem man lebt, wieder anfängt, Rendezvous zu haben.

»Ich war ziemlich unglücklich, als Dad auszog«, erinnert sich Billy, damals 16. »Ich wußte, daß Mom und Dad Probleme hatten, aber mit einer Scheidung habe ich nie gerechnet. Wir sind eine große Familie – Mom und Dad haben viele Brüder und Schwestern, und von denen hatte sich nie jemand scheiden lassen. Ich konnte es mir einfach nicht vorstellen.«

»Meine Mutter war ein Mensch, mit dem man nicht gut reden konnte. Sie hatte ihre eigenen Vorstellungen und achtete nicht sehr darauf, was meine Schwester und ich sagten. Es mußte alles so sein, wie sie es sagte.«

»Ich vermißte Dad sehr und ging an jedem Wochenende zu ihm. Ich lebte nur für diese Wochenenden. Nach einiger Zeit fragte ich mich, warum Mom das nichts ausmachte. Sie arbeitete, deshalb sahen meine Schwester und ich sie während der Woche selten. Und an den Wochenenden schien sie froh zu sein, uns zu unserem Vater nach Rockville schicken zu können.«

»Nun – an einem Samstag kam ich früh nachmittags nach Hause und fand den Flur voller Männerkleidung. Jacken, Hosen – teure Designerkleidung. Im Gästezimmer stand ein Koffer, und in den Schubladen waren Hemden und Socken.«

»Gott sei Dank war niemand zu Hause, denn mir wurde plötzlich übel und ich bekam Schweißausbrüche und feuchte Hände. Ich rannte ins Badezimmer und mußte mich übergeben. Dann fuhr ich zu meinem Vater zurück und sagte ihm, ich könne nicht mehr mit meiner Mutter leben.«

Billys Situation ist nicht typisch. Normalerweise sind Eltern nicht so abrupt, wenn sie ihren Kindern eine neue Beziehung vorstellen. Nichtsdestoweniger: Wenn es passiert, ist die Erkenntnis, daß ihre Väter oder Mütter Tanzen gehen, Essen gehen und Sex mit jemand anderem haben, schockierend und unangenehm.

Liebt meine Mutter ihn oder mich?

Das Gefühl von Sicherheit und Stabilität löst sich auf, wenn Kinder ihre Eltern auf diesem neuen Gebiet beobachten, von dem sie dachten, es sei für sie reserviert: Flirten und Umwerben, Rendezvous und Sex. Was wird aus ihrer Beziehung mit diesem Elternteil? Wird seine oder ihre Romanze die Zuneigung zu ihnen überschatten oder gar ersetzen?
Ihre Ängste sind nicht grundlos, denn oft genug geschieht genau dies. Zumindest eine Zeitlang. Die Sexualtherapeutin Phyllis Diamond sagt, daß einige Eltern sich nach der Auflösung der Ehe vollständig auf ihre Kinder konzentrieren. Andere sind in einem »Kolibri-Syndrom« gefangen, wie sie es nennt: Sie wirbeln durch eine Vielzahl von Parties, gesellschaftlichen Ereignissen und Verabredungen, um sich zu beweisen, daß sie noch sexuell attraktiv sind. Für sie ist es ein starkes Bedürfnis, aber es steht im Gegensatz zu den Bedürfnissen ihrer Kinder.
Es gibt keine vergleichbaren Beispiele. Keine andere Generation von Kindern oder Eltern mußte sich so intensiv mit diesen Fragen auseinandersetzen. Eltern fragen sich: Wann soll ich mit Verabredungen anfangen? Wie soll ich es meinen Kindern erklären? Ist es in Ordnung, wenn sie wissen, daß ich mit jemandem schlafe? Wie wird es ihre Sexualität beeinflussen?
Der alleinstehende Elternteil wird Verabredungen haben. Und sie oder er werden Sex haben – wahrscheinlich mit mehr als einer Person. Entscheidend ist, daß dies diskret geschieht, mit einem Gefühl für angemessenes Timing und mit besonderer Sensibilität ihren Kindern gegenüber und mit der Erkenntnis, daß Kinder – je nach Alter – unterschiedlich reagieren.
Jüngere Kinder, die noch hoffen, daß ihre Eltern wieder zusammenfinden, sehen den anderen Mann oder die Frau als jemanden, der sich in fremde Angelegenheiten einmischt, als jemanden, der verhindert, daß ihre Eltern wieder zusammenkommen. Jeremy, der sechs war, als sich seine Eltern scheiden

ließen, fragte seine Mutter: »Warum kannst du nicht mit Daddy ausgehen, statt mit diesen anderen Männern?«

Der Elternteil ohne Sorgerecht hat größere Freiheiten, deshalb ist es möglich, daß eine lange Zeit vergeht, bevor er oder sie dem Kind diesen neuen Menschen in seinem Leben vorstellen muß. Doch wenn es soweit ist, ist das Kind oft beleidigt und verärgert. Finden die Besuche nur sonntags statt, sind die Stunden kostbar. Ein Liebhaber (oder eine Liebhaberin), der sich der Zeit bemächtigt, die die Kinder für sich haben wollen, zeigt ihnen, daß sie nur zweite Wahl sind. Der Schaden, den ihr Ego dabei nimmt, kann ihr Selbstbild fürs ganze Leben schädigen.

»Ich weiß, Daddy verließ uns wegen Margie«, sagt die 29jährige Claudia, die glaubt, ihr Leben sei durch das latente Bedürfnis nach Selbstzerstörung bestimmt. »Aber ich hätte nie gedacht, daß er die Nerven hat, sie zu einer Zeit mitzubringen, zu der er mich besuchen sollte.«

»Zu Anfang tat er es nicht. Ich war ungefähr sieben, und ich glaube, er wußte, wie ich mich fühlen würde. Aber eines Tages holte er mich aus Moms Wohnung ab, und ich sah eine Frau im Auto sitzen, als wir die Treppe runtergingen. Ich dachte, es wäre meine Tante, seine Schwester, aber als wir näherkamen sagte er: ›Claudia, ich möchte dir meine Freundin Margie vorstellen.‹ Wie konnte er mir so etwas antun? Sie zu meiner Besuchszeit mitzubringen! Er hatte doch noch sechs Tage in der Woche Zeit für sie. Ich fühlte mich wie der letzte Dreck. Er mußte mich besuchen, weil ich sein Kind war, aber sich Zeit allein für mich zu nehmen, war ich ihm nicht wert.«

»Ich wollte aus dem Auto springen und zu meiner Mom zurück. Aber ich wollte auch meinen Vater sehen. Ich vermißte ihn doch so sehr. Also blieb ich. Wir gingen in ein Restaurant, aber ich konnte nichts essen. Mir war übel. Margie versuchte ihr Bestes, nett zu mir zu sein, aber ich hörte nicht hin. Ich wollte meinen Vater für mich allein.«

»Nach einem Dutzend anderer Freundinnen ist Dad jetzt wieder mit Margie zusammen. Sie war die ganze Zeit im Hintergrund, und ich gewöhnte mich natürlich an die Tatsache, daß er etwas Ernsthaftes mit ihr hatte. Sie sprechen nie darüber, warum sich Dad nicht scheiden läßt oder warum sie nicht heiraten, und ich frage nicht nach. Aber an das erste Mal kann ich mich erinnern, als wäre es gestern gewesen. Dad hat meinem Selbstwertgefühl einen Schlag versetzt, von dem ich mich nie erholt habe. Es macht mir Probleme, daran zu glauben, daß ich ganz okay bin. Jemand, den man wirklich lieben könnte.«

Für den sorgeberechtigten Elternteil, gewöhnlich die Mutter, ist die Angelegenheit noch heikler. Es ist schwierig, die Verabredungen und das Sexualleben über längere Zeit zu verheimlichen.

Die mir bekannten Scheidungskinder haben mich überzeugt, daß das Timing entscheidend sei. Anfangs brauchen sie den Menschen, bei dem sie leben, so sehr, daß das Bedürfnis fast greifbar ist. Ein Elternteil ist gegangen, und eine neue Romanze im Leben des verbliebenen erfüllt sie mit der Angst, daß dieser sie auch verlassen könnte.

Wie gut sich Kinder später anpassen können, liegt auch an der Partnerwahl der Eltern.

Die 24jährige Esther erzählt, daß ihre Mutter nicht gleich anfing auszugehen. »Das erste Rendezvous, von dem ich weiß, fand mindestens ein Jahr nach der Trennung statt. Ich war 16 und hatte eine gute Beziehung zu Mom. Ich hatte Angst davor, daß sie ausging, und sagte ihr, wie ich mich fühlte. Ich fürchtete, sie könne mich vergessen, weil es vielen meiner Freundinnen so ergangen ist. Aber Mom sagte mir, sie habe auch Angst. Sie liebe mich, wolle aber auch mal wieder in Gesellschaft eines Mannes sein. Es wäre nur eine Verabredung, und sie brauche meine Hilfe, um damit klarzukommen. Also haben wir es irgendwie zusammen gemacht.

Ich half ihr bei der Frisur und ließ sie das Parfüm benutzen, das ich zum Geburtstag bekommen hatte. Als sie ging, sah sie richtig hübsch aus, und ich ging mit einer Freundin aus. Es war merkwürdig. Ich wollte früh zu Hause sein, um auf Mom zu warten. Ich wollte alles über ihr Rendezvous wissen. Es war, als ob es weniger bedrohlich wäre, wenn ich alles wüßte. Aber es war ein Gefühl, als hätten wir die Rollen getauscht. Ich hätte ein Rendezvous haben sollen, und Mom müßte auf mich warten. Nicht umgekehrt.«

Esthers Mutter verabredete sich danach noch oft. Und Esther sagt, daß sie begann, sich sicherer zu fühlen, weil ihre Mutter sie nicht ausschloß.

»Sie teilte mir ihre Gefühle mit. Sie erzählte, warum sie Harry mochte, Jimmy aber nicht. Sie erklärte mir, was ihr wichtig sei – jemand, der aufmerksam und nett zu uns beiden war. Und sie sagte, ich solle bei meinen Rendezvous auf das gleiche achten: Männer, die freundlich und zuvorkommend seien.«

»Soviel ich weiß, hat Mom nie bei uns zu Hause mit jemandem geschlafen. Zumindest nicht, wenn ich da war. Das war etwas, das wir lange nicht diskutieren konnten. Für ein Kind ist es schwer, sich vorzustellen, daß die eigene Mutter ein Sexualleben hat. Erst als Tom auftauchte, haben wir angefangen, darüber zu reden.«

Tom war der Mann, den Esthers Mutter drei Jahre nach der Scheidung heiratete. Esther fühlte sich von Anfang an mit ihm wohl. »Er behandelte mich wie einen richtigen Menschen, und er versuchte nicht, den Platz meines Vaters einzunehmen. Mit ihm war leicht auszukommen, und wenn er und Mom etwas unternahmen, schlossen sie mich, wenn ich wollte, bei vielen Sachen ein. Ich hatte nie das Gefühl, im Weg zu stehen.«

»Mom nahm sich auch noch Zeit für mich. So kam nie das Gefühl auf, daß Tom ihr alles bedeute und ich ihr nichts. Er verstand, daß ich noch einen Vater hatte, und sprach nie schlecht über ihn. Im Gegenteil, wenn ich Dad am Wochenende besuchte, fragte er mich, wie es ihm ginge und ob wir Spaß gehabt hätten. Er machte das auf eine lockere Art, es wurde nie zu einer Art Verhör.«

Esther hat das Gefühl, Glück gehabt zu haben. Die meisten

ihrer Freunde aus geschiedenen Ehen hätten ein größeres Trauma durch das umtriebige Gesellschaftsleben ihrer Eltern erlitten. Jason, so erzählt sie, hätte seine Mutter einmal mit einem Mann, den er haßte, im Bett gefunden. Und Katies Mutter habe zu ihr gesagt, sie müßte sich daran gewöhnen, sie mit anderen Menschen zu teilen. »Du bist nicht mein ein und alles«, sagte sie zu Katie, als sie 11 war, »ich habe auch ein eigenes Leben.«

Es ist gesund für Kinder, Intimität zwischen ihren geschiedenen Eltern und einem anderen Mann oder einer anderen Frau zu sehen. Falls nicht, fehlt ihnen das Vorbild für ihr Leben. Allzu häufig aber desillusionieren die elterlichen Verhaltensmuster die Vorstellungen der Kinder über Liebesbeziehungen, und so wachsen sie mit Zweifeln darüber auf, wie verläßlich eine Beziehung sein kann.

Peter zum Beispiel erlebte, daß seine Mutter in vier Jahren sieben Beziehungen einging und beendete, die sie alle als ernsthaft bezeichnet hatte.

»Einige der Männer, mit denen sie sich verabredete, mochte ich ganz gern«, sagt Peter.

»Ich war neun, als Mutter und Vater sich trennten. Sie haben sich erst scheiden lassen als ich 14 war. Aber meine Mutter fing sofort an, auszugehen. Für sie waren alle Männer ›phantastisch, wunderbar, toll‹. Aber es hielt nie sehr lange. Der erste, dem ich etwas näher kam, war Domenic. Er war ein ganz normaler Mann, der mich mochte und mit mir darüber sprach, was so in meinem Leben passierte. Ich hoffte, Mutter würde ihn heiraten. Aber sie tat's nicht. Und ganz einfach so verschwand auch Domenic wieder aus meinem Leben.

Das gleiche passierte mit Stuart. Ich war etwas kratzbürstig zu ihm, aber nicht, weil ich ihn nicht mochte, sondern weil ich nicht noch einmal verletzt werden wollte. Mom ging fast ein Jahr mit ihm – die längste Zeit von allen. Und gerade, als Stuart und ich gut miteinander klarkamen und ich anfing, mich etwas auf ihn zu verlassen, trennten sie sich. Ich habe Stuart nie wiedergesehen.«

Peter ist heute 33 Jahre alt und sagt, er werde nie heiraten. Er glaubt nicht, daß Beziehungen Bestand haben können. Er ist ein gutaussehender junger Mann mit einem eindrucksvollen Job in einer Möbeldesign-Firma und vielen Affären mit Frauen. Aber er beendet sie, bevor sie einen ernsthaften Charakter bekommen. »Ich gebe mir nie mehr als vier Monate mit einer Frau. Egal wie die Beziehung gerade ist, ich finde einen Grund, sie zu beenden.«

Manche Kinder bilden mit den Liebhabern oder Liebhaberinnen der Eltern eine Allianz in der Hoffnung, durch ihr Zusammengehörigkeitsgefühl die Beziehung zu zementieren. Melissa, 35 Jahre alt als ich sie traf, erzählte mir, sie habe mit Simme, der Freundin ihres Vaters, Freundschaft geschlossen.

»Ich war erst 10, und ich glaube, Simme war ungefähr 28«, sagt Melissa. »Ich liebte sie. Sie war so nett, so hübsch und hatte viel Geduld. Wir machten Spiele, und sie interessierte sich für mich. Sie war eine wunderbare Köchin und machte Bonbons und Kekse für mich. Ich wollte, daß Dad sie heiratet.

Als ich merkte, daß Dad sich mit einer anderen – einer älteren Frau namens Joyce – traf, wurde ich richtig sauer. Ich hatte Angst davor, ihn zu fragen, also erzählte ich es dann Simme. Ich sagte ihr, sie solle etwas unternehmen, damit Dad aufhört, sich mit Joyce zu treffen. Und ich wollte das Versprechen, daß wir Freunde blieben, falls Dad und sie sich jemals trennen sollten.

Sie trennten sich, und nach Joyce gab es noch einige Frauen. Schließlich heiratete Dad Elyse. Aber zu der Zeit war ich schon gefühllos. Ich war es leid, mich an jede neue Frau anzupassen, war es leid, mich immer wieder zu bemühen, daß sie mich mochten, leid, auf meine Kleidung zu achten und darauf, was ich sagte oder tat. Mein Leben war wie ein Karussell, das nicht lange genug anhielt, um vom Pferd zu steigen. Mir war langsam alles egal.«

Melissa sagt, die Geschichte mit Simme habe sie sehr mitge-

nommen und sie habe Simme lange vermißt. Simme versuchte, sich mit ihr zu treffen, aber ihr Vater verbot es.
»Er sagte, Simme wäre nicht mehr ein Teil unseres Lebens. Diese Geschichte hat mich gelehrt, daß ich über nichts Kontrolle habe; daß sie mit mir machen können, was sie wollen, egal, wie ich mich dabei fühle. Seit damals versuche ich, mich zu schützen. Ich versuche, immer alles im Griff zu haben. Ich fälle die Entscheidungen, ich treffe die Wahl. Es klappt ganz gut. Es hält meine Psyche aus Schwierigkeiten raus.«

Wenn Eltern wieder heiraten

Das Geflecht von Beziehungen wird für Kinder nach einer Wiederheirat ihrer Eltern noch verwickelter. Die Zahl der Wiederheiraten nimmt jährlich zu, und es scheint zu etwas Alltäglichem zu werden. Für die Kinder heißt das jedoch nicht, daß es unproblematisch ist.
Die Beziehung zum neuen Vater oder zur neuen Mutter muß strukturiert werden. Wieviel Autorität wird er/sie haben? Wieviel Kontrolle wird der eigene Elternteil behalten? Wenn es Meinungsverschiedenheiten zwischen Stiefvater und dem richtigen Vater gibt, wer wird siegen? Wie soll man die neuen Eltern anreden?
Cindys Eltern ließen sich scheiden, als sie 20 war. Als ihr Vater fünf Jahre später wieder heiratete, zog der 21jährige Sohn seiner neuen Frau mit ein. Cindy war verblüfft und wütend, als ihr Vater diesen erwachsenen Mann »Sohn« nannte. Schlimmer noch war die Tatsache, daß dieser ihren Vater »Dad« nannte.
Die Beziehungen sind nicht nur komplexer, sondern sie geraten leicht urplötzlich aus der entwicklungsmäßigen Bahn. Die normale biologische Abfolge – Umwerben, Heirat, danach Kinder – ist gestört. Kinder sind Teil des Werbungsverhaltens und existieren schon vor den Flitterwochen.
Man erwartet, daß sie sofort Freundschaft schließen mit den

neuen Brüdern und Schwestern, mit denen sie nicht aufgewachsen sind. In diesem Szenario sind Eifersucht, Rivalität und ablehnendes Verhalten programmiert. Wieviel muß man teilen? Wie freundschaftlich können sie sein? Schenkt Mutter ihnen mehr Aufmerksamkeit als uns?

Das älteste Kind kann plötzlich das jüngste sein. Ein Mädchen mit drei Brüdern hat auf einmal zwei Schwestern. Ein Einzelkind könnte sich inmitten einer großen Familie mit vier Geschwistern wiederfinden.

Dazu kommen eine Reihe neuer Regeln und Routinen, in die man nicht hineingewachsen ist. Dem 15jährigen Perry, dessen Vater eine religiöse Jüdin geheiratet hat, wurde gesagt, er dürfe freitagabends nicht mehr ausgehen, weil das Sabbat-Mahl immer zu Hause eingenommen würde, und er dürfe bis Samstagnacht – dem Ende des Sabbat – in keinem Auto fahren. Perry, ein ruhiger und entgegenkommender Junge, war nicht mit dieser Art zu leben aufgewachsen, und er war verwirrt und verärgert über diese abrupte Veränderung. Sein Vater bestand darauf, daß er zu tun hätte, was seine »neue Mutter« verlange.

Und dann tauchen natürlich noch all die Verwandten des erweiterten Familienkreises auf – Tanten, Cousins, Großeltern, sogar Freunde. Manchmal möchte ein Paar den »Neuanfang« mit einem gemeinsamen Baby starten. Die Kinder müssen dann mit Brüdern oder Schwestern umgehen, die sind, was sie selbst nicht sein können: das geliebte Kind dieser neuen Verbindung. Sie fühlen sich oft ausgeschlossen, wie Fremde in einem fremden Land.

Wie soll man sich in diesem Labyrinth von Beziehungen zurechtfinden und mit den daraus entstehen Gefühlen umgehen? Es ist nicht verwunderlich, daß diese verwirrende und angstmachende Aufgabe in den Mittelpunkt der Aufmerksamkeit der Kinder rückt und in ihrem späteren Leben die Art des Umgangs mit anderen Menschen beeinflußt.

Die Zahl der Kinder, die drei oder mehr Eheschließungen ihrer Eltern erleben, nimmt ständig zu. In einer Zeit, in der

Technologie, neue Arbeitsformen und neue Formen der Lebensführung unser Leben unpersönlicher machen, suchen Menschen begieriger als je zuvor nach einem Gefühl der Nähe. Und die Familie ist immer noch der Ort, aus dem die meisten Identität, Hilfe, Trost und innere Ruhe beziehen. Wenn wir dies beim ersten Mal nicht finden, versuchen wir es noch einmal.

In den USA existieren mehr als vier Millionen Haushalte, in denen mindestens ein Elternteil wieder geheiratet hat und mindestens ein Kind aus einer früheren Ehe stammt. Wir nennen sie Misch-Familien, wiedergegründete Familien, Stieffamilien und Familien zweiter Ehe. Diese »Instant«-Familie ist nicht einfach eine weitere Form der Kernfamilie, sie ist eine eigene Konstellation voller Streß und mühsamen Versuchen herauszufinden, wie sie funktioniert.

Nichtsdestoweniger finden viele Kinder Kraft und Zufriedenheit in dieser Familienform, die die Psychologin Constance Ahrons die binukleare Familie nennt und damit die Zwei-Haushalte-Familie meint, die durch Scheidungen entstanden ist. Paare, die übereinstimmend sagen, sie könnten nicht zusammenleben, die aber dennoch freundschaftlich und kooperativ bleiben, die den Haushalt des ehemaligen Partners respektieren und ihre Verantwortung als Eltern auch nach einer Wiederheirat übernehmen, können ihren Kindern wertvolle Lehren über Beziehungen mit auf den Lebensweg geben.

Wie Kinder reagieren

Die Reaktion eines Kindes auf eine Wiederheirat hängt zum großen Teil vom Alter und dem Geschlecht der neuen Familienmitglieder ab. Wir wissen, daß sehr kleine Kinder gut damit zurechtkommen, vielleicht weil ihre Erinnerungen an die ursprüngliche Familie recht schwach sind.

Für ältere Kinder zeichnet sich ein weniger optimistisches Bild ab. Eine Untersuchung, die Kinder fünf Jahre nach einer Wiederheirat beobachtete, fand heraus, daß sowohl Jungen als auch Mädchen größere Verhaltensprobleme hatten als

Kinder aus nichtgeschiedenen Familien. Es gab jedoch einen Unterschied zwischen Jungen und Mädchen.

Jungen schienen einen Nutzen daraus zu ziehen, daß sie einen Stiefvater hatten, besonders dann, wenn sich der Stiefvater und die Mutter darüber einig waren, wie der Junge zu erziehen sei. Oft freuten sie sich, ein männliches Rollenvorbild zu haben, und fanden die Vorstellung, wieder einen Vater im Haus zu haben, gut. Wenn der Erziehungsstil des Stiefvaters von Bestimmtheit geprägt war – Liebe mit Grenzen –, aber nicht autoritär oder anmaßend, schienen sich die Jungen am besten anzupassen.

Demgegenüber brachte die Wiederheirat für Mädchen häufig voraussehbare Probleme mit sich – wie wir in Kapitel Drei gezeigt haben. Sie fühlten die enge Beziehung zur Mutter bedroht. Und je enger die emotionale Nähe der Mutter zum Stiefvater war, desto unwahrscheinlicher ist es, daß die Tochter den Stiefvater akzeptiert.

»Ich erinnere mich, daß ich Paul mit jeder Faser meines Körpers haßte«, sagt Sonya, die 14 war, als sich ihre Eltern scheiden ließen. »Und ich haßte Mom, weil sie einwilligte, ihn zu heiraten. Als sie und Dad sich scheiden ließen, sagte sie mir, jetzt gäbe es nur noch uns zwei. Mein Dad verschwand, und ich sah ihn erst mit 20 wieder.

Es ist nicht so, daß Mom und ich keine Probleme gehabt hätten. Manchmal gefiel ihr nicht, wie ich mich anzog, und am Wochenende sollte ich zu früh ins Bett. Aber es waren keine größeren Probleme. Ich hatte viele Freunde, aber Mom war immer für mich da, und sie hat mich nie wissen lassen, daß sie wieder heiraten wollte.

Auch als sie anfing, sich mit Paul zu treffen, regte ich mich nicht weiter auf, weil ich dachte, sie seien nur befreundet. Aber dann kam er immer öfter. Er war nicht gemein zu mir oder so, aber ich wußte, daß ich ihm nicht wichtig war. Es war ihm ganz egal, ob ich da war oder nicht. Er gab sich keine Mühe, mit mir zu reden. Nur: ›Na, Kleine, wie geht's?‹

Als Mom mir erzählte, daß sie ihn heiraten würde, habe ich

ihn sofort gehaßt. Ich konnte damit einfach nicht umgehen. Von dem Augenblick an habe ich weder Paul noch die Ehe akzeptiert, und Mom und ich entfernten uns voneinander.«

Heute, mit 27, entfernt Sonya sich noch immer. Mit 18 zog sie zu Hause aus und begann, mit Drogen zu experimentieren. Sie probierte Sex mit Männern und Frauen aus und ist sich noch immer unsicher, wo ihre sexuelle Orientierung liegt.

»Ich glaubte früher, daß lesbische Liebe oder Bisexualität eine biologische Tatsache wäre«, sagt sie. »Jetzt aber, wo ich mit Drogen fertig bin und klarer denke, muß ich realistisch genug sein, einzusehen, daß ich möglicherweise auf die Vergangenheit reagiere.

Wer weiß? Ich habe viele Freunde, deren Eltern geschieden sind, und die wechseln ihre sexuelle Vorliebe nicht. Das war auch nichts, was ich Mitte 20 auch nur in Erwägung gezogen habe oder nach dem ich Verlangen gehabt hätte. Ich muß versuchen herauszufinden, wer ich überhaupt bin.«

Eine Familienuntersuchung in Pennsylvania hat gezeigt, daß Kinder und Väter sich fremder werden, wenn der Vater wieder heiratet und die Kinder bei der Mutter leben. Mag sein, daß der Vater sich auf seine neue Familie konzentriert und das Interesse an der vorigen verliert, oder daß die Ansprüche zweier Haushalte ihn überfordern. Oder die Mütter werden – wie die Untersuchung sagt – »wachsamere Pförtner, nachdem ihre Ex-Ehemänner eine neue Familie gegründet haben«.

In diesem Fall streifen die Kinder durchs Leben auf der Suche nach der Liebe des Vaters, der sich von ihnen abgewendet hat. Gerade für Jungen ist die Ablehnung des Vaters ein heftiger Schlag für ihr Ego. Sie können schlecht akzeptieren, daß es nichts gibt, durch das sie den Kontakt wiederherstellen können.

»Egal, wie klar er es durch sein Verhalten machte, egal, wie viele Annäherungsversuche er ignorierte, ich glaubte mein ganzes Leben lang daran, daß er mich tief drinnen wirklich liebte und daß es eine Möglichkeit geben muß, an ihn ranzukommen«, sagt Frank. »Ich bin 45, er ist 69, und ich versuche es noch immer.«

Marlene: »Es ist zu kompliziert«

»Die ganzen Beziehungsangelegenheiten kommen mir immer noch unheimlich vor«, erzählt die 27jährige Marlene. »Wenn ich an Familien denke, dreht sich mein Kopf.«

Marlenes Mutter heiratete drei Jahre nach ihrer Scheidung wieder. Marlene war 12. Ihr Stiefvater, dessen junge Frau gestorben war, brachte einen dreijährigen Jungen und ein sechsjähriges Mädchen mit in die Ehe. Anfangs dachte Marlene, es könnte »Spaß« machen, einen Bruder und eine Schwester zu haben. Aber es war bald deutlich, daß sie es überhaupt nicht mochte.

»Die meiste Zeit meines Lebens hatte Mom gearbeitet. Sie war Ingenieurin und arbeitete nach der Scheidung einfach weiter. Ich kannte das ja. Etwas anderes hatte ich nie kennengelernt. Sie erzählte immer, wie sehr sie ihren Beruf liebe und daß sie ihn nie aufgeben würde. Nun ja, sie gab ihn auf, um für Sarah und Joshua zu sorgen. Ich war sofort eifersüchtig. Für mich hatte sie das nie getan. Es war, als hätten sich all ihre Wertvorstellungen geändert. Sie war bereit, eine Küche-Kinder-Mutter zu werden, die sich im Kindergarten engagierte und beim Kinderkarneval mitmachte. Für mich hatte es so was nie gegeben. Und sie stürzte sich auf meinen Stiefvater. Jeden Tag kochte sie für ihn, kuschelte sich beim Fernsehen an ihn und knabberte an seinem Ohr. Mir wurde übel.«

»Ich glaube, er hat versucht, nett zu mir zu sein. Er hatte viel Geld und war mir gegenüber großzügig. Er kaufte mir ein neues, sehr teures Fahrrad und einen Golden Retriever, den Hund, den ich mir immer gewünscht hatte. Aber er hatte auch etwas Gemeines an sich. Wenn man nicht tat, was er wollte, wurde er übellaunig und sarkastisch. Und er machte immer gemeine Bemerkungen über meinen Vater.«

Als Folge davon kam Marlene ihrem Vater näher, der sich darum bemühte, seine Tochter nicht zu verlieren. Er besuchte sie zweimal in der Woche, und Marlene übernachtete jeden Samstag in seinem Haus. Finanziell konnte er nicht mit dem Stiefvater konkurrieren, aber er überschüttete Marlene mit Modeschmuck und kleinen Geschenken, die er sich leisten konnte. Und er versuchte, eine enge und dauerhafte Beziehung herzustellen.

Der Wettkampf zwischen den beiden Männern endete schnell. Zwei Jahre später ließ sich ihre Mutter wieder scheiden. Der Stiefvater zog mit seinen zwei Kindern aus.

»Mittlerweile hatte ich gelernt, die Kinder zu lieben«, sagt Marlene. »Daß Dan (der Stiefvater) ging, machte mir nicht viel aus. Wir waren uns nie richtig nahegekommen. Aber ich wollte, daß er die Kinder bei uns ließ. Sie waren mein Bruder und meine Schwester. An dem Tag, als sie ihre Sachen packten, stand ich nur im Flur vor Sarahs Zimmer und schluchzte. Sie weinte auch. Sie sagte: ›Marlene, hilfst du mir, meine Socken und Unterhosen zu suchen?‹

Ich vermißte auch Dans Mutter, meine Stiefgroßmutter. Sie war ein lustiger Mensch. Sie tauchte immer mit einem neuen Hut auf und erzählte köstliche Geschichten über ihre letzte Reise oder ihren neuesten Freund. Meinen Stiefgroßvater habe ich nie kennengelernt, sie waren seit Jahren geschieden, und er lebte in Arizona. Sie – ich nannte sie Oma Katie – versprach mir, mich zu besuchen und Sarah und Joshua mitzubringen. Sie hielt ihr Versprechen, und ich glaube, ich bin ihnen nach der Scheidung nähergekommen als vorher. Dan habe ich überhaupt nicht mehr gesehen, aber Sarah, Joshua und ich haben immer etwas zusammen unternommen; und Oma Katie war immer dabei.«

Aber Marlene geriet in einen neuen Konflikt: Manchmal überschnitten sich die Ausflüge mit Oma Katie mit dem Wochenendbesuch bei ihrem Vater. Ihre Mutter hatte wieder angefangen zu arbeiten, hatte nur am Wochenende frei und wollte auch etwas von Marlene haben.

»Es war ein Riesendurcheinander. Ich fühlte mich wie einer dieser Jongleure, die mit sieben Ringen jonglieren. Ich wollte, daß all diese Menschen in meinem Leben blieben, weil sie mir alle wichtig waren. Ich hatte Angst, jemanden vor den Kopf zu stoßen und mit dem falschen Menschen den Tag zu verbringen. Ich war ganz besessen davon, alle zu behalten. Ich konnte keinen Verlust mehr ertragen.«

Bevor Marlene das Jonglieren richtig gelernt hatte, heiratete ihre Mutter wieder. Diesmal war der Stiefvater älter und freundlicher. Er hatte einen grauen Zauselbart, und der Umgang mit ihm war locker und entspannt. Er hatte zwei ältere Töchter von 19 und 21 Jahren.

»Die 21jährige, Patricia, war auf dem College, aber Missy zog bei uns ein. Sie war wirklich nett und hübsch, und sie liebte die Vorstellung, eine jüngere Schwester zu haben. Oft hat sie mich mitgenommen, und meine Mom war zufrieden, daß wir uns so gut verstanden.

Ich hatte auch noch eine weitere Großmutter, diesmal mit einem Großvater, und man konnte nicht anders, als sie zu lieben. Sie waren ganz süß, genauso wie die Großeltern, über die man in Büchern liest. Er erzählte aus seiner Kindheit; sie backte Schokoladenplätzchen.

Aber mein Leben wurde immer komplizierter. Jetzt hatte ich drei Schwestern und einen Bruder, einen Stiefvater, einen richtigen Vater, vier Großmütter, meine richtigen, die ich oft sah, Oma Katie und diese neue, drei Großväter und einen Haufen Tanten, Onkel und Cousins.

Ferien waren und sind immer noch etwas, das mir Angst macht. Ich wußte nie, wohin ich fahren sollte, geschweige denn, wohin ich wollte. Es wurde so kompliziert, daß ich einmal die Weihnachtsferien nur mit Mom verbrachte. Aber in Wahrheit hätte ich sie gerne immer bei mir gehabt, egal, wo ich meine Ferien verbrachte. In all den wechselhaften Jahren war sie der Mensch, mit dem ich zusammengelebt habe, und auf sie verließ ich mich noch am meisten.

Heute sehne ich mich nach Einfachheit. Ich liebe all diese

Menschen, und wenn wir Teil einer großen Familie wären, fände ich das phantastisch. Aber sie alle sind Teile anderer Familien, die durch diese verrückte moderne Zeit zu einem Teil von mir wurden.
Jetzt, als Erwachsene, fühle ich eine große Leere, wo eigentlich eine Familie sein sollte. Ich betrachte diese anderen Menschen als gute Freunde, vielleicht etwas mehr als nur gut. Aber letztendlich gehören sie nicht zu mir. Und mein Vater und meine Mutter gehören nicht zu ihnen. Also kann ich nicht wirklich zu ihnen gehören. Wissen Sie, was ich meine? Ich gehöre nirgendwo richtig hin.«

8
Was kommt auf den einzelnen zu?

Bringen Scheidungen wieder Scheidungen hervor?

Scheidungen scheinen sich durch manche Familien zu ziehen wie Diabetes oder Herzkrankheiten. Ursache dafür sind jedoch nicht die Scheidungen. Es sind die Verhaltensmuster der Familien, die in den folgenden Generationen wieder zu Scheidungen führen.
Es gibt sehr viele Belege dafür, daß die Wahrscheinlichkeit einer späteren Scheidung für ehemalige Scheidungskinder hoch ist. Das trifft für Frauen mehr zu als für Männer. Zwei Untersuchungen zeigen, daß die Wahrscheinlichkeit einer Scheidung bei Frauen, deren Eltern sich scheiden ließen bevor sie 16 waren, 59 bis 69% höher liegt als bei Frauen aus intakten Familien. Bei Männern liegt die Wahrscheinlichkeit bei 32%. Dagegen liegt die Wahrscheinlichkeit einer Scheidung bei Töchtern, deren Väter gestorben waren, nur bei 35% im Vergleich zu Frauen aus intakten Familien.
Noch erstaunlicher ist, daß das Risiko einer Scheidung bei Töchtern, deren Eltern sich scheiden ließen und wieder heira-

teten, doppelt so hoch ist wie das der Frauen, deren Eltern zusammenblieben. Aber *Witwen*, die wieder heirateten, schienen ihre Töchter irgendwie vor einer Scheidung zu schützen.

Diese Untersuchungen zeigen, daß, ganz gleich wie alt die Töchter zum Zeitpunkt der Scheidung waren, die Wahrscheinlichkeitsrate für eine Scheidung in die Höhe schoß. Die dafür anfälligsten Töchter hatten im Alter von 10–13 Jahren noch mit beiden Eltern zusammengelebt und lebten mit 14 mit einem Stiefelternteil. Scheidungsstreß und schnelle Wiederheirat, besonders in der Zeit der Adoleszenz, könnten sich in schwerwiegenden negativen Auswirkungen niedergeschlagen haben. Mit der Zunahme der Scheidungsrate beginnt sich ein Teufelskreis zu schließen.

Obwohl ich glaube, daß die Verhaltensmuster der Familien, die wir später erörtern werden, den Grundstein für eine Scheidung legen, gibt es noch weitere Gründe, die zur endlosen Fortsetzung dieser Spirale beitragen können. Das emotionale Chaos, in das Kinder durch eine Scheidung gestürzt werden, kann ihr Verhalten nachhaltig beeinflussen – früher Geschlechtsverkehr, voreheliche Schwangerschaft und Jugendkriminalität, all das steht mit hohen Scheidungsraten in Zusammenhang. Und um dem Druck zu Hause zu entkommen, kann es zu einer frühen Eheschließung kommen, oft mit jemandem, der nicht besonders gut zu ihnen paßt. Eine Untersuchung zeigt, daß es zu einem Anstieg der Scheidungsrate erwachsener Scheidungskinder kommt, auch wenn früher Geschlechtsverkehr und Schwangerschaft ausgeschlossen werden. Es ist nicht nur wahrscheinlich, daß ihre Ehen unbefriedigend sind, es widerstrebt diesen Menschen auch weniger, sie zu beenden. Sie haben erlebt, daß Scheidung eine Möglichkeit ist; und sie haben erlebt, daß Scheidung – obwohl mit Streß verbunden – die beste Lösung für eine unglückliche Ehe sein kann. Mädchen, die erlebt haben, wie ihre Mütter erfolgreich mit Scheidung und Unabhängigkeit umgingen, fühlen sich oft stark genug, um das gleiche zu tun.

Warum sind Töchter aus geschiedenen Ehen anfälliger für eine spätere eigene Scheidung als Söhne?
Während sowohl Jungen als auch Mädchen, die bei ihren Müttern leben, die Scheidung aus der Perspektive der Mutter sehen, ist es bei Jungen unwahrscheinlicher, daß sie sich mit den Problemen der Mutter identifizieren: mit Einsamkeit, dem Gefühl, betrogen worden zu sein, und Mißtrauen. Dieser Mangel an Identifikation, der von Müttern oft als Mangel an Sensibilität wahrgenommen wird, eskaliert in der Zeit unmittelbar nach der Scheidung zu einem akuten Problem zwischen Müttern und ihren Söhnen. Aber gerade das erlaubt den Söhnen einen unbeschadeteren Übergang ins Erwachsenenalter als ihren Schwestern. Im Laufe der Zeit gelingt es Jungen häufig, die Scheidung aus der Perspektive beider Eltern zu sehen und dann auch ihre Mütter besser zu verstehen.
Mädchen haben ein anderes Gefühl der Verbundenheit mit ihren Müttern, weil sie dasselbe Geschlecht haben und Schmerzen besser nachempfinden können. Häufig teilen sie die Gefühle der Mutter, die von Jungen nicht so intensiv wahrgenommen werden. Auch ihr Gefühl der Verantwortung und Nähe für zukünftige Beziehungen wird auf tiefgreifende und dauerhafte Weise beeinflußt.

Wenn Vertrauen mißbraucht wird

Ehemalige Scheidungskinder haben große Probleme mit Nähe, Hingabe und Überantwortung. Einige von ihnen sagen klipp und klar, sie würden nie heiraten. Andere sagen, sie würden nie wieder jemanden so nahe an sich heranlassen, daß sie noch einmal so tief verletzt werden könnten.
Marian, eine 32jährige Anwältin, sagt: »Als meine Eltern ankündigten, sie ließen sich scheiden, traf mich das wie ein Schlag von Mike Tyson in den Magen. Mir wurde heiß und kalt, Übelkeit stieg in mir hoch. Das einzige, woran ich denken konnte, war: Es ist alles ein Fehler, und ich muß was

unternehmen, um es aufzuhalten. Ich war kein Kind mehr. Es war erst vor einem Jahr, aber ich fühlte mich wieder wie fünf.«

Obgleich Marian nur zwei Stunden von ihren Eltern entfernt lebt, gibt sie zu, nur etwa viermal im Jahr dort gewesen zu sein, meistens an Feiertagen. Sie war sehr beschäftigt, glücklich (abgesehen von einer romantischen Beziehung, die vor kurzem zu Ende ging) und im allgemeinen zufrieden. Sie fühlte sich nicht abhängig von ihren Eltern, bis sie die niederschmetternde Nachricht hörte. »Ich war 31, und es hätte mir nicht soviel ausmachen sollen. Oder? Aber es war fürchterlich. Ich konnte mir nichts Schlimmeres vorstellen, und es nahm mich so mit, daß ich nicht mehr arbeiten konnte.

Ich konnte nichts mehr essen. Ich habe in drei Wochen 14 Pfund abgenommen und wachte morgens mit einem Gefühl der Übelkeit auf, das man nur als Kind hat, wenn man nicht in die Schule gehen will.

Ich wußte, daß ihre Ehe nicht perfekt war. Wessen Ehe ist das schon? Aber man verläßt sich darauf, daß sie zusammen sind. Ich fühle mich so, als ob ich nie wieder irgend jemandem trauen könnte. Es ist, als wäre mein Leben ein Traum gewesen, und nun bin ich auf einem anderen Planeten aufgewacht.«

Die Schauspielerin Audrey Hepburn, heute 60, beschreibt die Scheidung ihrer Eltern immer noch als das traumatischste Ereignis ihres Lebens. »Ich erinnere mich an die Reaktion meiner Mutter«, erzählte sie einem Reporter. »Man schaut der Mutter ins Gesicht, es ist voller Tränen, und man bekommt fürchterliche Angst. Man sagt sich: ›Was geschieht mit mir?‹ Es ist, als ob man den Boden unter den Füßen verlöre.« »Etwas von diesem Gefühl« habe sie durch all ihre Beziehungen begleitet. Als sie sich verliebte und heiratete, hatte sie immer Angst davor, wieder verlassen zu werden, und davor, daß man ihr den geliebten Menschen wegnehmen könnte.

Andere Erwachsene aus geschiedenen Ehen gehen aggressiv in Beziehungen und schwören sich, daß ihre Beziehungen und

Ehen anders sein werden. Oder, was noch wichtiger ist: daß sie ihren Kindern nie antun werden, was ihre Eltern ihnen angetan haben. Überraschend optimistisch wenden sich diese erwachsenen Scheidungskinder wieder eher traditionellen, konservativen Ansichten über die Ehe zu. Sie verachten die Avantgarde-Eheformen ihrer Eltern und lehnen die »offene Ehe« und die »kreative Scheidung« ab. Sie glauben an die Treue und ein Nest, das man sich zusammen bauen kann. Sie suchen Nähe, wollen jemanden in die Arme schließen und reden liebevoll davon, zusammen alt zu werden.

Vertrauen und außereheliche Affären

Für Kinder, deren Mutter oder Vater eine außereheliche Affäre hatte, wird Vertrauen zu einem zentralen Thema. Auch wenn die Affäre geheimgehalten wurde, wenn das Kind noch sehr klein war, wissen Kinder, daß irgend etwas vor sich geht. Sie spüren, daß ein Elternteil weniger aufmerksam ist und sehen, daß er oder sie unerklärlich viel Zeit außer Haus verbringt. Vielleicht bekommen sie auch Teile eines plötzlich verstummenden Telefonats mit, und sie haben meist das Gefühl, daß die emotionale Energie nicht auf die Familie konzentriert wird.

Häufig geben sich Kinder die Schuld daran. Sie fühlen sich abgelehnt und fragen sich, was nicht mit ihnen stimmt. Robin erfuhr erst als sie 19 war und ihre Eltern sich trennten von der außerehelichen Affäre ihrer Mutter. »Ich wußte sofort, was in den letzten 12 Jahren vor sich gegangen war. Ich war wütend. Aber auf der anderen Seite war ich auch erleichtert. Die ganze Zeit hatte ich gedacht, daß meine Mutter mich nicht mochte.«

Untersuchungen zeigen, daß elterliche Affären das Verhaltensmuster ihrer Kinder bestimmen können, wenn diese erwachsen sind. Dr. Annette Lawson, Soziologin am Institute for Research on Women and Gender der Stanford Universität, sagt, daß diese Affären »zu einem reaktiven Verhaltensmuster zu werden scheinen, das man in der Kindheit gelernt hat«. Wenn ein Vater vor seinem Teenager-Sohn mit seinem Herumpoussieren angibt, kann das der Beginn einer Familientradition sein. Auf der anderen Seite reagieren Mädchen auf die Affären ihrer Väter damit, daß sie mit einer Wut auf Männer aufwachsen und in Beziehungen leicht unsicher werden. Weil Mütter immer noch als Mittelpunkt der Erziehung in der Familie wahrgenommen werden, zerstört die Affäre einer Mutter häufig das Vertrauen ihrer Kinder in die Ehe und die Familieneinheit.

Marilyn und Eli: Unfähig, Vertrauen zu entwickeln

Ich kenne viele erwachsene Scheidungskinder, die unwissentlich ihre Liebesbeziehungen sabotieren. In ihrer Reaktion auf die Scheidung der Eltern erinnern sie mich an Kinder, die von ihren Eltern verlassen wurden und nun von Heim zu Heim geschoben werden. Nach einer Zeit bauen alle, bis auf die Belastbarsten, eine Abwehr auf, um sich vor noch mehr unerträglichem Schmerz und Ablehnung zu schützen.

»Ich war 12, als sich meine Eltern scheiden ließen, und ich erinnere mich, daß ich mich geschämt habe und mich gedemütigt fühlte«, sagt Marilyn, heute 33. »Es war meine Mutter, die uns verließ. Sie hatte einen neun Jahre jüngeren Freund gefunden. Er war 25 und ein Freund ihres jüngsten Bruders. Ich konnte es einfach nicht glauben. Meine Mutter! Vergessen Sie nicht, das war vor 22 Jahren. Mütter haben ihre Familien nicht verlassen. Väter vielleicht, aber Mütter doch nicht.

Von einem Tag zum anderen fühlte ich mich wie ein anderer Mensch, wie jemand mit einer Familie, derer er sich schämen mußte. Ich wollte nicht zur Schule und wollte meine Freundinnen nicht sehen. Ich konnte sie über mich tuscheln hören, kleine Bosheiten über meine Mutter und ihren Freund, den Rock-Star. Mein Vater schien wie betäubt. Ich weiß bis heute nicht, ob er über Steve (den Freund) Bescheid wußte, oder darüber, daß es zur Scheidung kommen könnte. Ob er vielleicht dachte, die Sache mit Mom würde mit der Zeit vorbeigehen. Wir reden nicht darüber – es tut immer noch zu weh. Abgesehen davon, hat Dad jetzt sein eigenes Leben. Und eigentlich sollte ich auch meins haben. Aber die Scheidung hat das verhindert – ich glaube, für immer. Ich stand Mom so nahe, und ich glaubte, sie liebe mich mehr als alles andere auf der Welt.

Ich war ein Einzelkind. Wir gingen zusammen einkaufen. Sie hat mir hübsche Kleider gekauft, und es machte Spaß, mit ihrem Make-up zu experimentieren. Sie machte mir lustige Frisuren und ging oft mit mir aus – in den Zoo, den Zirkus und in Vergnügungsparks. Dad arbeitete viel und war häufig unterwegs, so waren Mom und ich immer zusammen. Ich vertraute ihr und fühlte mich sicher. Ich dachte, daran könne sich nichts ändern.

Heute vertraue ich niemandem mehr. Meine Freunde sagen, ich sei attraktiv, und ich habe keine Probleme, Männer zu treffen oder mich zu verabreden. Man hat mich gerade zur Vize-Präsidentin der Bank, für die ich arbeite, gewählt. Ich fühle mich ziemlich sicher in meinem Beruf und in meinen Fähigkeiten. Aber nicht mit Menschen. Ich glaube, der einzige Mensch, auf den ich mich verlassen kann, bin ich selbst.

Hin und wieder sehe ich meine Mutter. Sie lebt etwa 140 km von mir entfernt. Sie und Steve haben nie geheiratet. Aber sie hatte nach ihm noch einige Freunde, und einen davon heiratete sie vor zwei Jahren. Ich versuche, ihr nicht allzu nahe zu kommen. Ich könnte mit dem Schmerz nicht umgehen, wenn sie mich noch mal zurückweisen würde.

Ich habe mich entschlossen, nie zu heiraten. Jedesmal, wenn mir ein Mann nahe kommt, sage ich ihm: ›Wenn du was Ernsthaftes willst – ich gebrauche immer noch diesen Ausdruck – laß es!‹ Ich bin an etwas Dauerhaftem nicht interessiert. Mein Leben ist ziemlich ausgefüllt, dreimal in der Wo-

che Aerobic, bei einer kleinen Theatergruppe spiele ich Klavier, und mein Beruf ist zeitraubend und stellt hohe Anforderungen an mich.
Bei all diesen Dingen habe ich das Gefühl, sie weitgehend kontrollieren zu können. Wenn mich jemand bei meinem Job oder in der Theatergruppe enttäuscht, kann ich damit umgehen. Die Menschen sind nun mal so. Aber ich würde mich nie auf eine persönliche Beziehung einlassen. Die allergrößte Enttäuschung habe ich schon hinter mir. Das wird mir niemand noch einmal antun.«
Wenn Menschen wie Marilyn über Vertrauen reden, fällt es nicht schwer, eine Voraussage zu machen. Wenn der Vater z. B. jeden Samstag betrunken nach Hause kam, war das unangenehm, vielleicht sogar angsterweckend, aber das Verhalten war auch absehbar. Wenn auf der anderen Seite ein Mensch jedoch plötzlich nach einer langen Zeit sein Verhalten dramatisch ändert, tötet das jedes Vertrauen.
Wenn Kinder annehmen, ihre Eltern seien für sie da, ist das durchaus vernünftig. Im Falle einer Scheidung ist ein Mangel an Vertrauen und die Angst vor der Zukunft für Kinder niederschmetternd. Die beste Chance, sich davon zu erholen, haben sehr kleine Kinder, wenn sie möglichst schnell wieder in eine stabile, berechenbare Umgebung kommen. Häufig können sie dann aufwachsen, ohne daß das Fehlen von Vertrauen zu einem riesigen Hindernis für sie wird.
Unglücklicherweise trifft dies nicht auf Kinder zu, deren Familien durch viele Konflikte und verantwortungsloses Verhalten gekennzeichnet sind. Sie lernen, daß Menschen unberechenbar sind und man sich nicht auf sie verlassen kann. Dasselbe gilt für Kinder aus Familien, in denen die Eltern ihre Probleme verheimlichen und den Prozeß, der zur Scheidung führt, nicht offen austragen, sondern versteckt halten. Plötzlich und ohne Vorwarnung kommt die Ankündigung der Scheidung ... und die Welt der Kinder steht auf dem Kopf.
Marilyns Geschichte ist nicht einzigartig. Aber die Marilyns unserer Gesellschaft tauchen in Untersuchungen über ehema-

lige Scheidungskinder nicht auf. Von außen gesehen sind sie umgänglich, tüchtig und produktiv. Niemand, nicht einmal sie selbst, würden sagen, daß sie durch das Scheitern der Ehe ihrer Eltern geprägt worden seien. Sie sind zu persönlich, zu poliert und zu geschickt in ihrer Anpassungsfähigkeit. Ihr Trauma liegt so tief, daß sich nicht einmal enge Freunde so weit vorwagen, um es berühren zu können.

Manchmal passiert etwas auf ihrem Lebensweg, das ihnen den Anstoß zum Besuch eines Therapeuten gibt. Marilyns Anstoß kam von Eli, mit dem sie ein Jahr zusammengewesen war, bis er ihre Abfuhren nicht mehr akzeptierte. Sie glaubte, Eli zu lieben, sagte ihm aber, Liebe bedeute für sie Sex und Freundschaft, gemeinsam eine gute Zeit zu haben – aber nicht Heirat. Marilyn gab zu, daß Eli sie nie enttäuscht hätte, immer sehr aufmerksam, zuvorkommend und pünktlich gewesen sei und daß sie ihn vermißt hatte, wenn er beruflich eine Woche unterwegs war.

Aber Eli wollte mehr. Er wollte heiraten. Er wollte Kinder. Falls Marilyn nicht fähig zu einer engen, dauerhaften Beziehung wäre, wollte er die Beziehung beenden. Aber er bat sie darum, zuerst mit ihm einen Therapeuten aufzusuchen. Dafür wollten sie sich sechs Monate Zeit nehmen. Und wenn Marilyns Gefühle dann noch dieselben wären, wollte er sich in aller Ruhe von ihr trennen.

Es ist nicht überraschend, daß eine nahe Verbindung für Marilyn immer noch eine dornige Angelegenheit ist, etwas, das sie lieber vermeiden möchte. Vor der Scheidung stand sie ihrer Mutter emotional nahe, vielleicht näher, als viele andere Zwölfjährige. Dann kam der Bruch. Die Mutter, auf die sie sich verlassen hatte, ließ sie physisch und emotional im Stich.

In ihrer Jugend und im frühen Erwachsenenalter hatte Marilyn nie die Möglichkeit, eine angemessene emotionale Distanz zu ihrer Mutter zu entwickeln, eine Distanz, die es ihr ermöglicht hätte, eigene Beziehungen aufzubauen, die nicht im Schatten ihrer Mutterbeziehung gestanden hätten. Mari-

lyns Beziehung zu ihrer Mutter ist auf der Ebene einer Zwölfjährigen stehengeblieben. In Eli sieht sie ihre Mutter, einen aufmerksamen, fürsorglichen, liebenden und geduldigen Mann. Aber sie wartet immer auf den Schlag. Und wenn er kommt, möchte sie nicht da sein.
Alle Scheidungskinder haben bis zu einem gewissen Maß eine Marilyn in sich. Ihrem Glauben an Vertrauen wurde von den wichtigsten Menschen in ihrem Leben auf fundamentalste Weise Gewalt angetan.

9
In der Zeit gefangen

Eine über lange Zeit andauernde Beziehung hat etwas fast Transzendentales an sich: Ein Teil dessen, was sie fortdauern läßt, ist, daß sie fortdauert. Es ist etwas an dieser Beständigkeit, das es erwachsenen Scheidungskindern und sogar jenen aus unglücklichen Ehen erlaubt, ihre Zukunft anders zu sehen. Es ist der Unterschied zwischen: »Meine Eltern ließen sich scheiden, und ich will nicht, daß es bei mir zu einer Scheidung kommt« oder: »Meine Eltern hatten eine schlechte Ehe, und ich werde eine gute Ehe führen«.
Im ersten Fall liegt der Schwerpunkt auf dem Verhindern eines unglücklichen Endes, ohne darauf hinzuweisen, wie das geschehen soll. Im zweiten auf der Qualität der Ehe.
Was Marlene, die Frau mit dem Gefühl, nirgendwo hinzugehören, eigentlich sagt, ist, daß man sie ihrer Wurzeln, ihrer Geschichte und ihres Zusammenhangs beraubt hat. In ihrem Leben tauchten so viele neue Familienmitglieder auf, daß die meisten mit der Zeit nur noch eine begrenzte Bedeutung hatten.
Dies ist nur ein Beispiel von vielen, wie eine Familie auseinanderbrechen kann.
Die Scheidung zieht oft den Verlust einer ganzen Seite der

Familie nach sich. Gewöhnlich ist es die Seite des Elternteils, der das Sorgerecht nicht hat. Auch wenn ein Kontakt aufrechterhalten wird, ist er oft weniger aktiv als vorher. Häufig bestimmt die Qualität der Bindung zwischen dem Elternteil mit Sorgerecht und der Familie des anderen Elternteils darüber, wie eingebettet das Kind sich fühlen kann.

Kinder, die in Verbindung bleiben

Caryn und Saul

Nehmen wir zum Beispiel Helen und ihren Mann Melvin. George, ihr 30jähriger Sohn, ließ sich von seiner Frau Alissa scheiden, als ihre Kinder, Caryn und Saul, sieben und fünf waren. Alissa war George fast vom Hochzeitstag an untreu. Sogar nachdem die Kinder geboren waren, ging sie mehrmals in der Woche mit verschiedenen Männern tanzen und ließ die Kinder bei ihrem Vater. George sagt auch heute noch, daß er sich nicht scheiden lassen wollte, bis die Kinder groß seien. Er ist – wie auch seine Familie – ein mehr traditioneller Typ, der glaubt, ein Ehepaar solle »zum Wohle der Kinder« zusammenbleiben. Er sagt, dafür hätte er sein eigenes Glück geopfert oder wenigstens aufgeschoben.

Aber Alissa ließ ihm keine Wahl. Eines Tages verkündete sie, sie hätte jemand anderen kennengelernt, und er solle ausziehen. So bitter es war, sie schafften es doch, die Sorgerechtsfrage zu regeln, ohne die Kinder vors Gericht zu zerren. Alissa hatte die Kinder wochentags und George am Wochenende und Mittwoch abends.

Alissas wie auch Georges Eltern waren sehr unglücklich über diese Entwicklung, und die beiden Großelternpaare beschlossen, daß die Scheidung keinen Einfluß auf ihre Beziehung zu den Kindern haben sollte. Beide stimmten darin überein, nicht über die Scheidungsumstände zu richten und weiterhin freundschaftlich miteinander umzugehen.

»Das ist wichtig, wenn wir die Kinder weiter sehen und als

Teil der Familie behalten wollen«, sagt Helen. »Also beiße ich mir auf die Zunge und rufe Alissa zweimal die Woche an. Wenn sie und mein Sohn Meinungsverschiedenheiten haben – und das kommt häufig vor –, halte ich mich raus, auch wenn es mich innerlich zerreißt. Eines Tages sind die Kinder älter und in der Lage, ihre eigenen Entscheidungen darüber zu treffen, wie nahe sie uns sein wollen. Aber bis dahin muß ich zu meiner ehemaligen Schwiegertochter nett sein. Oder ich verliere die Kinder.«

Helens Enkel haben Glück. Sie sind Teil einer starken Familie, die es nicht zuläßt, daß die Scheidung sie auseinanderreißt. Sogar Georges Wiederheirat mit Dina wurde mit Einfühlungsvermögen und Rücksicht auf die Gefühle der Kinder gehandhabt. Dina wurde ihnen behutsam vorgestellt, und sie war darauf bedacht, die Kinder nicht zu überfordern oder ihnen vorzumachen, sie sei ihre Mutter. Sie brachte sie dazu, sich mit ihr wohl zu fühlen, und stellte sie bald *ihrer* Familie vor, die sich auch sehr nahe steht. George und Dina warteten fast ein Jahr mit der Heirat, damit die Kinder Zeit hatten, sich langsam an die Situation zu gewöhnen.

Wenn die Ehe von George und Dina hält – und die starken Familienbande geben ihr eine überdurchschnittlich gute Chance –, werden die Kinder mit einem Gefühl liebevoller Fürsorge aufwachsen.

Ellen und Deedee

Auch für Ellen und Deedee, heute neun und zwölf, stehen die Chancen gut. Sie sind Kinder aus einer »freundschaftlichen« Scheidung.

Es war ihr Vater Al, der beschloß, daß er mehr vom Leben haben wollte, als ihm seine Frau Sandra und die Kinder bieten konnten. Er tauschte seinen Job als Programm-Manager einer Radio-Station im Osten gegen eine Autorenstelle für Fernsehserien in Hollywood. Al hatte das Gefühl, mit 21 zu früh geheiratet zu haben, und seine Ansichten über das Leben und was er davon erwartete, änderten sich. Sandra war über

die Trennung nicht glücklich, aber sie glaubte, daß es besser sei, sich zu trennen, als unglücklich weiter zusammenzuleben.
Als Eltern waren am Boden zerstört. Sie liebten Sandra »wie ihre Tochter«. Als Al an die Westküste zog, nahmen sie Sandra und die Kinder für sechs Monate bei sich auf, damit sie in Ruhe Pläne für die Zukunft machen konnte.
Als sie eine eigene Wohnung bezog, besuchten sie Sandra und die Kinder mindestens einmal in der Woche. Und sie redeten oft mit ihrem Sohn, damit er – so gut wie möglich – Teil der Familie blieb.
Als Sandra drei Jahre später wieder heiratete, fand die Hochzeit im Haus von Als Bruder statt. Nach der Trauungszeremonie beglückwünschte Als Vater den frischgebackenen Ehegatten mit den Worten: »Du bekommst eine wunderbare Frau, und das nur aus einem Grund – weil mein Sohn ein Narr ist.«

Wenn Verbindungen zerbrechen

Eine Pflanze, deren Wurzeln man abschneidet, kann nicht gedeihen. Ein Mensch ohne Wurzeln, ohne Verbindung zur Vergangenheit, wächst ohne Perspektive und mit weniger Autonomie auf. Eine üppige Familiengeschichte, angefüllt mit Menschen und den Geschichten, die sie erzählen, mit den Geheimnissen, die sie teilen, gibt uns ein Gefühl dafür, wer wir sind, gibt uns die Freiheit weiterzumachen, unser Leben aufzubauen, unseren Beitrag zur Familiengeschichte zu leisten und sie an unsere Kinder und Enkel weiterzugeben. Verbindung zu möglichst vielen Generationen schafft die beste Voraussetzung für emotionale Sicherheit und Stabilität. Offenere Beziehungen zu unseren Eltern geben uns die Chance, stabilere Ehen zu führen und selbst bessere Eltern zu werden.
Kinder, die mehrere Adoptionen erlebt haben, fühlen mit

schmerzhafter Intensität ihren Mangel an Verbundenheit zu ihrer biologischen Vergangenheit, und viele von ihnen treibt es an einem Zeitpunkt ihres Lebens zu einer quälenden Suche nach ihren biologischen Eltern.

Die 30jährige Janet, die als Baby adoptiert wurde, drückt es so aus: »In bestimmten Lebensabschnitten – College-Abschluß, meine Heirat, als ich mein erstes Baby bekam – hatte ich jedesmal das starke Bedürfnis, zu erfahren, woher ich gekommen bin. Nicht, daß meine Eltern keine wunderbaren Menschen sind. Ich liebe sie sehr. Aber Tatsache ist, daß meine biologischen Ursprünge woanders zu suchen sind.«

»Ich fühle mich unvollständig. Ich muß jemanden kennenlernen, der so aussieht wie ich, vielleicht so redet wie ich, der so Klavier spielt wie ich. Wie sie sind, ist mir egal. Ich weiß, daß es eine Enttäuschung sein könnte, vielleicht tut es mir sogar leid, wenn ich sie kennengelernt habe. Aber das ist nicht der springende Punkt. Ich brauche etwas für meinen eigenen Frieden und etwas, das ich an meine Tochter weitergeben kann.«

Erwachsene aus geschiedenen Familien reden über ihre Traurigkeit oft auf die gleiche Weise. »Von dem Tag an, an dem sich meine Eltern scheiden ließen, hatte ich das Gefühl, eine ganze Familie verloren zu haben, nicht nur einen Vater«, sagt Emily. »Es war Dad, der auszog, und meine Schwester und ich hatten ›Besuchsrecht‹. Gott, wie ich dieses Wort hasse: Besuchsrecht. Besuchsrecht im Zusammenhang mit dem eigenen Vater hat so etwas Unnatürliches – den Rest seiner Familie haben wir kaum noch gesehen.

Seine Eltern versuchten ein paarmal, uns zu sehen, aber sie mußten es mit unserer Mutter arrangieren, und die kamen nicht allzu gut miteinander aus. Ich glaube, deshalb haben sie es irgendwann einfach aufgegeben. Dad hat uns nicht mit zu ihnen genommen, weil sie mit ihm auch nicht gut klarkamen.

Dad hat einen jüngeren Bruder, Onkel Joe, der nicht verheiratet ist. Wir hatten viel Spaß mit ihm, und als wir noch klein waren, kam er uns oft besuchen und brachte uns Geschenke mit, ging mit uns spazieren und hat uns Witze erzählt. Plötzlich war er nicht mehr da.

Dads Schwester, Brenda, hat zwei Kinder. Jungen in unserem Alter. Aber zwei Jahre nach der Scheidung zog sie nach Kalifornien. Ab und zu bekomme ich einen Brief von meinem Cousin Lewis, der Journalist in Paris ist. Aber ich habe das Gefühl, etwas von einem Fremden zu hören. Wir wissen nichts voneinander.

Komisch. Ich erinnere mich, daß zur Zeit der Scheidung unserer Eltern der Vater meiner besten Freundin Eleanor bei einem Autounfall starb. Und ich erinnere mich, daß alle Kinder in der Schule Mitleid mit ihr hatten und wir Karten machten, die wir ihr und ihrer Mutter nach Hause schickten. Später erzählte sie mir von ihren Tanten, Onkeln und Cousins, die von überall her kamen und sie ausgeführt und sie vom Verlust ihres Vaters abgelenkt haben. Ich erinnere mich, daß ich richtig wütend geworden bin. Ich hatte auch meinen Vater verloren. Aber mich hat niemand getröstet. Ich wünschte mir sogar, mein Vater wäre gestorben. Dann hätte ich niemanden außer ihm verloren.«

Barbara, 37, und im Begriff, sich das zweite Mal scheiden zu lassen, sagt, das Gefühl der Isolation scheine mit dem Alter größer zu werden.

»Ich habe nicht einmal eine Familie, die auf das reagiert, was in meinem Leben passiert. Niemand, der mich ausschimpft; niemand, der mich besänftigt; niemand, der mir hilft, zur Ruhe zu kommen. Niemand, der sich um mich sorgt. Als meine Freundin Scheidungsgedanken äußerte, wurde ihr Bruder wütend. Er nahm sich Zeit für sie, und sie redeten tagelang darüber. Ich habe nicht einmal jemanden, der wütend auf mich werden kann.«

Barbaras Eltern ließen sich scheiden, als sie fünf war. Ihre Mutter heiratete nicht wieder. Ihr Vater, der mit einer anderen Frau zusammenlebte, aber nicht heiratete, starb, als Barbara 10 war. Ihr Familienkreis war sehr klein. Die Familie ihres Vaters sah nach der höchst unerfreulichen Scheidung weder sie noch ihre Mutter je wieder. Die einzige Schwester ihrer Mutter lebt mit Ehemann und zwei Söhnen in Montana. Seit Jahren haben sie und Barbara nicht mehr als Geburtstagskarten ausgetauscht.

»Ich habe ein paar gute Freunde«, sagt Barbara, »aber das ist nicht dasselbe wie eine Familie. Eine Familie heißt, Wurzeln zu haben. Es heißt, daß sich jemand um dich kümmert. Ich fühle mich, als ob man mich um all dies betrogen hätte.«

Als sie 30 war, hatte Audrey Hepburn ihren Vater 24 Jahre nicht gesehen, und sie hatte das starke Bedürfnis, ihn wiederzufinden. Sie wußte, daß er in Dublin lebte, bekam seine Adresse über das Rote Kreuz und schrieb ihm. Schließlich schickte sie ihm Geld für einen Besuch. Die nächsten 20 Jahre kümmerte sie sich um jedes Bedürfnis ihres Vaters, bis er in seinen Neunzigern als alter Mann starb. »Es half mir, ein Gespenst zu begraben«, hat sie dem Schriftsteller Edward Klein erzählt. »Wenn ich ihn nicht sah, litt ich ununterbrochen.« Frau Hepburn gestand, permanent mit dem Gefühl zu leben, als könne sie von einer Sekunde zur anderen alles verlieren.

Vielen Scheidungskindern geht es ähnlich wie Audrey Hepburn: Das unruhige Gespenst des abwesenden Elternteils wirft einen Schatten auf ihr Leben. Manchmal können sie die Erinnerung über lange Zeit verdrängen: Es wäre zu schmerzhaft, ständig damit zu leben. Häufig jedoch kommt sie an die Oberfläche, wie etwa in bestimmten Lebensabschnitten adoptierter Kinder. Da ist zum Beispiel Walter, der seinen Vater fast 30 Jahre nicht gesehen hatte. Als er vier war, ließen sich seine Eltern im Zorn scheiden, und er zog mit seiner Mutter in eine andere Stadt. Er kann sich kaum noch an das Leben mit beiden Eltern erinnern, und seine Mutter heiratete nicht wieder. Er erinnert sich an einige »Horror-Geschichten« über seinen Vater.

»Mom erzählte mir immer, was für ein schlechter Kerl er war, mit all seinen Frauengeschichten, und daß er sich nie für mich interessiert hätte. Ich wußte, daß wir jede Woche einen

Scheck für den Unterhalt bekamen, der immer pünktlich eintraf, und daß er von Zeit zu Zeit anrief, um sich nach mir zu erkundigen, aber das machte keinen Eindruck auf mich. Meine Mom erzählte mir so viele schlimme Einzelheiten über seine Launenhaftigkeit und sein rüdes Benehmen, daß ich ihm gegenüber die gleichen Gefühle hatte wie meine Mutter. Wenn mich jemand nach meinem Vater fragte, bekam er die gleichen Geschichten zu hören. Aber jetzt heirate ich, und ich möchte wirklich, daß mein Vater dabei ist. Ich weiß nicht, warum. Es ist so, als würde, wenn er nicht dabei ist, sein Geist dabei sein. Meine Mutter kann den Gedanken nicht ertragen. Sie wurde hysterisch, als ich ihr erzählte, daß ich ihn einladen wolle. Sie tut so, als ob sie sich erst letzte Woche hätten scheiden lassen. Ihre Wunden sind noch unverheilt. Deshalb glaube ich, ich muß ohne ihn klarkommen.«

Eltern, die von ihren Kindern dermaßen unvernünftige und unangebrachte Loyalität erwarten, investieren sehr starke Gefühle in sie, um den eigenen unerträglichen Verlust auszugleichen. Für diese Investition erwarten sie von den Kindern bedingungslose Loyalität und Ergebenheit.

Wenn Eltern das schaffen, geht es meist auf Kosten der Kinder. Sie befinden sich oft in einer ausweglosen Situation. Wenn sie noch klein sind, besteht eine zu große Abhängigkeit von dem Elternteil, mit dem sie leben. Sie haben keine Möglichkeit, sich eine eigene Meinung zu bilden oder eine autonome Beziehung zum anderen Elternteil zu entwickeln. Meistens enden sie mit der gleichen Ansicht über den fehlenden Elternteil wie die Mutter oder der Vater, bei dem sie leben. Sie brauchen Hilfe, um zu erkennen, wer das »Drehbuch« geschrieben hat und wie sie es verändern könnten.

Wie in Teil Zwei zu sehen sein wird, müssen erwachsene Scheidungskinder die Art von Familie identifizieren, aus der sie kommen, die Vergangenheit, die ihnen vorenthalten wurde, begreifen und dieses Wissen einsetzen, um konstruktive Veränderungen in ihren Lebens- und Denkweisen vornehmen zu können.

Teil 2

Wo Sie heute sind und wie Sie dort hinkamen

Sie haben bereits viel über die Konsequenzen einer Scheidung erfahren. Darüber, welchen Einfluß sie auf Kinder und die Art ihres Aufwachsens hat. Sie haben gesehen, daß:

- die Beziehung von Kindern zu beiden Eltern sich nach der Scheidung dramatisch verändert
- Scheidungskinder einen wichtigen Teil ihres Lebens in einer Familienkrise verbringen
- sie sich betrogen fühlen und ihrem Gefühl für Vertrauen Gewalt angetan wurde; ein Thema, das alle ihr Leben lang beschäftigt
- sie mit einem komplexen Gewebe von Beziehungen konfrontiert werden, dem sich Kinder aus Familien, die zusammenbleiben, nicht zu stellen haben
- sie sich oft von der Familiengeschichte abgeschnitten fühlen; manchmal verlieren sie einen ganzen Familienzweig
- sie dazu neigen, für ihre Probleme der Scheidung der Eltern die Schuld zu geben
- die akuten (kurzfristigen) Scheidungssymptome erwartungsgemäß auftauchen und mit der Zeit abklingen
- die chronischen (langfristigen) Symptome lange Zeit ruhen können und erst nach Jahren zutage treten, wenn die Kinder erwachsen werden und versuchen, intime Beziehungen einzugehen (Diese Symptome haben weniger mit der Scheidung als vielmehr mit dem Familien-Stil zu tun, den sie während des Aufwachsens erworben haben.)
- eine gute Beziehung zu beiden Eltern, häufige Besuche bei und Telefonate mit dem Elternteil, der das Sorgerecht

nicht hat, zu verhüten helfen, daß viele der chronischen Symptome an Scheidungskindern nagen und sie das ganze Leben lang verfolgen
- tatkräftige Unterstützung – durch eine Tante, eine Großmutter, einen besten Freund – bedeutsam für die Art und Weise sein kann, wie ein Kind diese schwierige Zeit übersteht, in der ihm seine Eltern wahrscheinlich weniger zur Verfügung stehen

In diesem Teil des Buches – »Wo Sie heute sind und wie Sie dort hinkamen« – werden Sie erfahren, warum Ihre Familiengeschichte so wichtig für Ihre eigenen intimen Beziehungen ist. Sie werden sehen, warum die erste Zeit einer Liebesbeziehung für Scheidungskinder besonders schwierig ist, erfahren, was es bedeutet, »reife Verhaltensweisen« zu haben, und Sie werden analysieren können, welcher Stil im Umgang mit anderen Menschen Ihre Familie am ehesten charakterisiert. Zwei Reihen von Fragen werden Ihnen helfen, zu bestimmen, wo Sie sich befinden und wie Sie dort hinkamen. Wie dieser Kreis zu durchbrechen ist, werden wir später behandeln.

10
Ein Blick zurück

Die meisten erwachsenen Scheidungskinder machen sich Sorgen um ihre Zukunft. Das ist der falsche Ausgangspunkt. Es gilt, die Vergangenheit aufzuarbeiten, besonders die Beziehungen zu den Eltern, die wiederum von *ihren* Eltern beeinflußt wurden. Sie müssen in der Zeit zurückgehen, ihre Eltern und Großeltern betrachten und begreifen, wie Ereignisse stattfanden – manchmal schon vor der Geburt –, die ihr Verhalten und ihre Beziehungen heute beeinflussen.
Die meisten Untersuchungen konzentrieren sich auf die *akute* Krise der Scheidung und die unmittelbaren Reaktionen der Kinder sowie auf einige darauf folgende Jahre. Ich sehe je-

doch keinen Zusammenhang zwischen *akuten* Scheidungssymptomen und den *chronischen* Symptomen, die auf weniger offensichtliche, aber bedeutsamere Weise Einfluß auf ihre Psyche nehmen.

Ich sehe, im Gegenteil, daß jüngere Kinder – die sich anfangs am elendesten fühlen, weil sie nicht die Fähigkeit haben, mit der Trennung der Eltern umzugehen – häufig unkomplizierte Erwachsene werden. Dies gilt besonders dann, wenn der Elternteil, mit dem sie leben, wieder heiratet und die Ehe stabil ist. In diesem Fall entwickeln sie ein Gefühl für Kontinuität, das die frühen Erinnerungen an die fehlgeschlagene Ehe ihrer Eltern verblassen läßt und ihnen ein Vorbild schafft, das ihnen Kraft und Sicherheit gibt. Die Untersuchung von Judith Wallerstein zeigte auch, daß jüngere Kinder, die zur Zeit der elterlichen Trennung den verstörtesten Eindruck machten, 10 Jahre später weniger gestört zu sein schienen.

Die akuten Symptome, jene, die aus dem Bruch der Familie resultieren, sind zu erwarten und verringern sich mit der Zeit, besonders bei einer angemessenen Therapie. Die Schulzensuren normalisieren sich, Beziehungen zu Freunden werden wieder aufgenommen. Wut und Enttäuschung klingen ab. Normalerweise schließen die Kinder mit der Zeit auch mit dem Elternteil Frieden, der sie am tiefsten verletzt hat.

Es sind die chronischen, weniger greifbaren Störungen, die aus dem Familienstil resultierenden, die zur Scheidung führten und die, hinter unserem Bewußtsein versteckt, unsere Entwicklung verändern. Während des Aufwachsens beeinflussen sie unsere Fähigkeit, gesunde Beziehungen herzustellen. Der Mensch, der einen psychisch gesunden Eindruck macht und mit dem Leben klarzukommen scheint, ist häufig ein geschickter und geübter Schauspieler.

11
Ängste während des Werbens

Ängste vor Beziehungen, die Furcht, verlassen zu werden, die Unsicherheit, ob sich die elterliche Geschichte wiederholt, all diese Gefühle plagen sogar die bestangepaßten Männer und Frauen, die die Scheidung ihrer Eltern erlebt haben.
Es sind entscheidende Situationen im Leben eines Menschen, wenn langruhende Ängste an die Oberfläche treten. Es sind die Verbindungsstücke des Lebens, die bedrohlich näherrükken. Verliebt sein, werben, Ehe, Geburt, Tod. Ängste und Befürchtungen nehmen auch zu, wenn sich ein Mensch einem bedeutenden Meilenstein nähert – man wird 50, und die Mutter starb mit 50; die Geburt des vierten Kindes, zu dem Zeitpunkt, als sich die Eltern scheiden ließen; Urlaubszeit, als Erinnerung an Eskalationen der elterlichen Konflikte.
Es ist nicht überraschend, daß die Zeit des Verliebtseins und Werbens, wenn Menschen die Linien für eine intime Beziehung festlegen, besonders schwierig ist. Gerade dann bemühen sich Menschen, sich kennenzulernen, sie sehen sich nackten Emotionen ausgesetzt, und das Fühlen hat Vorrang vor dem Denken. Zwei Fremde mit verschiedenem Erziehungshintergrund und verschiedenen Rollen innerhalb ihrer Ursprungsfamilien versuchen eine Beziehung zu gestalten, die für beide fruchtbar und befriedigend ist. Kein Wunder, daß Verhaltensmuster der Vergangenheit auftauchen – sei es zum Vorteil oder zum Nachteil. Es gilt, sich Problemen mit Vertrauen, Verantwortung und Sensibilität zu stellen. Entscheidungen müssen getroffen und Unterschiede ausgeglichen werden. Wie mit diesen Unterschieden umgegangen wird – was wir mit Zorn, Enttäuschung, Freude und Erwartungen anstellen –, bestimmt den Verlauf der Werbung.
Dieser Verlauf ist weitgehend voraussagbar. Er ist normalerweise von Wiederholungen bestimmt. Gleich mit welchem Partner, im allgemeinen verhalten sich Menschen auf die gleiche Art und begegnen Problemen auf vertraute Weise.

Unglücklicherweise sind sie ihren Verhaltensweisen gegenüber gewöhnlich blind. Sie erkennen nicht, daß sie einem Drehbuch folgen, das geschrieben wurde, während sie aufwuchsen. Wie Walter, der Mann, der seinen Vater bei der Hochzeit dabeihaben wollte, wissen sie nicht, daß sie noch auf die Vergangenheit *reagieren*, statt in der Gegenwart zu *agieren*. Sie verstehen ihre Eltern nicht oder gestehen sich den Einfluß, den diese weiterhin auf sie ausüben, nicht ein.

Eine Untersuchung von 2500 Mittelschicht-Collegestudenten, betitelt »The Impact of Parental Divorce on Courtship«, zeigt uns, daß, gleich welchen Alters die Kinder bei der Scheidung waren, bestimmte Verhaltensformen zur Zeit des Werbens zunehmen – früherer und häufigerer Geschlechtsverkehr, baldiges Zusammenwohnen und frühere Heirat.

Darüber hinaus gingen Studenten aus geschiedenen Ehen öfter kurze Beziehungen ein und drohten schneller, »Schluß« zu machen, wenn die Beziehung nicht funktionierte. Auch war bei ihnen das Risiko einer eigenen Scheidung höher.

Kinder aus konfliktreichen Familien, in denen es jedoch nicht zur Scheidung kam, hatten einige, aber nicht alle der oben genannten Probleme in der Zeit des Werbens. Auch sie mußten um befriedigende Beziehungen kämpfen und neigten dazu, von einem Partner zum anderen zu wechseln. Die Wahrscheinlichkeit frühen Sexuallebens und Zusammenlebens war jedoch niedriger.

Diese Untersuchung stützt, was ich jeden Tag in meiner Praxis sehe: Andauernde familiäre Konflikte – ob sich die Eltern scheiden lassen oder nicht – haben bleibenden Einfluß auf Kinder und wirken sich Jahre später bei deren Werbungsverhalten aus.

Wenn eine Scheidungsfamilie Konflikte beilegen kann, lernen Kinder, produktiv mit ihrem Leben umzugehen. Ist das nicht der Fall, bleiben sie stecken und sehen nur, daß die Scheidung die Probleme nicht gelöst hat, und so lernen sie nicht, mit Meinungsverschiedenheiten umzugehen.

Zur Zeit des Kennenlernens kommen für ehemalige Scheidungskinder Probleme in bezug auf die Kontinuität des Lebens und den Bruch auch der engsten Beziehungen an die Oberfläche; sie werden deutlich greifbar und lassen sich nicht mehr verleugnen. Es ist eine Zeit, in der Menschen über Familie, Bindung und die Zukunft nachdenken. Sie grübeln nicht nur über die aktuelle Beziehung, sondern über das ganze Netzwerk von Beziehungen, das ihr Leben formt.

Wie in vorangegangenen Kapiteln ausgeführt, haben diese Probleme im Bewußtsein ehemaliger Scheidungskinder ein Eigenleben. Sogar wenn sie, vielleicht Jahre später, erkennen, daß die Scheidung im Interesse beider Eltern war, hält es sie nicht davon ab zu wünschen, sie stammten aus einer intakten Familie. Manchmal kommt es zu dem Versprechen, ihr Leben würde keine Wiederholung des Lebens ihrer Eltern werden. Wie der 32jährige Richard es ausdrückt, dessen Eltern geschieden wurden, als er sechs war: »Eine gute Ehe ist die beste Rache.«

Auf jeden Fall treiben die nagenden Gedanken über ihre Vergangenheit und ihre Zukunft die emotionale Temperatur zur Zeit des Werbens in die Höhe. Es verwundert nicht, daß viele Menschen in dieser Lebenssituation Hilfe suchen.

12
Die Suche nach intimen Beziehungen

Die Art und Weise, wie ehemalige Scheidungskinder intime Beziehungen suchen, hat sehr viel mit der Art zu tun, wie die Eltern die Scheidungskrise handhabten, was wiederum mit der Art zu tun hat, wie die Eheleute miteinander umgingen.

Es bedarf eines tiefen Einblicks in die Vergangenheit, um zu begreifen, wie wir »verletzt« wurden, unsere Verhaltensmuster kennenzulernen und herauszufinden, wie sie zu verändern sind, um unsere Zukunft zu meistern, statt Opfer der Vergangenheit zu bleiben.

Die chronischen Symptome sind, wie schon gesagt, weitgehend vorhersehbar. Diktiert werden sie von unserem Familienstil und der Rolle, die wir dabei spielten, diesen Stil aufrechtzuerhalten. Jede Familie hat ihren eigenen Stil, ihre eigenen Verhaltensmuster im Umgang miteinander und ihre Reaktionen darauf. Dies gilt besonders für den Umgang mit Meinungsverschiedenheiten zwischen den Eheleuten.

Meinungsunterschiede, auch große, sind nicht allein auf Scheidungsfamilien beschränkt. Sie existieren in allen Familien. Es sind *nicht* die Meinungsverschiedenheiten, die Probleme verursachen, es ist *unsere* Reaktion auf diese Unterschiede; wie wir damit umgehen, was wir mit ihnen anfangen.

Wir neigen dazu, so damit umzugehen, wie wir es seit unserer Kindheit immer getan haben. Es hängt davon ab, was wir in unseren Familien gelernt haben, während wir heranwuchsen, von den Verhaltensmustern, die wir von unserer Mutter und unserem Vater erworben haben, die sie wiederum von *ihren* Eltern lernten. Schließlich ist es nicht ungewöhnlich, daß wir, ohne es zu merken, vertraute Verhaltensmuster wiederholen, Generation auf Generation. So wie es in einigen Familien Magenprobleme gibt, in anderen Kopfschmerzen.

Beziehungsprobleme, die zur Scheidung führen können, entwickeln sich schon in den Ursprungsfamilien. Sie sind nicht genetisch bedingt; Menschen lernen diese Strukturen. Niemand geht mit der Vorstellung eine Ehe ein, daß sie mit der Scheidung enden wird; die meisten Menschen möchten, daß sie funktioniert. Es ist der Umgang miteinander – und wie man das ganze Leben mit anderen umging –, der darüber bestimmt, ob die Ehe gedeiht oder scheitert.

Während sich der größte Teil der Scheidungsuntersuchungen auf die Kernfamilie konzentriert, bin ich Generationen von Familien gefolgt und sehe, daß bestimmte Aktions- und Reaktionsformen auf unheimliche Art von Großeltern an Kinder und Enkel weitergereicht werden – auch wenn einige dieser Menschen sich nie kennengelernt haben. Diese Verhaltensformen – die destruktiven und die gesunden – haben wahrscheinlich weitreichende Auswirkungen; nicht nur auf Scheidungskinder, sondern später auch auf *deren* Kinder und Kinder künftiger Generationen.

Angst und Beziehungen

Angst ist übertragbar. Was man *damals* von seiner Familie aufgenommen hat, tritt auf der *heutigen* Angstebene zutage. Ohne daß Sie sich dessen bewußt sind, sabotiert diese Angst und Ihre Reaktion darauf die Gestaltung der intimen Beziehung, die Sie sich so sehr wünschen.

Es gibt viele Möglichkeiten, mit Ängsten umzugehen. Einige Menschen wenden sich Drogen, Alkohol oder Sex zu. Andere entwickeln Eßstörungen wie Anorexie oder Bulimie. Einige schaufeln sich mit Arbeit zu. In der einen oder anderen Form aber zeigen sich unsere Ängste in der Art und Weise, wie wir mit unseren intimen Beziehungen umgehen. Wie schon gesagt, steigt der Angstpegel bei Kindern gleich welchen Alters an, wenn die Eltern sich scheiden lassen. Aber es ist nicht diese anfängliche, zeitlich begrenzte Riesenangst, die am meisten verletzt. Es ist die Art, wie Beziehungen nach der Scheidung zerbrechen und reorganisiert werden, die chronische Ängste verursacht, die das ganze Leben überschatten.

Es ist diese chronische Angst – die Folge der Art, in der wir jahrelang auf unsere familiären Verhaltensmuster reagierten und wie wir miteinander umgingen –, die Einfluß auf unsere Fähigkeit nimmt, für uns positive intime Beziehungen zu gestalten und aufrechtzuerhalten.

Sie verleitet uns zu einer schlechten Partnerwahl und zu unproduktivem Verhalten genau den Männern und Frauen gegenüber, die vielversprechende Partner sein könnten. Am Ende sind wir frustriert, fühlen uns als Versager und fragen uns, was mit uns nicht stimmt. Das trägt nicht gerade zu positivem Selbstwertgefühl und Vertrauen bei.

Einige der Verhaltensmuster sind sehr komplex, gewunden und schwer zu entwirren. Sie können eine lange und kompetente Therapie erfordern. Andere sind einfach und können leicht mit etwas Hilfe identifiziert werden.

»Ich wuchs in einer Familie auf, in der Kritik zum Alltag gehörte«, sagt Sheryl. »Ich kann mich nicht erinnern, daß meine Mutter meinem Vater oder mir etwas Nettes gesagt hätte, ohne daß gleich ein ABER folgte.

›Dein Pullover ist sehr nett, aber rot steht dir besser.‹

›Die Melone ist wunderbar, aber vielleicht etwas zu süß.‹

›Du läufst wunderbar Schlittschuh, aber es sieht graziöser aus, wenn du in der großen Kurve das linke Bein anwinkelst‹ ...

Mein Vater war auch so, aber auf eine andere Art. Er demütigte meine Mutter im Beisein anderer Menschen. Sagte sie ihre Meinung, nahm er immer die Gegenposition ein. Damit konnte man rechnen.

Als Kind muckte ich nicht auf und fühlte mich schnell peinlich berührt. Aber man gewöhnt sich daran, und ich dachte, Familien seien nun mal so. Ich konnte mir nicht vorstellen, daß ich mich später genauso verhalten würde.«

Mit Anfang 20 hatte Sheryl vier Beziehungen, die sich alle innerhalb eines Jahres auflösten.

»Das Letzte, was mir Larry, mein letzter Freund, in der Nacht sagte, in der er mich verließ, war: ›Sheryl, du solltest ein Tonband anstellen, wenn du dich mit jemandem unterhältst. Du läßt niemanden zu Wort kommen. Du gibst einem Mann das Gefühl, als könne er nichts richtig machen.‹

Spezieller Anlaß an diesem Abend war ein Gespräch über Larrys neuen Job. Er arbeitete in einer Werbeagentur und hatte gerade zwei neue Aufträge bekommen, für die er allein verantwortlich war. Es waren Aufträge von zwei Firmen und nicht von Einzelpersonen, wie er es gewohnt war. Er war begeistert und ich auch. Ich sagte es ihm und machte ein Abendessen mit Kerzen und Wein, um es zu feiern.

Aber dann fing ich an, ihm zu erzählen, er müsse sich anders

kleiden und welche Kleider er loswerden müsse, und daß er vielleicht den Friseur wechseln solle. Ich wußte nicht mal, was ich falsch machte. Ich versuchte nur, ihm zu helfen. Nicht mal, als er vom Tisch aufstand, wußte ich, was los war.
Larry stellte sich als mein bester Freund heraus. Als er mir erzählte, was ich tat und daß es schon die ganzen vier Monate, in denen wir uns trafen, so ging, fühlte ich mich zum Erbrechen übel. Ich wußte genau, was vor sich ging. Ich war genau wie meine Eltern. Ich tat genau das, was ich an ihnen verabscheute, die Sachen, die zum Ende ihrer Ehe geführt hatten. Am nächsten Tag bat ich eine Freundin, mir einen Therapeuten zu empfehlen. Ich wußte, daß ich Hilfe brauchte.«

13
Reifes Verhalten

Die Männer und Frauen, die sich an mich wenden, sind verwirrt und frustriert. Viele haben es in der Arbeitswelt weit gebracht, haben leitende Positionen und müssen manchmal Millionen-Dollar-Entscheidungen treffen. Auf dem Gebiet der intimen Beziehungen aber versagen sie. Warum?
Es hat mit etwas zu tun, das ich die Ebene der »Verhaltens-Reife« eines Menschen nenne. Diese Verhaltens-Reife hat nichts mit physischen Charakteristika zu tun und bezieht sich auch nicht auf Intelligenz, Bildung, Talent oder Geschicklichkeit. Es ist die Fähigkeit, den Unterschied zwischen Denken und Fühlen zu erkennen und unterscheiden zu können, ob das persönliche Verhalten von Gedanken oder Emotionen beeinflußt ist.
Weniger reife Menschen neigen zu eingeengtem Denken. Sie glauben, ihre Gedanken und Beobachtungen sind die einzig richtigen und ihr Verhalten sei deshalb gerechtfertigt. Es fällt ihnen schwer, sich mit der Verschiedenheit von Menschen zu befassen, und sie sind schnell bei der Zuweisung von Schuld.

Sie sehen sich als Zentrum des Universums, statt als Teil einer größeren Welt.

Jemand, der reifes Verhalten zeigt, kann sich verändernde Zustände akzeptieren und die durch Veränderung entstehende Spannung sowohl aufnehmen als auch damit umgehen. Bei einer Scheidung, wenn die Lage sehr angespannt ist, stürzt die Reife-Ebene aller Familienmitglieder normalerweise ab. Ein Mensch mit reifen Verhaltensweisen erholt sich jedoch schneller und stellt das Gleichgewicht von Denken und Fühlen wieder her, das es ihm ermöglicht, sein Leben weiterhin produktiv zu gestalten.

Weniger reife Menschen unterscheiden nicht zwischen Tatsache und Ansichtssache. Sie haben ein zu geringes Gefühl für ihre Individualität, um sagen zu können: »Es ist okay, wenn du eine andere Meinung hast als ich. Laß uns darüber reden.« Ihre subjektiven Argumente sind unsachlich, und sie versuchen, Druck auszuüben, um die Ansichten oder das Verhalten anderer zu ändern.

Stellen wir uns ein Paar vor, das ein Streitgespräch über den Urlaub führt. Er möchte sich New York anschauen, sie würde gern am Strand von Hawaii liegen. Ein wenig reifes Paar würde etwa wie folgt argumentieren:

Sie: Du bist wirklich rücksichtslos. Das ganze Jahr über arbeite ich hart, und ich brauche nun mal einen Urlaub, in dem ich nur herumliege und nichts tun muß.

Er: Du weißt, daß ich Sand hasse und nicht gut schwimmen kann. Und wenn ich den ganzen Tag in der Sonne rumsitze, kriege ich Kopfschmerzen. Aber du denkst nie an mich. Immer müssen wir machen, was du willst. Abgesehen davon: Hawaii ist teuer. Letzten Monat wollte ich eine Stereoanlage kaufen, und du hast gesagt, wir könnten uns das nicht leisten. Aber für die Hawaii-Reise würdest du es ausgeben. Du bist wirklich egoistisch.

Sie: Du mußt mir gerade mit egoistisch kommen. Du hast dir letzten Winter drei Anzüge gekauft, und ich trage immer noch die vier Jahre alten Kleider. Aber habe ich dich aufge-

halten oder was gesagt? Ich habe dir gesagt, wie gut du aussiehst. Du hättest auch mal sagen können: »Schatz, warum kaufst du dir nicht ein neues Kleid?«
Er: Wer hat dich davon abgehalten? Wenn du ein Kleid gewollt hättest, warum hast du dir keins gekauft!?
Was wir hier sehen, ist die ganz einfache Meinungsverschiedenheit zweier Menschen über Urlaubspläne. Aber sie eskaliert zu einem hitzigen Wortgefecht, in dem einer dem anderen die Schuld für etwas gibt, das gar nichts mit dem Urlaub zu tun hat. Sie tauschen Gefühle aus, keine Informationen. Es klärt sich nichts. Das Paar war unfähig, Denken und Fühlen zu trennen. Produktiver wäre die Unterhaltung etwa folgendermaßen verlaufen:
Sie: Ich mag New York nicht, ganz besonders im Winter, wenn es so kalt ist. Ich hätte gerne etwas Sonne.
Er: Vielleicht gibt es ja eine Möglichkeit, beides hinzukriegen. Eine Woche Hawaii im Winter und eine Woche New York im Frühling.
Sie: Ich glaube nicht, daß wir uns beides leisten können. Ich brauche ein paar neue Sachen und muß dafür etwas sparen. Du hast letztes Jahr drei Anzüge gekauft, aber ich habe nichts bekommen.
Er: Vielleicht hast du recht. Darüber habe ich nicht nachgedacht. Und was noch dazu kommt, ich glaube, wir brauchen ein neues Dach auf dem Haus. Ich habe vor kurzem bemerkt, daß sich die Dachziegel lösen.
Sie: Ich wünschte, du hättest das schon früher gesagt. Ein neues Dach ist teuer. Vielleicht können wir uns Hawaii dieses Jahr wirklich nicht leisten.
Er: Was hältst du von einem Kompromiß? Dieses Jahr New York. Das neue Dach. Ein paar Kleider für dich. Nächstes Jahr Hawaii.
Sie: Tja, ich kann nicht sagen, daß ich nicht enttäuscht bin, aber es scheint vernünftig zu sein. Vielleicht gucke ich in New York nach neuen Kleidern, während du in die Museen gehst, die mir keinen Spaß machen.

Diese Art von Reife – die uns befähigt, zwischen Denken und Fühlen zu unterscheiden – gibt uns in einer emotional aufgeladenen Situation die Möglichkeit, uns unserer Reaktionen bewußt zu werden und sie zu reflektieren. Wenn wir uns darauf beschränken, darauf zu reagieren, was der andere tut oder nicht tut, begeben wir uns in den Bereich der Schuldzuweisung. Es kommt zur Konfrontation.
Diese Fähigkeit, zwischen Denken und Fühlen zu unterscheiden, sowohl bei uns als auch im Zusammenhang mit einem anderen Menschen, und zu lernen, unser Leben von dieser Fähigkeit lenken zu lassen und mit ihr unsere Probleme zu lösen, ist ein zentrales Merkmal von Reife. Sie gibt uns die Freiheit, uns innerhalb einer emotional engen Beziehung mit einem anderen Menschen zu bewegen und gleichzeitig unsere individuellen Träume zu verfolgen; und Freude an beidem zu empfinden. Dieses Unterscheidungsvermögen ermöglicht uns eine objektive Teilnahme an höchst emotionalen Situationen, weil wir auf ein logisches Urteilsvermögen zurückgreifen können, wenn wir es brauchen. Es gestattet uns, Ängste zu beschwichtigen und auch in großen Streßsituationen zu handeln, ohne zusammenzubrechen oder die Beherrschung zu verlieren. Zusätzlich ermöglicht uns diese differenzierende Wahrnehmung verschiedene Ansichten zur Kenntnis zu nehmen, ohne persönlich betroffen zu sein, ohne automatisch emotional zu reagieren und gleich gegen andere zu kämpfen.

Was ist Verhaltensreife?

Verhaltensmäßig reife Menschen sind in der Lage, sich emotional von ihrer Herkunftsfamilie zu trennen. Das bedeutet nicht, daß sie sich ihr entfremden. Es heißt, daß sie Verantwortung für ihr Verhalten übernommen haben und nicht mehr auf die Ängste ihrer Eltern *reagieren* und weder den Umgang ihrer Eltern mit Meinungsverschiedenheiten nachahmen noch dagegen aufbegehren.

Reife – das Gleichgewicht von Denken und Fühlen – kann nicht an Universitäten gelehrt und auch nicht an der Börse gelernt werden. Ihr Ursprung wurzelt tief im System der Familienbeziehungen, in dem wir alle eine wichtige Rolle spielen. Kinder, die in verhaltensmäßig reifen Familien aufwachsen, sind wahrscheinlich später selbst verhaltensmäßig reif.
Die Beziehungen verhaltensmäßig unreifer Menschen sind gefährdet, da sie nicht wissen, wie sie sinnvoll mit Meinungsverschiedenheiten umgehen sollen, was oft mit einer Scheidung endet. Es ist nicht der Hang zur Scheidung, der weitergegeben wird; es sind die unreifen Verhaltensmuster, die zur Scheidung führen.
Im Fall einer Scheidung ändert sich normalerweise die Art des Umgangs der Familienmitglieder nicht. Es ist wie eine Bypass-Herzoperation. Die Operation ist, wie die Scheidung, nur der erste Schritt. Wenn Denken und Verhalten nicht verändert werden, verschwindet auch das Problem nicht. Für erwachsene Scheidungskinder bedeutet dies, daß ihre langfristigen Reaktionen auf die Trennung der Eltern hauptsächlich von zwei Punkten abhängen:

von der *»Verhaltensreife« ihrer Eltern beim Umgang mit Meinungsverschiedenheiten, die im Laufe der Jahre ihren Eindruck auf die Kinder hinterlassen hat,* und

vom *Ausmaß, in dem die Kinder zum Mittelpunkt des Familienkonflikts wurden und ihrer Reaktion darauf*

Menschen mit niedrigerer Reifestufe neigen dazu, in ihrer »Gefühls«-Welt herumzuirren. Sie unterscheiden nicht zwischen Fühlen und Denken und kennen keinen Unterschied zwischen Tatsache und Meinung. Lieben und geliebt werden ist der Angelpunkt ihres Lebens, und häufig werden sie exzessiv in ihren Versuchen, Liebe und Anerkennung zu finden. Julie z. B. kaufte nicht nur für ihre nahen Familienmitglieder extravagante Geschenke, sondern über den erweiterten Familienkreis hinaus auch für neue Bekanntschaften, deren Zuneigung sie sich sichern wollte. Einmal schenkte sie einem neuen Freund ein Flugticket nach London, ein anderes Mal richtete sie den Hochzeitsempfang einer Frau aus, mit der sie erst seit sieben Monaten zusammen arbeitete. Julie war nicht vermögend, im Gegenteil, sie hatte nur ein geringes Einkommen. Ihr Ehemann Brian finanzierte ihre Suche nach Liebe, auch wenn er Einwände erhob. Auch sein Lebensmittelpunkt war es, geliebt zu werden, und er hatte Angst, daß er von ihr nicht mehr geliebt würde, falls er zuviel protestierte.

Menschen wie Julie und Brian sind gegenüber anderen Menschen dermaßen sensibilisiert, daß sie alles verleugnen, was jemanden verärgern könnte. Sie haben nicht das Gefühl, sich selbst zu belügen, sondern empfinden das, was sie für den anderen Menschen tun, als emotionale Fürsorge. Und schon stimmt wieder alles.

Julie weiß, daß sie immer noch von der Vergangenheit beeinflußt wird. Sie wuchs »im Schatten« ihres älteren Bruders auf, der Arzt wurde und mittlerweile einer der führenden Radiologen des Landes ist. Egal was Julie tat, ganz gleich, wie sehr sie sich um ihre Eltern kümmerte, sowohl in ihrer Jugend als auch noch im mittleren Alter fühlte sie sich »zweitklassig«. Fünf Jahre nach ihrer Heirat hatte sie die erste einer Reihe von Affären. Die meisten mit Männern, aber sie hatte auch zwei sexuelle Beziehungen mit Frauen.

Schließlich besuchten sie und ihr Mann einen Familientherapeuten, aber sie gab nie etwas über ihre Affären preis. Er hatte einen Verdacht, fragte aber nie. Viel später erklärte sie, sie hätte nie etwas gesagt, weil sie Brian nicht verletzen wollte. Sie gab ihre Unehrlichkeit nicht zu. »Er könnte nicht damit umgehen.«

Julie, deren Eltern sich scheiden ließen, als sie 12 Jahre alt war, erzählte ihren Freunden lange Geschichten über ihre Leistungen. Mal war es ein nicht existierender Job, der ihr 50.000 Dollar im Jahr einbringen sollte. Ein anderes Mal war es eine riesige Geldsumme, die sie von einem Onkel erben würde. Einmal war es ein Hollywood-Produzent, der sie in einer kleinen Theater-Produktion gesehen hatte und sie zu einem Star machen wollte. Alle Geschichten hatten einen wahren Kern: Sie hatte einen neuen Job, aber er brachte 15.000; sie erbte Geld von einem Onkel – 2000; einen Hollywood-Produzenten gab es nie, aber einen Freund, der ihren Auftritt lobte und sagte: »Du gehörst nach Hollywood.«

Die meisten Menschen konnten nicht verstehen, daß Julie ihre Geschichten glaubte. Als Nebenprodukt ihrer früheren Beziehung zu den Eltern und später zu ihrem Mann hatte sie die Fähigkeit verloren, Tatsachen von Fiktionen zu trennen. Ihr Bedürfnis nach Anerkennung war so groß, daß sie praktisch unfähig war, mit Ablehnung umzugehen.

In einer streßfreien Umgebung kommen die Julies dieser Welt lange damit durch. Aber ein größeres Trauma, etwa ein ernsthaftes gesundheitliches Problem in der Familie oder eine Enttäuschung wie die Kündigung eines Jobs, kann niederschmetternde Reaktionen auslösen wie Depressionen oder Selbstmord.

Wenn verhaltensmäßig unreife Menschen heiraten, versuchen sie häufig, sich gegenseitig aufzuwerten. Sie betrachten die Ehe als eine Möglichkeit, sich zu »vollständigen« Menschen zu machen. Die 41jährige Mildred, deren Eltern sich scheiden ließen, als sie 20 war, erzählte mir voller Stolz, sie wäre nur ein halber Mensch, ihr Ehemann sei die andere Hälfte. Wenn sie jemanden heiraten, der reifer ist, scheinen sie selbst reifer zu sein; falls nicht, wird ihre Unreife offensichtlich. Bei Streß, ohne eigene Ressourcen, die ihnen helfen könnten, die Situation zu bewältigen, wenden sie sich häufig äußeren rein formalen Lösungen zu.

In der Vergangenheit schränkten Religion, starke Familienbindungen und gesellschaftliche Konventionen die Möglichkeit einer Scheidung sehr ein. Heute erscheint die Scheidung als der leichteste und weitestgehend anerkannte Weg, um einen Ehekonflikt zu beenden, so als wäre die Ehe das Problem und Scheidung die Lösung. Verhaltensmäßig unreife Menschen sind erstaunt, wenn die Scheidung die Probleme nicht löst. Der Grund dafür ist einfach: Wenn der Mensch nicht seine Art des Umgangs mit anderen Menschen ändert, tauchen die gleichen Probleme in der nächsten Beziehung und der nächsten Ehe wieder auf und verfolgen ihn oder sie durch das ganze Leben.

In einer Welt, die durch Entscheidungsfreiheit gekennzeichnet ist, haben verhaltensunreife Menschen einen erschreckenden Nachteil. Sie lassen sich leicht beeinflussen und treffen selten eine Entscheidung, die sie über sich selbst reflektieren läßt. Oft glauben sie, daß Unabhängigkeit und Reife mit Rebellion oder Aufbegehren gleichzusetzen sind. Das Gegenteil zu tun, wird zum automatischen Verhalten, das so zwingend ist wie blinde Zustimmung. Unglücklicherweise haben unreife Menschen nur eine geringe Freiheit der Wahl.

Am Arbeitsplatz, an dem die Beziehungen weniger persönlich und intensiv sind, können die meisten Menschen emotional objektiver sein. Hier können die zu gesunden intimen Beziehungen Unfähigen durch blinde Konformität und Annahme der Überzeugungen anderer manchmal sogar im Vorteil sein. Ausnahmen bilden die Menschen, für die der Beruf der wichtigste Lebensaspekt ist, vor allem dann, wenn die Spannungen im Büro sehr groß werden und wenn sie in zu enge Beziehungen mit Mitarbeitern verstrickt sind.

Wie auch immer, mit der Arbeitswelt scheinen erwachsene Scheidungskinder oft gut zurechtzukommen. Der Umgang mit Familie und nahestehenden Freunden dagegen macht ihnen schwer zu schaffen.

Das entscheidende Problem in einer Beziehung ist, daß zwei Menschen Meinungsunterschiede bewältigen müssen. In einer engen Verbindung bedeutet dies: Wie kann ich mich jemandem hingeben und trotzdem ich selbst bleiben? Falls Sie aus einer Familie kommen, die unfähig war, dies zu tun, oder in der man dieses Problem aus der Welt schaffte, indem man aus der Beziehung flüchtete, ist die Wahrscheinlichkeit groß, daß Sie selbst emotional verkrüppelt sind.

»Borgen«

Wenn Sie am unteren Ende der Verhaltensreife-Skala stehen, werden Sie sich wahrscheinlich sehr viel von dem für Sie wichtigsten Menschen in Ihrem Leben »borgen«. Es kann ein Elternteil sein, Ihr Ehemann/Ihre Ehefrau, sogar Ihr Kind. »Borgen« in diesem Sinne bedeutet, daß Sie sich darauf verlassen, daß dieser Mensch die Lücken in Ihrer Reife füllt. Es bedeutet, daß Sie den Menschen benutzen, um Ihr eigenes Selbstwertgefühl anzuheben.
Bis zu einem gewissen Ausmaß »borgen« wir alle. Das Sprichwort »Hinter jedem erfolgreichen Mann steht eine Frau« entstammt dieser Verhaltensform zwischen Ehemann und Ehefrau. Die Frau, die sich immer als »Johns Frau« definiert oder ihre Befriedigung daraus bezieht, mit einer Berühmtheit liiert oder verheiratet zu sein, wird am Ende mit leeren Händen dastehen. Ähnlich wird der Mensch, von dem Sie immer wieder borgen, schließlich das Gefühl haben, verbraucht zu sein. So wird ein Mann, der zwar ein erfolgreicher Architekt ist, aber in seinem restlichen Leben von seiner Frau abhängt – als Kindererzieherin, Haushälterin, als der Mensch, der die Termine abspricht, die Rechnungen bezahlt, einkauft, Geschenke besorgt, den Urlaub plant, die gesellschaftlichen Kontakte pflegt, etc. –, am Ende bei der Frau das Gefühl erwecken, daß sie soviel von sich selbst gegeben hat, daß sie kein eigener Mensch mehr ist.
»Borgen« hat sehr viel mit dem Umgang der Menschen miteinander zu tun und damit, wie sie sich von ihren Ängsten befreien. Auf die Ehe hat das häufig einen Schaukel-Effekt. Die Beziehung kann an einem Tag ruhig und wunderbar sein, am nächsten stürmisch und isoliert. Das Paar ist sich dieser Hochs und Tiefs äußerst bewußt, doch versteht es normalerweise die Verhaltensformen nicht, die sie hervorrufen.
Reifere Männer und Frauen müssen nicht so viel »borgen«, weil sie ein substantielles Gefühl dafür haben, wer sie sind, und über größere Möglichkeiten verfügen, emotional und

impulsiv oder bedacht und reflektiv zu reagieren. Es fällt ihnen leichter, langfristige Beziehungen aufrechtzuerhalten oder, falls sie die Beziehung auflösen, dies nach reiflichen Überlegungen zu tun. Weniger reife Menschen entwickeln mit größerer Wahrscheinlichkeit Beziehungen, die nur auf Gefühlen basieren.

Das Verhaltensreife-Quiz

Um eine Vorstellung davon zu bekommen, wie reif Ihr Verhalten ist, beantworten Sie folgende Fragen. Nehmen Sie sich Zeit, darüber nachzudenken, wo Sie sich auf der Skala plazieren. Beantworten Sie die Fragen ehrlich, auch wenn es schmerzt oder peinlich ist. Sich bewußt zu werden, zu welcher Handlungsweise Sie neigen, ist Ihr erster Schritt in Richtung Verhaltensreife. Nachdem Sie die Fragen beantwortet haben, bitten Sie Ihren Ehemann oder Ihre Ehefrau oder den Menschen, zu dem Sie eine intime Beziehung haben, darum, Sie auf der Skala einzuschätzen.

	Nie 1	Selten 2	Manchmal 3	Häufig 4	Immer 5
1. In meinem täglichen Leben unterscheide ich zwischen Tatsache und Meinung.					
2. Ich erkenne die Meinung anderer an und fühle mich nicht von abweichenden Ansichten schikaniert oder verletzt.					
3. Ich bleibe offen, wenn ich mit anderen über kontroverse Themen rede.					
4. Ich lasse anderen die Freiheit, mir ihre Meinung mitzuteilen.					
5. Ich höre aufmerksam zu, was mir andere zu sagen haben.					

	Nie	Selten	Manchmal	Häufig	Immer
	1	2	3	4	5
6. Angesichts neuer und anderer Informationen ändere ich meine Meinung.					
7. Ich denke weiter und werde nicht emotional, wenn mich jemand kritisiert.					
8. Ich bin mir bewußt, wie ich im allgemeinen auf emotional angespannte Situationen reagiere. Zum Beispiel weiß ich, daß sich mir die Haare sträuben, wenn meine Mutter mir Ratschläge erteilt.					
9. Ich bin fähig festzustellen, wann ich über ein Problem nachdenke und wann ich emotional reagiere.					
10. Ich verfüge über genug Selbstkontrolle, um mir auszusuchen, ob ich auf Gedanken oder Gefühle reagiere; je nach den Umständen.					
11. Bei Auseinandersetzungen versuche ich, unterschiedliche Auffassungen eher aufzulösen oder meine Überlegungen zu vermitteln als Zustimmung oder Anerkennung zu suchen.					
12. Nach einer Streß-Periode kehre ich schnell zu meinen normalen Aktivitäten zurück.					
13. Ich agiere als selbständiger Mensch, obgleich ich meiner Familie emotional verbunden bin.					
14. Ich bleibe meiner Familie emotional verbunden, obgleich ich als selbständiger Mensch agiere.					

	Nie 1	Selten 2	Manchmal 3	Häufig 4	Immer 5
15. Ich führe ein ausgefülltes Leben, auch während ich eine intime Beziehung habe.					
16. Wenn ich eine Beziehung auflöse, tue ich das auf rücksichtsvolle, nicht nachtragende Art.					
17. Wenn ich meine Gefühle nicht ausdrücke, weil ich glaube, jemanden zu verletzen, entwickle ich körperliche Symptome wie z. B. Kopfschmerzen, zu hohen Blutdruck etc.					

Beachten Sie, daß die Kategorien der folgenden vier Fragen in der Reihenfolge umgekehrt sind.

	Immer 1	Häufig 2	Manchmal 3	Selten 4	Nie 5
18. Ich versuche, Leute so zu verändern, daß sie wie ich denken.					
19. Wenn in meinem Leben etwas falsch läuft, gebe ich anderen die Schuld.					
20. Ich gebe mir die Schuld, wenn ich Ärger mit anderen bekomme.					
21. Ich agiere hauptsächlich, um die Anerkennung anderer zu erlangen.					

Je höher die Punktzahl, desto verhaltensreifer sind Sie. Dieses Selbst-Einschätzungs-Quiz ist nicht als Forschungsinstrument gedacht, aber die Resultate sollen Ihnen helfen, sich und Ihre Reaktionen besser zu verstehen. Ziel ist nicht der Vergleich mit anderen Menschen, sondern eine Hilfestellung, um Ihren Stil im Umgang mit anderen zu identifizieren, der Sie möglicherweise daran hindert, eine befriedigende intime Beziehung aufzubauen.

14
Finden Sie Ihre Familie

Verheiratet zu sein, ist einem Spiel in einem Fußball-Team sehr ähnlich. Man muß lernen, im Team zu spielen, ohne sich und seine Individualität zu opfern. Es ist so heikel wie ein Balance-Akt und genauso schwierig. Ehepartner, die dies realisieren können, haben eine gute Chance, daß die Ehe weiterbesteht und gedeiht. Gewöhnlich können sie mit unterschiedlichen Auffassungen vernünftig und verantwortungsvoll umgehen. Für Menschen, die das nicht können, wird ein Scheitern der Ehe wahrscheinlich.

Erwachsene aus geschiedenen Ehen erzählen mir häufig von den *Symptomen*, von denen sie glauben, daß sie zur Scheidung geführt haben.

»Mein Vater schlug meine Mom, deshalb hat sie ihn verlassen.« »Meine Mutter hatte eine Affäre, deshalb zerbrach die Ehe.« »Großmutter zog zu uns, und danach ging alles den Bach runter.« In der Regel haben sie aber keine Ahnung, *was zu diesen Symptomen führte*.

Während sich in den Naturwissenschaften Ursache und Wirkung meist leicht feststellen lassen, ist dieser Weg in der Psychologie oft undeutlicher.

Wenn Sie die Verhaltensmuster Ihrer Familie betrachten und die Art, wie Ihre Familie mit Differenzen umging, kann es Ihnen helfen, diese Verbindungen herzustellen. Betrachten Sie die Muster in dem Sinn, wie Sie Ihr Leben führen, und erkennen Sie, wie Sie diese Muster übernommen haben und fortsetzen – sei es durch Wiederholung oder durch Aufbegehren.

Familien gehen mit Meinungsverschiedenheiten oft auf folgende Weise um:

Vermeiden oder sich distanzieren. Ehemann und Frau können Differenzen vermeiden, indem sie sich vormachen, sie existierten nicht. So kann sich Susie von ihrem Mann *phy-*

sisch distanzieren, wann immer eine Meinungsverschiedenheit auftaucht. Sie könnte die Tür hinter sich ins Schloß knallen und ein paar Stunden zu ihrer besten Freundin gehen. Oder sie macht einen Einkaufsbummel und schenkt sich Blumen. Oder sie verläßt das Haus übers Wochenende, bis ihre Emotionen sich gelegt haben. Oder sie geht und kommt nie zurück.

Geraldine schließt sich mit einer Kanne Kaffee, einem Buch und einer Schachtel Schokoladenkekse in ihrem Schlafzimmer ein und wechselt zwei Tage lang weder mit ihrem Mann noch mit sonst jemandem ein Wort.

Das Problem mit der physischen Distanzierung ist, daß man nichts damit erreicht. Geraldine kann sich einschließen und mit niemandem reden, aber sie wird die ganze Zeit an ihren Mann und ihre Beziehungsprobleme denken. Susie mag aus dem Haus rennen, aber in ihrem Bewußtsein werden sich die vorangegangenen Ereignisse immer wieder abspielen. Die ganze Zeit während der Abwesenheit des Ehepartners – im Zimmer nebenan oder in einer anderen Stadt – wird er oder sie sich auf *seine* Rücksichtslosigkeit, *ihre* Unverschämtheiten, *seine* Schwerfälligkeit, *ihre* Gefühllosigkeit konzentrieren. Zorn und Verstimmung wachsen, aber das Problem bleibt.

Manchmal distanziert sich ein Mensch *emotional*. Jeff liest die Zeitung weiter, während ihm seine Frau erzählt, daß ihr nachmittags ein Mann vors Auto gelaufen ist. Anita telefoniert jeden Abend drei Stunden mit ihrer besten Freundin, während ihr Mann vor dem Fernseher sitzt. Gail macht das Haus bis drei Uhr nachts sauber und weiß, daß ihr Mann schlafen wird, wenn sie ins Bett kommt.

Zwei meiner Patienten, Heidi und Rick, waren drei Jahre verheiratet, arbeiteten im gleichen Gebäude in nebeneinanderliegenden Forschungslabors. Wenn sie eine heftige Meinungsverschiedenheit hatten, brachten sie es fertig, wochenlang nebeneinander zu arbeiten, ohne ein Wort miteinander zu wechseln. Einmal dauerte es zwei Monate. Heidi nannte das ihre Zeit der »Kühl-Lagerung«.

Menschen, die sich distanzieren oder sich aus dem Weg gehen, haben logischerweise das Gefühl, daß Versuche zu kommunizieren nutzlos sind. Sie glauben, die Fähigkeit verloren zu haben, den anderen zu erreichen, und finden es leichter, »heiße« Themen zu vermeiden. Im Grunde gehen sie ihrem Unbehagen an den heiklen Punkten und den Reaktionen, die sie hervorrufen, aus dem Weg. Menschen, die sich distanzieren, werden frustriert und verstimmt und, wenn sie verhaltensmäßig unreif sind, werden sie es gänzlich für ein Problem ihres Partners halten. Häufig beklagen sie sich sogar in Gegenwart des Partners über Einsamkeit, weil sie niemanden haben, mit dem sie ihre Gefühle und Vorstellungen teilen können.

Manchmal werden sich der Mann oder die Ehefrau ihres Distanzierens sehr bewußt und versuchen, den Partner auf einer anderen Ebene zu binden oder zu verpflichten. Er schenkt ihr vielleicht Blumen; sie macht ihm sein Lieblings-Dessert. Aber wenn der Mann oder die Frau verhaltensmäßig unreif sind, kann diese Technik zu noch größerer Distanz führen. Wenn der verpflichtende Mensch damit fortfährt, können solche Verhaltensmuster zum offenen Konflikt führen, einem Stil, der weiter unten in diesem Kapitel erläutert wird. Darauf folgen Perioden der Distanzierung, um die großen Ängste zu beruhigen. Ein Mensch, der mit seinem verpflichtenden Verhalten erfolglos geblieben ist, kann andere Wege finden, seine oder ihre Frustration oder Einsamkeit zu erleichtern. Man kann ein Kind in den Mittelpunkt des Interesses stellen, sich in Arbeit vergraben oder eine Affäre beginnen. Die Geschichten von Richard und Jerry werden das später verdeutlichen.

Paare, die Problemen aus dem Weg gehen oder sich distanzieren, verlieren ihre emotionalen Bindungen und entfremden sich einander. Das sind dann die Menschen, die häufig sagen, sie hätten sich einfach »auseinandergelebt«.

Durch Anpassung. Anpassung bedeutet hier, sich selbst so zu verändern, daß Meinungsunterschiede verwischt werden. Wenn Sie, zum Beispiel, solche Menschen fragen: »Wie löst Ihr Eure Probleme?«, sagen sie: »Wir haben keine.« Der Grund, warum sie keine haben, ist, daß einer von ihnen seine Gefühle unterdrückt.

Es kann etwas ganz Einfaches sein wie:

Er: »Essen wir heute zu Hause, oder gehen wir aus?«

Sie: »Oh, mir ist's egal. Wie du willst.«

Oder es ist etwas Wichtiges. Ob ein Kind katholisch oder jüdisch erzogen werden soll. Der Ehemann könnte sagen: »Das ist mir egal. Wie meine Frau es möchte.«

Bis zu einem gewissen Maß passen wir uns alle an, und auch verhaltensmäßig reife Menschen werden in ihrer Ehe fortwährend Kompromisse machen, um Meinungsverschiedenheiten auszugleichen und Ängste unter Kontrolle zu halten. Beidseitige Anpassung, in der jeder Partner in verschiedenen Situationen Kompromisse macht, funktioniert am besten.

Doch Ehen, in denen sich immer nur einer anpaßt, sind also durch einen Partner, der unter-funktioniert, und einen, der über-funktioniert, gekennzeichnet. Hintergrund desjenigen, der unter-funktioniert, ist, daß er oder sie es gewöhnt ist, daß Entscheidungen für ihn getroffen werden. Der über-funktionierende Partner wuchs häufig in einer Familie auf, in der er oder sie Entscheidungen zu treffen hatte, sozusagen der Schrittmacher der Familie war. In diesen Ehen werden Gefühle oft so sehr unterdrückt, daß die Person kaum noch feststellen kann, ob sie überhaupt welche hat. Manchmal paßt sich ein Mensch im Interesse der Harmonie an. Es kann eine Frau sein, die ihre Mutter oder Großmutter als Friedensstifterin in der Familie erlebte und nun leicht selbst in diese Rolle schlüpft. Menschen dieser Art verlieren häufig die Fähigkeit zu fühlen und ziehen sich in eine emotionale Isolation zurück.

Der Mensch, der den größten Teil der Anpassung leistet, wird schließlich das Gefühl bekommen, von der Ehe verzehrt zu

werden. Es sind oft Menschen, die durch Drogen, Alkoholismus oder Depressionen auffällig werden. Ich habe solche Menschen sagen hören: »Ich mußte aus der Ehe raus. Mein Selbst-Gefühl löste sich in Nichts auf.«
Manchmal wissen sie nicht, wie es zu diesem Zuschnappen kam. Ein Schicksalsschlag, ein gedrückter Knopf, ein freiliegender Nerv. Das Erwachen geschieht wahrscheinlich schrittweise, aber es fühlt sich so an und sieht so aus, als sei es plötzlich geschehen. Der betroffene Mensch weiß dann, daß etwas geschehen muß, weil er sonst ersticken würde.
Die Geschichte von Murray und Felicia, die Sie später lesen werden, ist ein Beispiel für eine unter-funktionierende Mutter, die nach ihrer Scheidung unfähig war, für sich selbst zu sorgen. Resultat solcher Umstände ist, daß Kinder oft in eine »Elternrolle« gedrängt werden.

Offener Konflikt. In diesen Familien gibt es viel Streit und viele Schuldzuweisungen. Beschimpfungen sind an der Tagesordnung, und häufig brechen körperliche Mißhandlungen hervor. Mann, Ehefrau oder beide können Alkohol- oder Drogenprobleme haben. Erwachsene Scheidungskinder berichten oft, daß sie vor einem Hintergrund von Zorn und Feindseligkeit aufgewachsen sind, in dem die Unzufriedenheit der Eltern mit ihrer Ehe offenkundig und explosiv war.
Während die meisten der mir bekannten ehemaligen Scheidungskinder, ganz gleich wie gesund ihre gegenwärtige Beziehungen sind, es vorgezogen hätten, wenn ihre Eltern zusammengeblieben wären, haben Kinder aus gewalttätigen Familien dieses Gefühl nicht. Wenn ihr Schlaf durch Schreie und Beleidigungen unterbrochen wurde, wenn sie sich in eine Ecke verkrochen, als ihr Vater die Mutter durch das Zimmer schubste, wenn sie jeden Tag voller Angst verbrachten, waren diese Kinder erleichtert und voller Hoffnung, daß das Leben nach der Scheidung besser sein würde.
Offener Konflikt ist sowohl ein Symptom der Spannung als auch ein Mechanismus, mit Ängsten umzugehen und ein

Gleichgewicht herzustellen. Er tritt in allen Ehen auf; entscheidend sind Heftigkeit und Häufigkeit, außerdem die Art der Probleme, die den Streit auslösen, und welches Resultat erzielt wird. Die meisten Menschen fühlen sich besser, wenn es zu einer Verständigung kommt und eine Phase des Vergebens eintritt. Viele Menschen berichten sogar von einer neuen Vitalität ihrer Ehe, auch im Sexualleben. Wenn es jedoch häufig zu Konflikten kommt, die durch kleinere Probleme ausgelöst werden, wenn unerledigte Konflikte der Vergangenheit (die emotional aber nicht logisch mit den gegenwärtigen Problemen in Zusammenhang stehen) fortwährend an die Oberfläche kommen, wenn die Mängel des anderen Menschen zum Mittelpunkt des Streits werden, ist es weniger wahrscheinlich, daß der Konflikt gelöst werden kann. Dem anderen die Schuld zu geben, auch wenn einiges davon begründet sein mag, ist eine vereinfachende Technik, die Streitereien nur eskalieren läßt.
In diesen Fällen wird häufig eine dritte Partei – die Polizei, Nachbarn, Anwälte oder die Kinder, die Partei ergreifen – mit einbezogen. Ein Kind, dessen Aufgabe es ist, den Konflikt nicht außer Kontrolle geraten zu lassen, ist oft der Energie beraubt, die für Entwicklung und Wachstum benötigt wird. Die Fälle von Sally und Buddy, die Sie später lesen werden, sind Beispiele für dieses Verhaltensmuster.

Sich auf jemanden oder etwas konzentrieren. Möglicherweise haben Sie schon den Begriff des »Dreiecks« im Zusammenhang mit Familienbeziehungen gehört. Wenn Ehen sich verschlechtern, wenn Beziehungen zwischen Eheleuten zu eng und konfliktreich werden, entfernt sich die Person, die das meiste Unbehagen verspürt, und verbindet sich mit einer dritten Person oder einer Sache.
Das Dreieck, das er oder sie herstellt, ist eine Möglichkeit, die Verzweiflung zu lindern. Es gestattet eine Stabilisierung der Beziehung, ohne sich zu verändern, und kann oft die Spannung zwischen den Ehegatten mindern. Plötzlich existiert ein

anderes Problem oder ein Dritter, auf den sie sich konzentrieren können.

Denken Sie an die Ehe Ihrer Eltern zurück. Versuchen Sie die Art des Dreiecks festzustellen, das Ihre Eltern geschaffen haben könnten, als ihre Ehe zerbröckelte. War es ein Dreieck außerhalb der Familie? Meistens ist es eine Affäre oder eine soziale Aufgabe, der sich Ihr Vater oder Ihre Mutter zuwandten, um den Druck aus ihrer Beziehung zu nehmen. War es ein Dreieck innerhalb der Familie? Vielleicht mit Schwägerinnen oder Schwägern, oder verbündete sich jemand mit ihrem oder seinem Vater oder Mutter? Oder war es das üblichste aller Dreiecke – das zweier Eltern und einem Kind? Und, was am wichtigsten ist, waren Sie das Kind? Darüber können Sie in Teil Drei, »Den Teufelskreis durchbrechen«, mehr lesen.

Jetzt geht es darum, daß Sie verstehen, daß es gewöhnlich ein Ausdruck ihrer Verhaltensunreife ist, wenn Eltern sich zu sehr auf ein Kind konzentrieren. Es ist wahrscheinlich ein Merkmal, das sich über mehrere Generationen erstreckt und Erwachsene hervorbringt, die die Fähigkeit verloren haben, selbständig zu leben.

Eltern, die das Kind zu sehr in den Mittelpunkt stellen, sind häufig überpositiv oder übernegativ. Im ersten Fall haben sie Probleme, ihren Kindern Grenzen zu setzen, und glauben, daß nichts zu gut für sie sei. Dies ist ebenso ein Handicap für Kinder wie Eltern, die sich fortwährend aus realen oder eingebildeten Gründen Sorgen machen und es den Kindern nicht gestatten, selbständig zu werden. Aus Kindern, die von ihren Eltern »zu sehr geliebt« wurden, könnten Erwachsene werden, die ohne übermäßige Anerkennung von Dritten nicht in der Lage sind, zu überleben. Und Kinder, die nie Selbständigkeit gelernt haben, könnten Probleme damit bekommen, ein Leben ohne den täglichen Schutz der Eltern zu führen.

In allen Familien kommen einige der hier beschriebenen Dinge vor. Jeder paßt sich an, streitet sich, geht aus dem Weg und konzentriert sich auf Dritte oder Dinge, wenn die Spannung zu groß ist. Das ist in Ordnung, wenn diese Verhaltensformen eine beruhigende Wirkung haben und die Ängste reduzieren, die dem Bedürfnis, einen Streit beizulegen, zugrunde liegen. Aber der übermäßige Gebrauch einer dieser Formen bereinigt nichts. Und der zu häufige Gebrauch aller Formen ist ein sicheres Zeichen entweder für verhaltensmäßige Unreife oder chronischen Streß. Beides resultiert in einem voraussagbaren Anstieg der Spannungen und führt zu der Art Unzufriedenheit in der Ehe, die der Scheidung vorausgeht.

Wenn der Streß in der Familie gering ist, sind die Verhaltensmuster subtiler, erst wenn der Angstpegel steigt, wird der Familienstil offenkundig. Um herauszufinden, welcher Stil in Ihrer Familie vorherrscht und ob ein Muster zum anderen führt, betrachten Sie die Ereignisse, die in Ihrer Kindheit und Jugend zu Hause zu Streß führten. Darunter könnten folgende sein:

- Feiern – Geburtstage, Feiertage, Abschlußprüfungen, Hochzeiten, Geburten, Kommunion- und Konfirmationsfeiern, Ferien
- Besuche aus dem erweiterten Familienkreis, gemeinsame Mahlzeiten
- Diskussionen über bestimmte Themen wie Religion, Erziehung, Ausbildung, Politik, Geld, Sexualität, Kinder
- wer welche Aufgaben im Haus erledigt und wer sie zuteilt.

Auf diesem Hintergrund stellen Sie sich die folgenden Fragen, *erst über Ihre Mutter, dann über Ihren Vater*:

– Hat sie stressige Punkte ignoriert?
– Ging sie mit stressigen Angelegenheiten um, indem sie das Thema wechselte oder sich mit etwas anderem beschäftigte? Zog sie sich zurück?
– Verließ sie das Zimmer oder das Haus?
– Hielt sie die Fassade einer »perfekten Ehe« nach außen aufrecht?
– Brachte sie heikle Themen wie Sexualität, Geld oder Verwandte zur Sprache?

- War sie leicht frustriert?
- Beklagte sie sich über ein Gefühl der Einsamkeit in der Ehe?
- Brauchte sie Alkohol oder Drogen?
- Bekam sie ein psychisches Leiden wie Depressionen?
- Klagte sie den Vater an, ihr gegenüber unaufmerksam zu sein?
- Machte sie dem Vater Vorschläge und Angebote, die dieser ablehnte?
- Drückte sie sich davor, eine unterschiedliche Meinung auszusprechen?
- Traf sie alle wichtigen Entscheidungen?
- Traf sie nur wenige oder keine Entscheidungen?
- War sie launisch?
- Ging sie vollkommen in ihrer Arbeit auf?
- Gab sie Ihrem Vater für alles, was in der Ehe nicht klappte, die Schuld?
- Hatte sie körperliche Symptome wie Übelkeit, Kopfschmerzen, Schlaflosigkeit?
- Sprach sie über die Unzulänglichkeiten Ihres Vaters mit anderen, aber nicht mit ihm?
- Sprach sie über seine Unzulänglichkeit mit Ihnen oder mit Ihren Brüdern oder Schwestern?
- Bat sie Ihre Brüder oder Schwestern um Vermittlung?
- Ließ sie ihre Ängste an Ihnen aus?
- Wandte sie sich an Verwandte oder Freunde?
- Hatte sie eine Affäre?
- Drängte sie die Kinder, dem Vater nicht »auf die Nerven zu gehen«?
- War sie bei der kleinsten Provokation gleich eingeschnappt?
- Provozierte sie Streit wegen kleinerer Angelegenheiten?
- Schrie oder fluchte sie häufig?
- Drohte sie mit Selbstmord?
- Wurde sie physisch gewalttätig, d. h. schlug sie zu?
- Hat sie viel geweint?
- War sie ein zorniger, feindseliger Mensch?

- Rief ihre Gegenwart Spannungen hervor?
- War sie manipulativ?
- Hatte sie eigene Freunde/Freundinnen und gesellschaftliche Kontakte, die besonders ihren Vater ausschlossen?

Da sich in jeder Familie sehr viel überschneidet, ist es nicht möglich, jede von Ihnen gegebene Antwort einem Stil zuzuordnen. Jedoch beziehen sich die ersten 17 Fragen mehr auf die Verhaltensmuster von Distanzierung und Anpassung, während der andere Teil mehr mit offenem Konflikt und sich auf jemand anderen konzentrieren zu tun hat. Sie sollten in der Lage sein, zu erkennen, wie ein Muster (und sein Fließen zum nächsten) jeden Elternteil, ihre Beziehung zueinander sowie die Beziehung zu ihren Kindern charakterisiert. Ihre Reaktionen auf diese Fragen und die Informationen über Sie und Ihre Familie in Teil Drei werden Ihnen helfen, Ihren Familienstil zu identifizieren, und Sie werden erkennen, wie er – meist unbewußt – über Generationen weitergereicht wird.

15
Scheidung, Angst und Reife

Menschen, die man unter gewöhnlichen Umständen für reif halten würde, regredieren normalerweise im Fall einer Scheidung. Während es für alle, die sie kennen, offensichtlich sein kann, daß sie sich unreif verhalten, sind sie sich dessen nicht bewußt, noch können sie daran etwas ändern. Scheidung ist ein dermaßen streßgeladenes Problem, daß es gesunde Menschen für eine unterschiedlich lange Zeit zu funktionsgestörten Personen macht.

Wenn Menschen Ängste verspüren, schwenken sie mehr zur Gefühlsseite des Denken-Fühlen-Spektrums. Angst destabilisiert Menschen und drängt sie, sich mehr auf die Beziehung und ihre Probleme zu konzentrieren als auf sich selbst und ihre Verantwortlichkeiten. Wenn Sie die Verhaltensmuster

Ihrer Familie identifizieren, werden Sie sehen, daß Ihre Familie mehr als nur eine dieser Verhaltensweisen benutzte – und vielleicht noch immer benutzt –, um ihre Konflikte zu lösen. Aber Sie werden auch entdecken, daß sich oft ein Stil durchsetzt. Und Sie werden bald sehen, welche Rolle Sie in diesem Familien-Szenario spielten.

Vermeiden, Distanzieren und offener Konflikt

Lauras Eltern, beide in ihren Siebzigern, versuchten immer Entschuldigungen zu finden, damit sie Laura und ihren Mann Mark nicht besuchen mußten. »Wann immer wir hinfuhren, wußten wir nicht, was uns erwartet«, erzählte mir Lauras Mutter. »Manchmal redete sie nicht mit ihm. Er lief dann nervös in der Küche herum, redete mit uns und tat so, als ob nichts wäre. Aber ich kenne meine Tochter, und ich konnte aus ihrer Körpersprache, ihren schmalen Lippen und knappen Antworten erkennen, daß es ein größeres Problem gab.«
»Ich kann mich nicht erinnern, daß es so etwas in den ersten 10 Jahren ihrer Ehe gab«, sagte ihre Mutter. »Aber danach war es immer dasselbe. Entweder war sie still, oder sie stritten sich. Ich wußte nicht, was schlimmer war.«
Laura und Mark heirateten, als sie 23 und er 24 Jahre alt waren. Sie lernten sich über Lauras ältere Schwester Marjorie kennen, die mit einem bekannten Immobilienmakler verheiratet war. Marjorie war eine erfolgreiche Graphik-Designerin, die von vielen Firmen und Werbeagenturen wegen ihres innovativen Stils gefragt war. Sie und ihr Ehemann Larry hatten dreijährige Zwillingssöhne, die bereits Bücher der zweiten Schulklasse lesen konnten, Erwachsenengespräche führten und ein ungewöhnlich sicheres Auftreten hatten. Sie waren die ältesten Enkel und wurden von der ganzen Familie, besonders von Laura, vergöttert. Sie nahm sie mit zu Freunden, in Museen, in den Zoo, an den Strand und verwöhnte sie mit teurer Kleidung.

Lauras Familie hatte eine enge Beziehung zu Tanten, Onkeln, Cousins, Cousinen und Großeltern, die sie häufig besuchten und mit denen sie sich trafen. Als sie heiratete, nahm man ihren Mann mit genauso offenen Armen auf wie den Mann ihrer Schwester.

Zu der Zeit war die quirlige und freundliche Laura eine Museums-Führerin, der ihre Arbeit Spaß zu machen schien. In den ersten sechs Ehejahren bekamen sie und Mark drei Töchter, die zwar nicht so frühreif waren wie Lauras Neffen, aber doch lebhaft, wißbegierig und hübsch. Laura liebte ihre drei kleinen Mädchen, spürte aber doch eine innerliche Traurigkeit darüber, daß sie keinen Sohn hatte, eine Traurigkeit, die sie sogar vor sich selbst verleugnete.

Nach etwa 10 Ehejahren, erinnert sich Laura, wurde sie ruhelos und hatte das Gefühl zu ersticken. Sie redete darüber, Jura zu studieren, mit einer Freundin einen pikfeinen Schönheitssalon in San Francisco zu eröffnen oder mit dem Studium östlicher Kulturen zu beginnen. Schließlich nahm sie den Job einer geschäftsführenden Sekretärin bei einem Kleidungsfabrikanten an.

Etwa zu dieser Zeit entdeckte sie bei ihrem Mann und den Kindern viele Unzulänglichkeiten und Mängel. Michelle war schlampig, Robin tat zu wenig für die Schule, Naomi war faul. Sie beschuldigte Mark, keine Verantwortung in der Ehe zu übernehmen und sich aufs Geldverdienen zu beschränken. Sie war die Putzfrau, Waschfrau, machte die Einkäufe, führte die Haushaltskasse und managte die gesellschaftlichen Kontakte. »Er wollte nur rumsitzen und mit mir und den Kindern fernsehen«, erzählte sie mir. »Wenn ich einen Trip plante, fuhren wir. Wenn ich was kochte, aß er. Wenn ich die Möbel umstellte, mochte er es. Aber von ihm ging nichts aus, er plante nichts. Es machte mich verrückt.«

Laura gibt heute zu, daß Mark versuchte zu reagieren. Er wusch die Wäsche, machte Termine mit dem Kinderarzt und putzte das Haus. Sie wurde von allen Freundinnen beneidet, die immer wieder sagten: »Wenn mein Mann nur einen

Bruchteil davon tun würde, was deiner tut...« Aber es reichte nicht. Nach drei Jahren Therapie räumt Laura heute ein, daß, egal was Mark getan hätte, es wahrscheinlich nicht genug gewesen wäre. »Die Wahrheit war, daß ich ihn einfach nicht mehr liebte. Ich hatte den Respekt vor ihm verloren. Er war zu wischi-waschi und hatte nicht genug Pep. Ich glaube, ich wollte, daß er berühmt und reich würde und so ein guter Golfspieler wie mein Schwager. Also hackte ich dauernd auf ihm herum. Ich war einfach unglücklich und wollte eine andere Art von Ehemann, einen, der interessanter war und durch den ich mich besser fühlen würde.«

Lauras Stil war es, abwechselnd ihren Gefühlen durch Schreien und das Werfen von Töpfen in der Küche Luft zu machen, oder sich von ihrem Mann und den Kindern emotional zu distanzieren. In dieser Zeit gab es keine Unterhaltungen, und die Atmosphäre war äußerst gespannt.

»Wir saßen am Eßtisch, und Mom füllte unsere Teller, ohne ein Wort zu sagen«, erinnert sich Michelle, die älteste Tochter, die jetzt 28 ist. »Manchmal aß sie mit uns, manchmal aß sie später. Dad tat so, als ob nichts wäre. Er sagte: ›Naomi, möchtest du noch etwas Salat?‹ ›Robin, du ißt ja gar nichts. Magst du die Spaghetti nicht mehr?‹ ›Michelle, was hast du heute in der Schule gemacht?‹ Wegen jeder Kleinigkeit regte sie sich über uns auf. Und nach einigen Tagen des Schweigens sagte sie: ›Laßt uns darüber reden. Wir müssen kommunizieren.‹ Nur war es so, daß sie die einzige war, die redete. Sie hatte ihre Meinung und ließ uns keinen Raum. Also sagten wir auch nichts. Wir hörten nur zu, gingen mit unseren Freundinnen aus oder verzogen uns auf unsere Zimmer. Ich vermute, sie glaubte, damit etwas zu erreichen. Ich weiß es nicht. Eine Lektion habe ich damals gelernt«, sagt Naomi, »leg dich nicht mit Mom an, du kannst nicht gewinnen.«

Die Ehe von Laura und Mark war gekennzeichnet von einer Kombination des »Distanzierens«, »Offenen Konflikts« und des »Anpassens«. Lauras Unfähigkeit zur Kommunikation entfernte sie nicht nur emotional von ihrer Familie, sondern schuf auch eine Distanz ihrer Kinder zu ihr, ihrem Vater und allen anderen. Alle lernten, daß mit Konflikten umzugehen hieß, sich nicht damit zu befassen, sich auf eigene Aktivitäten zurückzuziehen und zu warten, bis Mom sich beruhigt hatte und die Krise sich legte.

Laura distanzierte sich körperlich und emotional, indem sie eine Reihe von Affären begann, einige davon mit Freunden ihres Mannes. Ihre Kinder saßen, als sie klein waren, viel vor dem Fernseher und flüchteten so in andere Welten. Als sie älter wurden, führten sie voneinander getrennte Leben, auch wenn sie in einem Haus lebten.

Naomi ging Problemen aus dem Weg, indem sie sich zuerst in der Volksschule und später im Gymnasium in Theatergruppen engagierte. Sie blieb so lange wie möglich bei den Proben in der Schule. Robin wandte sich der Fotografie zu und verbrachte ganze Tage und Nächte in der Dunkelkammer im Keller. Keines der Kinder hatte eine enge Beziehung zu Freunden.

Mark konzentrierte sich währenddessen auf seine Arbeit, die ihn häufig aus der Stadt führte. Er blieb länger weg als notwendig; und wenn er zurückkam, fand er eine zornige Ehefrau vor, die mürrisch und launisch war, weil sie sich von der Verantwortung für Haus und Kinder überlastet fühlte.

Der Kreislauf setzte sich fort. Mehr Geschrei. Mehr Töpfe flogen. Mehr Stille. Mehr Distanz. Mehr Reisen. Mehr Affären.

Laura und Mark ließen sich scheiden, als ihre Kinder Teenager waren. Die Scheidung wurde verbittert und wütend geführt und endete so, daß die Eltern über nichts mehr miteinander redeten, auch nicht über die Kinder. Keiner hat wieder geheiratet. Heute, vierzehn Jahre später, reden sie immer noch nicht miteinander.

In diesem Fall wurde durch die Scheidung nichts erreicht. Die Beziehungen zwischen den Familienmitgliedern blieben aufs äußerste angespannt. Die Kinder dürfen den Namen des einen Elternteils beim anderen nicht erwähnen. Sowohl die Mutter als auch der Vater beklagen sich bei den Kindern über den jeweils anderen und klagen sich gegenseitig an, am Zerbrechen der Ehe die Schuld zu tragen. Doch was das Wichtigste ist: Keiner von beiden hat sich eine neue und wohltuende Beziehung geschaffen.

»Ich kann nicht sehen, wo die Scheidung irgend etwas zustande gebracht haben soll«, sagt Michelle. »Weder meine Mutter noch mein Vater haben sich geändert, und ihr Verhalten kommt ihren Beziehungen zu anderen Männern oder Frauen dauernd ins Gehege. Sie erkennen das einfach nicht. Wenn ich das so betrachte, hätten sie auch weiter verheiratet bleiben können.«

Michelle gesteht, daß auch sie Probleme mit Beziehungen hat. »Einmal ging ich zwei Jahre mit einem Typen und dachte, daß ich ihn wirklich mag. Wir liebten dieselben Sachen, und ich rechnete damit, ihn schließlich zu heiraten. Aber auf der Geburtstagsparty einer Freundin, die 21 wurde, traf ich ein paar andere Männer, die ich mochte, und ich ging mit ihnen aus. Irgendwie mochte ich das. Keine Verbindlichkeiten. Jedes Wochenende ein anderer Typ. Man ist niemandem Rechenschaft schuldig. Niemand, der sagt, ich solle mein Kleid wegräumen oder die Wäsche waschen.

Ich glaube nicht, daß ich jemals heiraten werde. Vielleicht lebe ich mal eine Zeitlang mit jemandem zusammen; aber ich habe kein Vertrauen, daß es hält. Ich möchte es auch gar nicht.«

Während keine der Töchter im Mittelpunkt des Interesses eines Elternteils stand, lernten doch alle von ihrer Familie die Verhaltensmuster des Distanzierens und Vermeidens. Freunde und Familie klagen darüber, daß die Mädchen zurückhaltend seien und Schwierigkeiten hätten, mit ihnen zu kommunizieren. Keine der Frauen hat ein Interesse an der Ehe, alle neigen eher zu oberflächlichen Beziehungen. Von den dreien macht sich nur Robin Sorgen über ihre Unfähigkeit, eine Beziehung zu anderen Menschen herzustellen. Sie macht eine Therapie und ist im Begriff zu erkennen, daß der Familienstil des Distanzierens nicht ihr eigener sein muß.

Marilyn: Die Scheidung löste kein Problem

Marilyn, über die wir schon weiter oben berichteten und deren Mutter die Familie verließ, um eine Beziehung zu einem Rock-Star einzugehen, machte eine ähnliche Erfahrung. Sie beklagt, daß die Scheidung ihrer Eltern keines der zwischen ihnen existierenden Probleme gelöst hätte. Die Mutter gab weiterhin dem Vater die Schuld an der gescheiterten Ehe. Er wäre zu langweilig gewesen, zu gesetzt, zu anhänglich. Sie bräuchte Aufregung, Stimulation, Partys und Tanz. Sie sagt auch weiterhin, sie hätten »nicht zueinander gepaßt«.

Ihr Vater wandte dagegen ein, daß er ein guter und liebenswürdiger Ehemann und liebevoller Vater gewesen sei. Er verdiente recht gut und sei zu Geselligkeit mit Familie und Freunden bereit gewesen. Er gab aber zu, daß er außerhalb der Familie und des Berufs wenig Interessen gehabt habe und wahrscheinlich »nicht der aufregendste Mensch war, mit dem man zusammenleben könnte«. Die Scheidung änderte jedoch nichts. Das Glück, das Marilyns Mutter suchte, entzog sich ihr immer wieder. Und der Vater nutzte die Gelegenheit nicht, um neue Interessen zu entwickeln.

Zu Beginn war Steve, der Freund von Marilyns Mutter, alles, was diese sich gewünscht hatte. Sie hatten einen großen Freundeskreis, waren unternehmungslustig, besuchten einen Foto-Kurs und machten transzendentale Meditation. Aber innerhalb eines Jahres war alles vorbei. Und ihre Mutter stand genau da, wo sie angefangen hatte; sie war unglücklich und beschuldigte Steve, nicht seinen Versprechungen gemäß gelebt zu haben. Die nachfolgenden Beziehungen erwiesen sich auch nicht als erfolgreicher.

Auf der anderen Seite verbrachte der Vater ein ruhiges, ereignisloses Leben. Er hatte drei oder vier Romanzen, die jedoch aus den gleichen Gründen scheiterten, aus denen seine Ehe versagt hatte. Die Frauen klagten darüber, er wäre ihnen zu anstrengend, zu erdrückend und es scheine, als hätte er außerhalb der Beziehung keinerlei Interessen. Er erzählte immer wieder davon, daß er wieder zur Schule gehen wolle, mehr Sport treiben und wieder Golf spielen werde, aber am Ende saß er wieder in seinem ledernen Polstersessel und sah sich Wiederholungen im Fernsehen an.
Beide Eltern schieben sich noch nach 21 Jahren gegenseitig die Verantwortung für das Scheitern der Ehe zu. Aber keiner führt ein befriedigendes Leben. Und keiner hat sich die Mühe gemacht, sich über seine Rolle bei dem Bruch ehrliche Gedanken zu machen.
Was Marilyns Aufwachsen betrifft, so hatte sie schlechte Vorbilder. Ich glaube, daß Menschen, die eine Scheidung gut überstehen, weit über die Vorstellung von »Gewinnern« und »Verlierern« hinausdenken. Sie halten sich nicht mit Schuldzuweisungen auf und gestehen ihren Beitrag am Niedergang der Ehe ein. Damit schaffen sie sich die Voraussetzung für ein glücklicheres und befriedigenderes Leben in der Zukunft.
Wie schmerzhaft eine Scheidung für Kinder auch sein mag, wenn sie sehen, daß sie Probleme löste und ihre Eltern danach eine bessere Wahl trafen, fällt es ihnen leichter, die Entscheidung zu akzeptieren. Und im Laufe ihrer Entwicklung gewinnen sie ein besseres Gleichgewichtsgefühl für Vernunft und Emotionen. Diese Wahl muß nicht unbedingt eine neue Beziehung oder eine Wiederheirat beinhalten, sie kann auch in einem ausgefüllteren und sinnvolleren Leben bestehen. In diesem Fall können die Kinder zu einem gesünderen Selbst-Bild und einem optimistischeren Zukunftsbild gelangen. Bestehen die Probleme zwischen den Eheleuten weiter, so bleiben sie Teil der Entwicklungsprobleme des Kindes, da die Scheidung nichts Wesentliches geklärt hat.

Konflikt und Kooperation

Alle von mir beschriebenen Familienstile hinterlassen ihren Eindruck im Bewußtsein der Kinder und beeinflussen deren zukünftiges Beziehungsverhalten.

Meinungsverschiedenheiten zwischen Menschen lassen sich jedoch nicht vermeiden. Das Leben wäre ohne sie auch langweilig; und Konflikt ist nicht immer gleichbedeutend mit Wut, Zorn, Feindseligkeit, Verbitterung oder Gewalttätigkeit. Im Gegenteil, Konflikte haben auch ihre guten Seiten: Sie können produktive Veränderungen und Problemlösungen nach sich ziehen.

In einigen Ehen glauben Mann und Frau, daß die effektive Lösung ihrer Probleme in der Scheidung liegt. Doch auch wenn das geschieht, müssen Kinder nicht darunter leiden.

Einige Eltern, jene eingeschlossen, die ihre Konflikte stürmisch austragen, können ihre Rolle als Eltern von ihrer Rolle als Ehegatten trennen. Diese Eltern sind reif genug, zu erkennen, daß der gehaßte Ehegatte auch ein/e geliebte/r Mutter/Vater ist. Das sind Eltern, die den Konflikt austragen, wo er hingehört – zwischen Mann und Frau –, und die verhindern, daß die Kinder in den Mittelpunkt des Streits rücken. Es sind Eltern, die miteinander kooperieren können, ohne das Gefühl zu haben, kompromittiert worden zu sein.

Wenn bei einem Konflikt dem anderen Menschen die Schuld gegeben wird, untergräbt dies sein Selbstwertgefühl und wird schnell persönlich zu diffamierend, um noch eine vernünftige Lösung zuzulassen. Es ist ein Unterschied, ob Sie zu Ihrer Frau sagen: »Ich lasse mich von dir scheiden, weil du nicht die richtige Frau für mich bist, aber ich erkenne, daß du Qualitäten hast«, oder ob Sie sagen: »Ich lasse mich von dir scheiden, weil du ein schlechter Mensch bist.«

Eine Untersuchung von Kathleen A. Camara und Gary Resnick von der Tufts Universität zeigt, daß das Sozialverhalten von Kindern aus geschiedenen wie auch aus nicht geschiedenen Ehen in Beziehung dazu zu stehen scheint, wie die Eltern mit Konflikten umgehen und ob die Eltern kooperativ handeln können. Wenn Eltern es schaffen, Zorn, Animositäten und Anschuldigungen zu überwinden, haben Kinder eine bessere Chance, die Scheidung psychisch gesund zu überstehen. Die Forscher fanden heraus, daß diese Kinder zwei Jahre nach der Scheidung weniger aggressiv waren, ein höheres Selbstwertgefühl besaßen und mit Freunden besser auskamen.

Überraschenderweise ließ sich von der Intensität des Konflikts nicht immer der Grad an Kooperationsbereitschaft in bezug auf die Kinder ableiten. Häufig waren die Konflikte gering, und man erwartete eine hohe Kooperationsbereitschaft, die dann nicht vorhanden war. Auf der anderen Seite waren Eltern, die einander schmerzhafte Verletzungen wie z. B. eine Affäre oder körperliche Gewalt nicht vergeben konnten, durchaus in der Lage, ihre Kinder als gemeinsames Anliegen zu betrachten und alle Dinge, die diese betrafen, kooperativ anzugehen.

Obwohl die Studie die Kinder nur zwei Jahre nach der Scheidung der Eltern untersuchte, glaube ich, daß die Resultate beständig bleiben werden. Ich denke, daß Kinder die Trümmer der unerledigten Beziehungen ihrer Eltern mit ins Erwachsenenalter hinübernehmen.

Viele Kinder sind so darin geübt, ihre Gefühle zu verbergen, daß sie nicht wissen, wie sie sich in einer intimen Beziehung des Gebens und Nehmens verhalten sollen. Dies gilt besonders für Kinder, die ihre Zuneigung zu einem Elternteil unterdrücken mußten, weil sie dem Elternteil, bei dem sie lebten, gefallen wollten. Manche Kinder entwickeln eine »Stell dich gut mit dem Türhüter«-Mentalität. Sie haben gelernt, daß der Mensch (normalerweise der Elternteil mit dem Sorgerecht), der die grundlegenden Dinge kontrolliert – Liebe, Nahrung, das Zuhause, Aktivitäten, Zuwendung –, über großen Einfluß verfügt, und sie haben Angst, es sich mit ihm zu verderben. Dieselben Gefühle bestimmen häufig den Umgang mit einer Liebesbeziehung. Er/sie sieht den Liebespartner als den

Mächtigeren und ist unfähig, die eigenen Gefühle offen und angemessen auszudrücken. Es wäre zu riskant, schlimmstenfalls könnte man die Beziehung verlieren.

Andere wenden andere Taktiken an. Sie können sich physisch oder emotional distanzieren, weil sie gelernt haben, angespannte Zeiten oder emotionalen Druck auf diese Weise zu überleben. Oder sie manipulieren den anderen Menschen, weil das die Technik ist, die sie beherrschen. Vielleicht schaffen sie eine Situation, in der sie von jemandem, den sie lieben, abgelehnt werden. Oder sie weisen jemanden ab, um ihm zuvorzukommen.

Wie auch immer sie es ausdrücken mögen, das Erbe ihrer Eltern bringt die Beziehung zu ihrem Partner fortwährend in Gefahr. Die Geister der Vergangenheit bleiben nicht begraben, und die Beziehungsmuster begleiten die Menschen solange, bis sie durchschaut und schließlich abgelegt werden können.

Kinder, die nie erlebt haben, daß ihre Eltern ernsthafte Meinungsverschiedenheiten gelöst haben, stellen oft fest, daß sie benachteiligt aufwuchsen. Ich habe oft verwirrte Erwachsene sagen hören: »Ich weiß nicht, wie Menschen persönliche Konflikte bereinigen können, weil ich nie gesehen habe, daß meine Eltern es taten. Ich habe nie eine normale gesunde Beziehung zwischen einem Mann und einer Frau erlebt.«

Auf der anderen Seite lehren geschiedene Eltern, die zwar feststellten, daß sie nicht zueinander passen, sich aber weiterhin mit Respekt behandeln, ihre Kinder eine produktive Form des Umgangs mit Meinungsverschiedenheiten und geben ihnen die Freiheit, sich auf gesunde Art in ihren Beziehungen zu bewegen.

Teil 3

Den Teufelskreis durchbrechen

16
Frei werden

Wie wir gesehen haben, können die Auswirkungen der Scheidung grundlegend sein. Als Kind geschiedener Eltern haben Sie eine erschütternde Erfahrung gemacht, die Ihr Gefühl für Vertrauen nachhaltig untergraben hat. Ihre Gefühle sind derart in Mitleidenschaft gezogen worden, daß sie immer ein Teil von Ihnen bleiben werden. Das heißt jedoch nicht, daß Sie dazu verdammt sind, die Fehler Ihrer Eltern zu wiederholen, oder daß diese sie schicksalshaft Ihr ganzes Leben begleiten müssen. Es bedeutet nicht, daß Sie unbedingt die falschen Partner wählen und Ihre Beziehungen scheitern müssen.
Sie werden Ihre Eltern nicht ändern können; aber mit Bewußtheit und bestimmten Richtlinien können Sie sich ändern. Sie können lernen, sinnvolle und glückliche Beziehungen einzugehen und aufrechtzuerhalten.
Der Schlüssel dazu ist das Ausmaß, in dem Sie sich von den Problemen Ihrer Eltern befreien können und von einem Familienstil des zwischenmenschlichen Umgangs emotional unabhängig werden, der nicht gut für Sie ist.
Was müssen Sie tun?
Als erstes müssen Sie den Familienstil identifizieren und die Art, in der Sie darauf reagieren.
Alle Familien haben ihre eigenen Charakteristika, aber es ist erstaunlich, wie wenige von uns diese Strukturen erkennen, ohne bewußt danach zu suchen. Ohne zu wissen, welche es

sind, woher sie kommen oder daß sie überhaupt existieren, ist es unmöglich, unsere eigenen Verhaltensmuster zu verändern. Es kann sein, daß Sie sich anfangs bei dieser Jagd auf die Vergangenheit unwohl fühlen und sich fragen, ob das denn unbedingt nötig ist. Aber nach kurzer Zeit werden Sie erkennen, daß sich typische Familiengefühle und Verhaltensformen lange halten und Ihre heutigen intimen Beziehungen beeinflussen. Es wird Ihnen ein Licht aufgehen, und Sie werden sich sagen: »Aber natürlich. Warum habe ich das nicht gesehen? Warum habe ich diese Verbindung nie gezogen?«

Ein idealer Zeitpunkt, um nach den Ursprüngen zu suchen, ist die Zeit der Verliebtheit Ihrer Eltern und die dann folgende Heirat. Zu Anfang hatten sie einander so gern, daß sie sich zur Heirat entschlossen. Und irgendwann später wurde das Feuer zu Eis. Sie müssen in Erfahrung bringen, wie und warum das passierte. Diese vier Aspekte sind oft ein gutes Barometer:

- Kommunikation
- Kritik
- Glaubwürdigkeit
- Gemeinsam verbrachte Zeit

Kommunikation

Ehen, die mit einer Scheidung enden, durchlaufen normalerweise mehrere Phasen. Eine davon ist eine Bewegung von offener Kommunikation und interessiertem Austausch von Informationen hin zu einer knappen Kommunikation und einem teilnahmslosen Austausch von Informationen.

Zur Zeit der Werbung und zu Beginn der Ehe, wenn zwei Menschen versuchen, sich kennenzulernen, werden gewöhnlich große Mengen von Informationen über alle möglichen Dinge ausgetauscht: Persönliches (welches Gefühl ich zu meiner Mutter habe), Berufliches (wie ich über meine Arbeit denke), Religiöses (wie ich zu Gott stehe) und Emotionales (wer ich bin). Mann und Frau bemühen sich herauszufinden, ob sie Seelenverwandte für das Leben sein könnten.

Diese Offenheit ist ohne eine Bindung wie die Ehe leichter herzustellen. Falls es nicht klappt, weil es zu viele Konflikte, zu viele Ängste, zu viele Meinungsverschiedenheiten gibt, kann man die Beziehung immer noch relativ leicht beenden.
Hat man sich erst einmal zur Heirat entschlossen, ändert sich das Bild. Jetzt besteht eine Verbindung, von der man möchte, daß sie hält. Es wird schwieriger, heikle Angelegenheiten zu besprechen, die die Beziehung bedrohen könnten.
Gerade in den ersten Ehejahren gibt es viele Meinungsverschiedenheiten zu klären. Alle Rituale und Traditionen zweier Familien müssen verbunden und neu ausgearbeitet werden. Einige sind von entscheidender Bedeutung. Werden wir Kinder haben? Wann? Wer wird arbeiten? Wer wird kochen? Wann besuchen wir die Verwandten? Andere sind weniger gewaltig, aber nicht weniger traumatisch. Öffnen wir die Weihnachtsgeschenke Heiligabend oder am ersten Feiertag? Gehen wir tanzen oder ins Kino? Wer bringt die Kleider in die Reinigung? Wer sorgt dafür, daß die Zahnpasta nicht ausgeht?
Da das Klären von Meinungsverschiedenheiten Ängste hervorruft, fangen Mann und Frau an, (Streit-)Fragen zu sammeln, aus denen sie ihren Standpunkt aufbauen. Die Kommunikation verliert in den ersten ein oder zwei Ehejahren häufig die Offenheit, die sie in der Zeit des Werbens hatte.
Während der nächsten Jahre entsteht ein Kommunikationsstil, der eine Mischung aus den Verhaltensmustern der Herkunftsfamilien beider Partner ist. Manchmal führt dieses Muster mit Glück, einer Therapie oder Einsichten zu einer akzeptablen Kommunikation, die die Stabilität fördert und die Bedürfnisse beider Partner befriedigt.
Häufig, abhängig vom Familienstil, ist dies nicht der Fall. Die Ehegatten entfernen sich voneinander, reden weniger über wichtige Dinge, drücken seltener ihre Meinung aus, tauschen weniger bedeutsame Informationen aus, vermeiden unbehagliche oder kontroverse Themen oder streiten andauernd darüber.

Kritik

In der Zeit der Verliebtheit, des Werbens und in den ersten Ehejahren bemüht man sich, das Verhalten des Partners zu verstehen, und die Kritik wird auf ein Minimum reduziert. Aber im Laufe der Zeit bemühen sich die Partner nicht mehr so sehr, einander zu gefallen, und oft fangen sie an, dem anderen die Schuld an den Problemen zu geben.

»Wenn du nicht vergessen hättest, den Installateur anzurufen, wäre jetzt das Badezimmer nicht überflutet.«

»Hättest du darauf bestanden, daß sie ihre Hausaufgaben macht, wäre sie nicht durch die Französisch-Prüfung gefallen.«

»Wenn du nicht unbedingt ein Baby hättest haben wollen, ginge es uns jetzt finanziell nicht so mies.«

Manchmal wird die Beschuldigung ausgesprochen, manchmal unterdrückt. In beiden Fällen wird die Schuldzuweisung an den anderen zum Verhaltensmuster, statt selbst eine angemessene Verantwortung zu akzeptieren. Und das zerrüttet die Ehe.

Glaubwürdigkeit

Häufig bricht eine Beziehung auseinander, weil einer oder beide Partner das Vertrauen in den anderen verloren haben. Sein oder ihr Verhalten ist nicht mehr vorhersehbar, und er oder sie kann sich nicht mehr darauf verlassen, daß der andere sensibel auf Bedürfnisse und Probleme eingeht. Manchmal passiert dies, wenn der Mann oder die Frau sich auf eine außereheliche Affäre einläßt. Manchmal geschieht es durch unschuldigere Lügen in kleineren Angelegenheiten:

»Ich war länger im Büro.« Später erfährt er, daß sie mit Bekannten tanzen war.

»Ich habe mit dem Glücksspiel aufgehört.« Später findet sie einen Schuldschein in seiner Jackentasche.

»Wir treffen uns dann um neun.« Sie kommt nicht vor elf.

»Ich sage dir immer die Wahrheit.« Ein Jahr später gesteht er, daß er seit seinem 22. Lebensjahr bisexuell ist.

Die Glaubwürdigkeit leidet, wenn einer der Partner versucht, den anderen zu manipulieren, wenn er Sachen sagt, die er nicht meint, wenn er besser dastehen will, als er ist. Eine meiner Patientinnen überredete z. B. ihren Mann, ein Appartment in New York zu mieten, damit sie die Wochenenden in New York verbringen und gemeinsam Theater und Museen besuchen könnten. Der Mann freute sich sehr, bis er ein Jahr später erfuhr, daß seine Frau Vorbereitungen traf, die Ehe zu beenden und vorhatte, das Appartment zu ihrem ständigen Wohnsitz zu machen.
Eine andere Patientin bat ihren Mann, mit ihr einen Karate-Kurs zu besuchen, wohl wissend, daß er daran kein Interesse hatte. Ein Freund enthüllte ihm, daß daran nichts Wahres war. Als sie den Wunsch äußerte, hatten sie und ein anderer Anwalt aus ihrer Firma sich schon zwei Wochen vorher für den Kurs eingetragen. Jeden Dienstag Karate war das Vorspiel für ein nächtliches Rendezvous in seiner Wohnung.

Gemeinsam verbrachte Zeit

Während der Zeit der Werbung und in den ersten Ehemonaten verbringen Paare soviel Zeit miteinander wie möglich. Sie unternehmen viel gemeinsam, versuchen Interesse an den Hobbys des Partners zu entwickeln und erkunden die Welt als Team. Dieses ständige Zusammensein läßt natürlich mit der Zeit nach, aber es ist ein Gefahrensignal, wenn Ehemann oder Ehefrau nicht mehr daran interessiert sind und nichts mehr gemeinsam unternehmen; wenn sie es kaum erwarten kann, daß er auf eine Geschäftsreise geht und wenn er ihr sagt, sie solle diese Dinge doch mit einer Freundin statt mit ihm machen. Sich verschlechternde Ehen werden häufig durch Partner gekennzeichnet, die sich in verschiedenen gesellschaftlichen Kreisen bewegen, total unterschiedliche Interessen haben und getrennt in den Urlaub fahren. Sie werden zu Fremden füreinander, und zum Schluß existiert die Ehe nicht mehr.

Wichtig für Sie als erwachsenes Scheidungskind ist, daß Ihr Familienstil – Vermeiden, Anpassung, Konflikt oder sich auf jemand anderen konzentrieren – bestimmend für den Verlauf all dieser Formen des täglichen Umgangs war.

Und es ist die Art, in der mit diesen Formen – Kommunikation, Kritik, Glaubwürdigkeit und gemeinsam verbrachte Zeit – umgegangen wird, die darüber entscheidet, ob eine Ehe gefestigt wird oder zerbröckelt. Darüber hinaus diktiert der gleiche Familienstil, wie *Sie* wahrscheinlich mit diesen Formen in intimen Beziehungen umgehen werden. Wenn Sie z. B. dazu neigen, sich bei einer Meinungsverschiedenheit von Ihrem Partner physisch oder emotional zu distanzieren, werden Sie bei einer verkümmerten Kommunikation landen, ein sicheres Zeichen für eine sich verschlechternde Beziehung.

Sie müssen die Situationen, die Worte und das Verhalten von Menschen besser verstehen lernen, die Reaktionen in Ihnen auslösen. Und Sie müssen den Teufelskreis durch eine Änderung Ihrer Reaktionen dort durchbrechen, wo er seinen Ursprung hat – bei Ihren Eltern.

Einige Menschen sind nicht in der Lage, diese Reise in die Vergangenheit allein anzutreten. Für sie kann es ein angemessener Beginn sein, mit einem Therapeuten zusammenzuarbeiten. Er oder sie wird Ihnen bei der Identifizierung Ihres Familienstils behilflich sein. Bei der gemeinsamen Arbeit werden Sie die Art und Weise erkennen, in der Sie immer noch auf diesen Stil reagieren, vielleicht indem Sie dagegen rebellieren oder ihn wiederholen.

Nach einer gewissen Zeit werden Sie genügend Einsicht in Ihre Vergangenheit, Ihre Familiengeschichte und in die Rolle, die Sie spielten, gewonnen haben, um fähig zu sein, zu Ihren Eltern zu gehen und sie zu bitten, Ihnen über ihre Zeit des Verliebtseins und des Werbens zu erzählen.

Warum?

Sie brauchen Informationen über Ihre Vergangenheit, die Ihnen ohne Ihre Eltern nicht zugänglich sind. Als Kind können Sie sich des Verhaltens Ihrer Familie bewußt gewesen sein, aber sie konnten und können wahrscheinlich immer noch nicht erkennen, daß das Verhalten Teil eines vorhersagbaren Musters ist, das Ihre Familie einzigartig macht, das ihr einen eigenen Stempel aufgedrückt hat, einen Stempel, den Sie heute Ihren Beziehungen aufdrücken.

Um dieses Muster zu verändern, brauchen Sie eine ausgewogene Meinung über beide Eltern. Sie müssen damit aufhören, einen als Täter und den anderen als Opfer zu sehen. Bis Sie so weit sind, werden Sie in einem Dreieck steckenbleiben, das Ihre Fähigkeit, eine zufriedenstellende Beziehung zu führen, lähmt.

Es gibt festgesetzte, universelle Zeiten im Leben aller Familien – Werben, zwei oder drei Jahre nach der Hochzeit, Geburt des ersten Kindes, das letzte Kind zieht aus –, in denen Menschen gezwungen werden, sich besonders intensiv mit Meinungsunterschieden auseinanderzusetzen. Das Wissen darum, wie Ihre Familie damit umging, wird es Ihnen ermöglichen, zu begreifen, wie sich die Kommunikation und die Glaubwürdigkeit zwischen Ihren Eltern verschlechterte. Sie werden erkennen, daß die Kommunikation zusammenbrach, weil sie vom Familienstil gesteuert wurde. Es hilft nichts, Menschen dazu zu drängen, »besser zu kommunizieren«. Wenn sie das könnten, würden sie es tun. Es ist ihr Familienstil, der sich ändern muß. Daran müssen Sie arbeiten.

Warum ist die Zeit der ersten Verliebtheit Ihrer Eltern wichtig für Sie? Erkenntnisse über das Werbungsverhalten Ihrer Eltern können Ihnen häufig Hinweise darauf geben, wie es zur Scheidung kam. Ich glaube, daß die Verhaltensmuster des Hofmachens denen der Scheidung ähnlich sind. Menschen heiraten so, wie sie sich scheiden lassen. War die Zeit des Umwerbens stürmisch, gekennzeichnet von überfließender Liebe und funkensprühenden Augenblicken, so kommt es oft auch bei der Scheidung zu einer bitteren, schmerzhaften und strafenden Trennung. Verlieben und »entlieben« werden vom gleichen Maß an Intensität begleitet – nur hat sich die Richtung geändert.

Stellen Sie Ihren Eltern folgende Fragen:

– Wie haben sie sich kennengelernt?
– Wie lange kannten sie sich, bevor sie heirateten?
– Was zog sie gegenseitig an?
– Wie war die Reaktion ihrer Eltern auf den Entschluß zu heiraten?
– Kannten sie sich gut, bevor sie heirateten?
– Haben sie über wichtige Punkte geredet, wie etwa unterschiedliche Auffassungen über Religion, Vorstellungen darüber, Kinder zu haben und sie zu erziehen, die Beziehung zu ihren eigenen Eltern?
– In welches Umfeld wurden Sie geboren? Fragen Sie, wie zufrieden die Familie damals war. Gab es zu der Zeit Todesfälle, Geburten, Hochzeiten? Waren beide Elternteile mit dem Beruf und ihrem persönlichen Leben zufrieden? War Ihre Geburt geplant? Stellen Sie dieselben Fragen über Ihre Brüder und Schwestern.
– Wann stellten die Eltern fest, daß sie sich nicht mehr liebten?
– Zu welcher Zeit (welchen Zeitpunkten) hörten sie auf, miteinander zu kommunizieren?
– Wann fingen sie an, sich gegenseitig die Schuld an den Eheproblemen zu geben? Welcher Art waren die Probleme? Wann begannen sie?
– Was glauben Ihre Eltern, warum sie sich scheiden ließen? Haben sie das Gefühl, daß die Scheidung ihre Probleme löste? Glauben Sie, daß es stimmt? Was für eine Beziehung hatten sie zu *ihren* Eltern?
– Wie gingen ihre Väter und Mütter miteinander um? Wie lösten *die* ihre Meinungsverschiedenheiten?
– Welcher Art war ihre Beziehung zu Geschwistern, Tanten, Onkeln und Cousins?

Wenn Sie diese Informationen einholen, werden Sie anfangen zu begreifen, aus welcher Art Familie Sie kommen, *wie* sie mit unterschiedlichen Auffassungen umging und warum.

Sie werden in der Lage sein, deutlicher zu erkennen, ob Ihre

Familie Konflikte ... Anpassung ... Vermeidung in den Vordergrund stellte oder, was am wichtigsten für *Sie* ist, ob sie sich auf jemand anderen konzentrierte.
Dann müssen Sie feststellen, ob Sie dieser »jemand« sind.

17
Ihr Platz in der Familie

Wo ist Ihr Platz im Verhaltensmuster Ihrer Familie? Wie bezogen Ihre Eltern Sie mit ein? Wie reagierten Sie? Wie reagieren Sie noch heute?
Alle Kinder werden von Zwietracht in ihren Familien in Mitleidenschaft gezogen. Aber es geschieht häufig, daß ein Kind mehr als die anderen Geschwister in den Familienkampf verstrickt wird. Manchmal ist es ein Kind mit einem chronischen Leiden oder einer bleibenden Behinderung. Es kann das erstgeborene oder das letzte Kind sein. Manchmal ist es einfach das Kind, das wegen seines oder ihres Temperaments am emotionalsten auf die Probleme der Eltern reagiert.
Jedenfalls ist es das Kind, auf das die Eltern ihre Ängste konzentrieren. Ihre Handlungen gründen hauptsächlich auf *ihren* Bedürfnissen und Ängsten, ohne daß sie sich der Bedürfnisse und Ängste des Kindes bewußt sind. Das Kind wird zum »Sündenbock« der Familie. Wenn die Spannungen der Eltern steigen, beruhigen sie sich durch eine Verlagerung der Aufmerksamkeit auf das Kind.
Eine Reihe höchst interessanter Untersuchungen, besonders die von Dr. Salvador Minuchin, dem Pionier der Familientherapie und Dozent der Universitäten von Pennsylvania und New York, dem Autor von *Families and Family Therapy* sowie *Institutionalizing Madness*, zeigen, daß viele Kinder mit schwer zu behandelndem Asthma oder Diabetes aktuelle physische Symptome entwickeln, wenn ein Familienkonflikt auftritt.

In diesen Familien ist die Physiologie des Kindes so auf Spannungen zwischen den Eltern eingestellt, daß in dem Augenblick, wo ein Konflikt auftritt, das Kind Angst bekommt und Symptome entwickelt, die mit der Krankheit in Verbindung stehen. Das Kind mit Asthma beginnt zu keuchen, bei dem Kind mit Diabetes steigt der Blutzucker an. Dann vertragen sich die Eltern wegen des Kindes und gehen ihren Problemen aus dem Weg.

Das Kind wächst unbewußt mit dem Gefühl auf, daß dies seine Rolle ist, daß er oder sie gebraucht wird, um das Familiensystem aufrechtzuerhalten. Wenn die wirklichen Probleme der Familie nicht an die Oberfläche kommen, lebt jeder in einem latenten, aber chronischen Streßzustand.

Kommt es in einer Kind-konzentrierten Familie zur Scheidung, so spielt das Kind wahrscheinlich dieselbe Rolle während und nach der Scheidung weiter. Er oder sie ist in die Scheidung mehr verwickelt als die Brüder oder Schwestern. Die emotionale Autonomie des Kindes wird ernsthaft verletzt, es wird wenig Selbstvertrauen und ein verkümmertes Selbstwertgefühl haben.

Manche Kinder bleiben für immer zu Hause. Manche ziehen aus und machen sich vor, erwachsen zu werden. Manche suchen sich schnell einen Ersatz, indem sie eine eigene Familie gründen. Was immer sie tun, ist von dem Grad der Angst bestimmt, die sie davor haben, ein verantwortungsbewußter Erwachsener zu werden.

Dies sind die Kinder, die später die größten Schwierigkeiten mit intimen Beziehungen haben. Warum?

Falls Ihre Eltern ihre Ängste und Konflikte über Ihre Person verarbeitet haben, ist die Wahrscheinlichkeit groß, daß Sie eher »beziehungs-orientiert« als »aufgaben-orientiert« sein werden. Dies bedeutet, daß viel von der Energie, die Sie für das Aufwachsen und bestimmte Entwicklungsstufen benötigt hätten, abgezogen wurde. Sie wurde in die Eltern und ihre Probleme investiert. Als die Ängste der Eltern zunahmen, zentrierte sich Ihre Beziehung um gemeinsame Sorgen und

Probleme. Und Ihre Eltern benutzten Sie ständig, um Trost zu suchen und ihre Unruhe zu reduzieren.
Je intensiver und emotional reaktiver Sie in die elterlichen Probleme verwickelt wurden, desto mehr wird Ihr Leben von Gefühlen – denen Ihrer Eltern und Ihren eigenen – bestimmt und weniger von rationalem Denken und Reflexion. Je mehr Kompromisse Ihre Eltern Ihnen abverlangten und Sie dazu drängten, Partei zu ergreifen, desto mehr wurden Sie in deren Probleme verstrickt und desto weniger Freiheit hatten Sie, Ihre Unabhängigkeit zu entwickeln.
Nehmen wir z.B. Nancy. Nancy ist die älteste von drei Schwestern und einem Bruder und hatte immer eine enge Beziehung zu ihrer Mutter, die als Einzelkind aufwuchs. Für Nancys Mutter war die älteste Tochter die Schwester, die sie nie gehabt hatte. Obwohl sie alle ihre Kinder liebte, war Nancy ganz klar ihr Liebling. Sie war eine brillante Schülerin, hatte eine umgängliche, lockere Veranlagung und war beliebt bei ihren Freunden.
Als ihr Vater seine erste Affäre hatte, suchte Nancys Mutter Trost bei ihr; sie war damals 13. »Was sollen wir tun?« fragte ihre Mutter und bezog Nancy sofort in ihre Probleme mit dem Ehemann ein. Nancy verstand die Botschaft. Sie hatte das Gefühl, es läge in ihrer Verantwortung, eine Antwort zu finden. In dieser Nacht versuchte sie zu vermitteln. Sie wartete bis Mitternacht, bis ihr Vater von der Arbeit kam; er war Bankett-Manager eines großen Hotels. Sie brachte die Affäre ohne Umschweife zur Sprache. Er weinte. Sie weinte. Und er versprach ihr, sich nicht mehr mit der Frau zu treffen.
Nancys Vater hatte noch zwei weitere Affären, bevor er die Scheidung einreichte. Jedesmal versuchte Nancy einzugreifen. Das Dreieck war deutlich erkennbar – Nancy und ihre Mutter gegen den Vater.
Als die Scheidung endgültig feststand, hatte Nancy das Gefühl, versagt und ihre Mutter im Stich gelassen zu haben. Aber sie blieb weiterhin die Vermittlerin in der Familie. Sie,

nicht ihre Mutter, war es, die den Vater anrief, wenn der Unterhaltsscheck zu spät eintraf, als sich ihre Schwester Betsy beim Skilaufen ein Bein brach oder als es im Haus brannte. Sogar noch als Erwachsene mit eigener Wohnung füllte sie ihre Familienrolle aus, beschützte ihre Mutter und schimpfte mit ihrem Vater. In der Therapie brauchte sie fast ein Jahr, um zu erkennen, daß sie dieses Verhaltensmuster in ihren Beziehungen fortsetzte.

Als Erwachsener reagieren Sie weiterhin auf das Szenario der Kindheit. Am deutlichsten wird es, wenn Sie sich mit Ihren Beziehungen befassen. Da Sie sich emotional nicht von der Familie gelöst haben, werden Sie immer noch durch die Ängste bestimmt, die Sie in der Familie absorbiert haben, und spielen die Rolle, die Ihre Eltern für Sie geschrieben haben.

Ihre Fähigkeit zu reifem Verhalten ist sehr beeinträchtigt, da Sie nicht gelernt haben, Denken und Fühlen zu trennen. Und noch weniger sind Sie in der Lage, Ihre Gedanken und Gefühle zu trennen, wenn Sie mit nahestehenden Familienmitgliedern umgehen. Ihr Verhalten ist fast gänzlich von Ihren emotionalen Reaktionen auf die Umgebung oder auf andere Menschen bestimmt. Ihr Selbstwertgefühl ist verkümmert, und in vielerlei Hinsicht können Sie nicht mehr sein als ein emotionales Anhängsel der Sie umgebenden Beziehungen.

Sie müssen herausfinden, ob Sie diese Rolle in Ihrer Familie spielten und wie Sie auf die destruktive Position, in die Ihre Eltern Sie versetzten, reagierten und noch reagieren.

Jennie war die jüngste von drei Schwestern. Ihr Vater war ein Workaholic, der glaubte, daß er das Geld verdienen müsse und seine Frau für alles andere zuständig sei. Jennies Eltern verbrachten wenig Zeit miteinander, obgleich sie alle zusammen in Urlaub fuhren und große Parties gaben. Jennies Mutter, eine ruhige, entgegenkommende Frau, war begeistert, als sich ihre jüngste Tochter als Tennis-Talent entpuppte, eine Sportart, in der sie es als Teenager gern zu etwas gebracht hätte. Sie ermutigte Jennie, Unterricht zu nehmen, jeden Tag zu trainieren und an Turnieren teilzunehmen.

Als sich die Ehe verschlechterte, verlagerte Jennies Mutter ihre Energie auf Jennie und ihr Tennis. Sie sah sich jedes Spiel an, wurde ihre Trainer-Assistentin und reiste mit dem Team. Jennies Tennis wurde zu ihrer Lebensaufgabe. Und Jennie war dafür verantwortlich, dies aufrechtzuerhalten.

Auch als sie erkannte, daß sie keine Profi-Spielerin werden wollte, hatte sie das Gefühl, nicht aufhören zu können. Ihre Mutter hätte das nicht zugelassen. Ihre Mutter zählte nicht nur darauf, daß sie Tennis-Champion würde, sie sollte sogar noch davon schwärmen.

Als Jennie 25 war und eine Beziehung mit Danny hatte, fing sie an, unter Bulimie zu leiden. Sie sagt, die Beziehung zu ihm sei, wie die zwei vorhergehenden Beziehungen, »unpassend« gewesen, und sie habe einen riesigen Druck der Verantwortung für den Verlauf der Beziehung verspürt.

Sie hatte das Gefühl, es sei ihre Aufgabe, daß Danny glücklich bliebe. Auch wenn es bedeutete, daß sie Skilaufen mußte, obwohl sie die Kälte haßte. Oder wenn sie eine wichtige berufliche Verabredung streichen mußte, weil er die Stadt früher verlassen wollte. Wenn sie sich stritten, schimpfte sie mit sich, weil sie überzeugt war, es sei ihre Schuld.

Nach einem Jahr Therapie konnte Jennie das Muster erkennen. Sie erkannte, daß sie ihre häusliche Rolle immer noch mit sich herumschleppte und weiterspielte.

»Natürlich«, sagt Jennie heute, »ich dachte, es sei meine Aufgabe, die wichtigste Person in meinem Leben glücklich zu machen. Erst meine Mutter; dann Danny. Ich habe kaum darüber nachgedacht, was *mich* glücklich machen könnte. Ich habe nur so reagiert, wie ich es mein ganzes Leben lang gemacht habe. Ich hatte so viele Ängste, daß ich nicht wußte, was ich damit anfangen sollte. Die Bulimie half mir dabei – endlich gab es etwas Konkretes, über das ich mir Sorgen machen konnte.«

Nach einigen Wochen Therapie fing Jennie an zu verstehen, daß die Bulimie nur ein Ersatz für Tennis war, daß Danny nur ein Ersatz für ihre Mutter war. Da die Beziehung zu ihrer

Mutter nur auf dem gemeinsamen Interesse am Tennis beruhte, war es nur natürlich, daß Jennie etwas entwickelte, auf das sie ihre Beziehung zu Danny aufbauen konnte – ihre Bulimie.

Als Jennie erst einmal angefangen hatte, die Ähnlichkeiten festzustellen, begann sie ihre eigenen Verhaltensformen zu erfassen. Etwa acht Monate nach Therapiebeginn begann Jennie, mit ihren Eltern zu reden.

Sie sagt, es sei sehr schmerzhaft gewesen, und manchmal habe sie sie zornig und frustriert verlassen. Aber sie glaubt, daß sie den ersten, wichtigen Schritt hin zu einer gesünderen, ehrlicheren Beziehung zu ihnen getan hat. »Ich habe nur den ersten Schritt getan«, sagt Jennie. »Aber mir ist klar geworden, warum alles so kommen mußte.«

18
Das Zusammenfügen

Wenn es Ihnen möglich ist, Ihre neuen Erkenntnisse über Ihre Verhaltensmuster und die Informationen, die Sie von Ihren Eltern über deren (und damit auch *Ihre*) Vergangenheit erhielten, zusammenzufügen, wenn Sie in der Lage sind, die Art der Familie, aus der Sie stammen, zu identifizieren und sehen können, bis zu welchem Grad Sie in die Probleme Ihrer Eltern verwickelt wurden, dann können Sie anfangen, diese Rolle aufzugeben. Es ist eine Rolle, die für Sie und Ihre Familie funktioniert hat, solange Sie zu Hause lebten. Aber von dem Augenblick an, wo Sie begannen, sich von Ihren Eltern zu lösen, und eigene Beziehungen herstellten, waren die Reaktionsmuster, die Sie mit sich herumtrugen, Ihnen genauso abträglich wie Ihren Beziehungen.

Wenn Sie die alte Rolle aufgeben, haben Sie die Möglichkeit, ein emotional unabhängigeres Leben zu führen und sich befreit von der Erbschaft Ihrer Eltern zu bewegen. Diese Freiheit wird es Ihnen erlauben, Ihren Eltern – vielleicht zum ersten Mal in Ihrem Leben – näherzukommen. Sie werden in ihrer Gegenwart bei emotional aufgeheizten Themen ruhiger reagieren können, werden sich von den ständigen Spannungen befreit fühlen und eine gesunde, gegenseitig befriedigende Beziehung zu ihnen entwickeln. Ebenso wird es ein riesiger Schritt in Richtung auf eine zufriedenstellendere Beziehung zu allen anderen Ihnen nahestehenden Personen sein.

Erwarten Sie nicht, daß es leicht wird. Zum einen könnten Ihre Eltern abgeneigt sein, Ihre Fragen zu beantworten. Besonders dann, wenn Ihr Familienstil der des Vermeidens und Distanzierens ist, kann das Offenbaren persönlicher Informationen ihnen bedrohlich vorkommen und unbehagliche Gefühle hervorrufen.

Wie Sie die Eltern dazu ermutigen, wird Ihnen etwas über *Ihren* persönlichen Stil sagen. Geben Sie auf? Geben Sie nicht nach? Streiten Sie sich? Werden Sie wütend und gehen? Finden Sie andere Möglichkeiten, die benötigten Informationen zu bekommen? Wie regeln Sie diese Meinungsverschiedenheit zwischen Ihnen und Ihren Eltern? Die Informationen, die Sie von Ihren Eltern bekommen und die von Ihnen dazu unternommenen Aktivitäten werden eine emotionale Reaktion in Ihnen hervorrufen. Sie werden Angst bekommen; ebenso Ihre Eltern. Sie werden sich anfangs garantiert unbehaglich fühlen.

Sie könnten sich fragen: Warum tue ich das? Geht es nicht darum, Ängste *abzubauen*, und nicht, sie aufzurühren? Ja, nach und nach. Aber zuerst müssen Sie einige Reaktionen wieder zum Leben erwecken, die unerkannt und tief in Ihnen begraben sind, aber Ihre Fähigkeit beeinträchtigen, Nähe zu anderen Menschen herzustellen.

Falls Sie entdecken, daß Sie Ihre Ängste verstecken, indem Sie immer reden, versuchen Sie, zuzuhören. Sind Sie ein »Distanzierer«, versuchen Sie, sich zu nähern. Falls Sie immer mit Ihrer Mutter geredet haben, gehen Sie auf Ihren Vater zu. Das Gegenteil zu tun, ist keine schnelle Zauberformel. Aber es

gestattet Ihnen, eine Beziehung auf andere Weise wahrzunehmen.
Zu verstehen, wie Ihre Familie funktionierte, ist der erste wichtige Schritt. Aber das ist nicht genug. Schrittweises Verstehen muß mit Handlung verbunden werden. Der Wert des Zurückgehens, des Redens mit Ihren Eltern und Großeltern, besteht darin, daß es ein Schritt des Handelns ist. Es zwingt Sie, etwas mit den Einsichten und Erkenntnissen anzufangen, die Sie durch die Therapie gewonnen haben, sie an den Stellen zu plazieren, an denen sie sich ereignet haben. Wenn Sie reden, werden Ihre emotionalen Reaktionen – und die Ihrer Eltern – anfangen, einen Sinn zu ergeben, da Sie einen neuen Blickwinkel haben. Ihre Fähigkeit, weniger emotional und ruhiger auf sie zu reagieren, wird den großen Unterschied ausmachen.
Sie wird Ihnen auch helfen, deutlicher zu erkennen, zu welchen Verhaltensweisen Sie tendieren, wenn Sie mit Ihren Eltern auf der Basis Erwachsener umgehen. Weil Sie Reaktionen bewußt herausfordern, werden sie offenkundiger und leichter durchschaubar für Sie sein. Bewaffnet mit den neuen Informationen und dem Wissen darum, was Sie suchen, werden Sie anfangen, sich und Ihre Eltern dabei zu »erwischen«, wie sie auf Ihnen vertraute Weise reagieren. Sie haben immer getanzt. Jetzt lernen Sie die Schritte.
Wie gut Sie diese Schritte erkennen, wie bewußt Sie sich Ihrer »emotionalen Reaktivität« werden, bestimmt Ihre Fähigkeit, sich zu verändern.
Als erstes müssen Sie Ihre Reaktionen auf Ihre Eltern verändern. Wenn Sie das tun, werden Sie Ihre Eltern zweifellos aus der Fassung bringen. Ihre neuen Reaktionen bringen den Status quo aus dem Gleichgewicht. Was Ihre Eltern Ihnen in Wirklichkeit – ohne sich dessen bewußt zu sein – sagen wollen, ist:
»Verändere dich nicht. Wir wollen dich so, wie du bist.« – Auch wenn das, was Sie sind, gegen Sie arbeitet.
Elvas Vater, ein beherrschter Mann in den frühen Fünfzigern,

hatte in der Ehe mit Elvas Mutter die Entscheidungen getroffen. Da Elvas Mutter Alkoholikerin war, bestand das Dreieck aus Elva und ihrem Vater gegen die Mutter. Aber als Elva ihren Vater bat, ihr Fragen zu seiner Vergangenheit zu beantworten, weigerte er sich, mit ihr zu reden. Er sagte, er hätte wieder geheiratet, und das Leben mit ihrer Mutter sähe er nur noch als Schatten, als eine Zeit, die er lieber vergessen möchte. Und er meinte, auch für Elva sei es besser zu vergessen.

Da sie nicht in der Lage war, ihn zu überreden, entschloß sich Elva dazu, mit ihrer Großmutter, seiner Mutter, zu sprechen. Bis zu dem Zeitpunkt hatte Elva ihre Großmutter nie allein besucht. Immer hatte ihr Vater die Besuche geplant; wann, wie lange und was sie tun würden. Als er von seiner Mutter erfuhr, daß seine Tochter nach Milwaukee fahren würde, um sie zu besuchen, und daß Elva ihm diesen Entschluß nicht mitgeteilt hatte, war er aufgeregt und ängstlich. Es passierte etwas außerhalb seiner Kontrolle. Das Dreieck verlagerte sich.

Er reagierte zornig und machte Elva klar, daß das, was sie tat, für ihn unannehmbar sei. Elva war versucht, so zu reagieren, wie sie immer reagiert hatte, wenn ihr Vater verärgert war: nachzugeben und den Besuch abzusagen. Aber da sie die Reaktion ihres Vaters herausgefordert hatte, konnte sie objektiver erkennen, was geschah. Wenn sie sich ihm widersetzte, wenn er die Kontrolle nicht mehr hatte, wurde er zornig. Da sie Angst hatte, seine Liebe zu verlieren, machte sie einen Rückzieher. So war es immer gewesen. Dieses Verhalten verhinderte erfolgreich die Kommunikation zwischen den beiden, und als Resultat davon kannten sich Elva und ihr Vater nicht besonders gut.

Elva konnte erkennen, daß sie das gleiche Verhalten in ihren Beziehungen zu Männern wiederholte. Sie sah z. B., daß sie mit ihrem Freund Sonny genauso umging wie mit ihrem Vater. Sonny redete immer über die Wichtigkeit des »Zusammengehörigkeitsgefühls« in einer Beziehung. Er meinte damit, daß Elva und er sich immer einig darin sein sollten, »zu tun, was er wollte«. Stimmte sie nicht zu, wurde er wütend. Da sie das nicht aushielt, unterdrückte Elva ihre Gefühle und gab nach. *Sie paßte sich an.*

Aber das machte wiederum sie zornig. Sie war sehr oft zornig. Allerdings machte sie Sonny gegenüber ihre Gefühle nicht deutlich. Falls sie es täte, würde er sie vielleicht verlassen. Sechs Monate dauerte das nun schon, und Elva erkannte, daß die Kommunikation zwischen ihr und Sonny nicht stimmte.

Der Zwischenfall mit ihrem Vater und ihrer Großmutter hatte ihr, ohne daß eine Frage gestellt oder beantwortet wurde, geholfen, die Verbindung zwischen ihrer Vergangenheit und Gegenwart zu erkennen. Sie konnte deutlich sehen, daß ihre emotionale Reaktivität durch ein Beziehungsmuster ausgelöst wurde, das der Beziehung, die sie zu ihrem Vater hatte, entsprach.

19
Schützen Sie Ihre Ehe

Als Erwachsener aus einer geschiedenen Ehe wissen Sie bereits, daß für Sie ein größeres Risiko für eine eigene Scheidung besteht als bei anderen. Waren Sie das Kind, auf das sich einer oder beide Eltern während der Ehe und der Scheidung konzentrierten und reagieren Sie immer noch wie früher, ist Ihr Risiko sogar noch höher. Und falls Sie keine Ahnung haben, warum die Ehe Ihrer Eltern scheiterte, könnte es schwierig für Ihre eigene Ehe werden. Deshalb ist es besonders wichtig, daß Sie in einer Zeit, in der Sie eine intime Beziehung eingehen, von der Sie hoffen, daß sie zur Eheschließung führt, Hilfe für sich suchen. Falls Sie es noch nicht getan haben, wäre dies der richtige Zeitpunkt, mit einem Therapeuten zu reden.

Sie würden, ohne zu zögern, eine Mammographie machen

lassen, wenn ein hohes Risiko für Brustkrebs bestünde. Oder einen Elektriker anrufen, wenn die Kabel im Haus schadhaft wären. Sie sollten nicht zögern, Schritte zu unternehmen, die Ihre Beziehung stärken und Ihre Ehe vor einer Auflösung schützen könnten.

Mit Hilfe eines Ehe- oder Familientherapeuten können Sie eine neue Sichtweise Ihrer Verhaltensformen in intimen Beziehungen entwickeln und einen Zeitplan für den wichtigen Schritt der Rückkehr in die Vergangenheit Ihrer Eltern und somit auch Ihrer eigenen entwerfen.

Sie sollten sich einige entscheidende Fragen über sich und den Menschen, mit dem Sie vorhaben, den Rest Ihres Lebens zu verbringen, stellen:

- Warum heiraten Sie?
- Warum wollen Sie *diesen* Menschen heiraten?
- Warum will er oder sie Sie heiraten?
- Verbünden Sie sich in erster Linie gegen einen gemeinsamen Gegner, Ihre jeweiligen Familien?
- Ist Ihr künfiger Gatte/Gattin jemandes Opfer? Und heiraten Sie, um ihn/sie zu retten?
- Können Sie die in Ihrer Beziehung entfalteten Verhaltensmuster identifizieren?
- Ist einer von Ihnen ein emotionaler »Distanzierer« und der/die andere ein emotionaler »Verfolger«? Will einer von Ihnen über die Dinge reden, während der andere dies vermeiden möchte? Stimmt einer von Ihnen immer mit dem anderen überein?
- Geben Sie oder Ihr Partner immer nach, statt über Ihre Gefühle zu sprechen oder ein Problem anzupacken?
- Hat einer von Ihnen Angst vor Verbindlichkeit/Nähe? Haben Sie Angst, betrogen zu werden?

Bei all diesen Beispielen wird Ihnen eine Erkundung der Vergangenheit dabei helfen, zu verstehen, daß Ihr Beziehungs-Stil nicht in der Isolation entstand. Sie werden viel über sich und Ihre Familie lernen und Verbindungen erkennen, die Sie sich nicht haben träumen lassen und die dennoch heute Ihr

Verhalten beeinflussen. Es werden Familiengeheimnisse und verbotene Themen enthüllt, die wichtig für Ihr Wachstum und Ihre Freiheit sind. Und Sie werden in der Lage sein, eine Beziehung einzugehen mit weniger Angst und mehr Zuversicht, daß sie funktioniert.

Eine Familie gründen

Da die Geburt eines Kindes ein herausragendes Ereignis im Leben von Menschen ist, zwingt sie zur Auseinandersetzung mit unterschiedlichen Auffassungen und zur Suche nach Möglichkeiten, diese zu harmonisieren. Wie gut Sie das können, wird davon abhängen, wie gründlich Sie Ihren eigenen Familienstil, Ihre emotionalen Reaktionen und die Situationen, die diese auslösen, verstehen.

Falls Sie Ihre Vergangenheit noch nicht erforscht haben, ist jetzt ein guter Zeitpunkt, um damit anzufangen. Sie könnten es auf dem Hintergrund der wichtigen Fragen zur Kindererziehung tun, die Streß in einer Ehe hervorrufen können:

Wie werden Sie mit Meinungsunterschieden in bezug auf Kindererziehung umgehen? Was ist, wenn einer von Ihnen eine öffentliche, der andere eine Privatschule will? Nehmen wir an, einer möchte, daß der Weihnachtsmann und der Osterhase kommen, und der andere nicht? Nehmen wir an, einer glaubt, daß wöchentliche Besuche bei den Großeltern wichtig sind, der andere hält sie für Zeitverschwendung?

Was ist mit Eifersuchtsgefühlen, die aufgrund der Forderungen des Kindes entstehen könnten?

Werden Sie das Gefühl haben, von der zusätzlichen Verantwortung als Eltern überfordert zu sein? Wie wollen Sie damit umgehen? Werden Sie wegen der Mängel in Ihrer eigenen Erziehung überkorrekt sein? Wenn es Ihnen verboten war, nach der Schule noch zu spielen, werden Sie Ihrem Kind gestatten, bis Mitternacht zu spielen? Wenn Sie keinen Nachtisch bekamen, bevor Sie aufgegessen hatten, werden Sie Ihren Kindern erlauben, zu essen, was sie wollen? Falls Ihre Eltern sie zu oft mit einem Babysitter allein ließen, werden Sie immer bei Ihrem Kind zu Hause bleiben?

Zum Thema Überkompensation sollten sich Menschen wie Ronnie Gedanken machen, der sehr viel Zeit auf der Suche nach seinem Vater verbrachte. Er sagte: »Alles was ich tue, tue ich für meine Söhne. Ich will, daß sie das von mir bekommen, was mein Vater mir nie gab.« Das ist in Ordnung, solange es nicht zu intensiv wird, solange die Ehe nicht derart auf die Kinder konzentriert ist, daß es Mann und Frau davon abhält, ein Gefühl dafür zu entwickeln, wer sie selbst überhaupt sind.

Das Thema Kindererziehung ist ein reicher Nährboden für Konflikte. Aber Sie dürfen nicht vergessen, daß Sie die Kontrolle über die Verhaltensbotschaften haben, die Sie an die Kinder vermitteln. Die Fortsetzung oder die Veränderung von Verhaltensmustern – guten oder schädlichen – in der Familie liegt in Ihrer Hand. Ihre Kinder werden sie genauso aufnehmen, wie Sie es taten. Was sollen Ihre Kinder lernen?

20
Erwachsene Scheidungskinder

Die Frauen und Männer, über die in den folgenden Kapiteln zu lesen sein wird, befinden sich auf verschiedenen Ebenen ihrer Suche nach befriedigenden intimen Beziehungen. Sie erlebten die Scheidung ihrer Eltern in unterschiedlichen Altersstufen, einige waren schon erwachsen. In einem Fall haben sich die Eltern schon vor 30 Jahren getrennt, sich aber nicht scheiden lassen.

In einigen Fällen war die Scheidung kooperativ, und die Interessen ihrer Kinder hatten für die Eltern höchste Priorität. Andere verliefen spannungs- und konfliktgeladen, und die Kinder wurden zum Unterpfand in einer verbitterten Scheidung.

Einige hatten enge Beziehungen zu dem Elternteil, der nicht das Sorgerecht hatte, andere sahen diesen selten. Einige erhielten viel Unterstützung von ihrer Familie und von Freunden, andere fühlten sich isoliert und alleingelassen. In einigen Fällen kam es zur Wiederheirat und zu komplexen Stieffamilien, in anderen blieben die Eltern allein.

Sie werden Beispiele für alle beschriebenen Familienstile erkennen und Parallelen zu Ihrer eigenen Familie entdecken. Und Sie werden die Verhaltensmuster identifizieren können, die Ihnen so vertraut vorkommen.

Am wichtigsten wird für Sie sein, zu sehen, daß die Psyche vieler erwachsener Scheidungskinder durch die Trennung ihrer Eltern unbeeinträchtigt bleibt. Dreh- und Angelpunkt ist, ob ihre Eltern ihnen effektive und kooperative Wege gezeigt haben, wie man Meinungsverschiedenheiten ausräumt.

Die spezifischen Umstände der folgenden Beispiele mögen die Ihren nicht exakt wiederspiegeln, aber sie werden Ihnen einen Rahmen zur Verfügung stellen, innerhalb dessen Sie eine Änderung Ihrer Sichtweise in Erwägung ziehen können.

Kein Buch kann Ihnen wie durch Zauberhand alle Antworten geben oder von einem Tag auf den anderen Verhaltensmuster umkehren, die sich ein ganzes Leben lang aufgebaut haben. Aber es kann ein aufschlußreicher Anfang sein. Mit Entschlossenheit, Mut und einer neuen Perspektive können Sie die ersten Schritte in Richtung auf wertvolle und lohnende Verbindungen tun.

Teil 4

Scheidungsgeschwister

21
Dieselbe Scheidung, dieselben Eltern, verschiedene Ansichten

Wenn ich mit Geschwistern über die Scheidung ihrer Eltern rede, frage ich mich manchmal, ob sie von derselben Familie berichten. Johnny sagt, sein Vater sei liebevoll und fürsorglich, seine Schwester Mary sagt vom selben Mann, er sei distanziert und kühl. Wenn wir die Bandbreite der Reaktionen von Geschwistern auf die Scheidung ihrer Eltern betrachten, so wird klar, daß jeder die Familie durch seine Brille sieht. Der Grund dafür liegt darin, daß jedes Kind in seiner eigenen, einzigartigen Umwelt aufwächst, die sich vollkommen von der seiner Brüder oder Schwestern unterscheiden kann.

Kinder kommen unter verschiedenen Umständen auf die Welt. Eltern, die bei der Geburt des Sohnes begeistert waren, weil alles in ihrem Leben zum Besten stand, können in einem Dreckloch gelandet sein, wenn drei Jahre später ihre Tochter geboren wird. Sie könnte nach dem Verlust eines Jobs geboren worden sein oder dem Tod der Großmutter oder des Großvaters. Die Stimmung in der Familie wird die Gefühle und das Verhalten dem Kind gegenüber beeinflussen.

Auch die Reihenfolge der Geburten kann eine Rolle spielen. Eltern reagieren auf das Erstgeborene anders als auf ihr sechstes Kind, und Kinder, die in eine Familie mit Brüdern und Schwestern geboren werden, finden eine andere Umwelt vor als ein Erstgeborenes.

Einige Kinder sind vom Temperament her eher in der Lage, mit ihren Eltern umzugehen als andere. Und es ist kein Geheimnis, daß Eltern oft Lieblingskinder haben – ob sie das nun zugeben oder nicht.
All diese Aspekte tragen dazu bei, die Rolle zu bestimmen, die ein Kind in der Familie spielt. Wir haben schon von dem Kind gesprochen, über das die Eltern ihre Meinungsverschiedenheiten austragen. Das Kind wird von Brüdern und Schwestern abgesondert und bei einer Scheidung häufig zum Sammelplatz der Familiengefühle. Dieses Kind wird es am schwersten von allen haben, intime Beziehungen herzustellen und aufrechtzuerhalten. Dies tritt nirgendwo deutlicher zutage als bei der Arbeit mit Brüdern und Schwestern aus geschiedenen Familien. Die Einzelheiten der beiden folgenden Fälle werden dramatisch illustrieren, wie dieselbe Scheidung Kinder derselben Familie auf unterschiedliche Weise in Mitleidenschaft zieht.

22
Murray und Felicia: »Mutter war da ... Nein, war sie nicht«

Murrays Geschichte

Murray, 29 Jahre alt, arbeitet in der Druckerei seines Vaters in San Francisco. Er sieht gut aus und sagt, er habe nur wenig Probleme. Er beschreibt sich als stark, kompetent und gut angepaßt. Nur seine Beziehung mit Mariana, einer Fernsehproduzentin, bereitet ihm schlaflose Nächte.
Murray und Mariana leben seit 16 Monaten zusammen. Mariana ist intelligent, selbständig, selbstsicher, und ihre Kollegen haben großen Respekt vor ihr. Sie ist stark und hat eine solide Überzeugungskraft, alles, was Murray an einer Frau bewundert. Sie haben viel Spaß zusammen. Murray gesteht,

daß Mariana die erste Frau ist, bei der er sich getraut hat, seine weichere Seite zu zeigen. »Ich muß es, um die Beziehung zu ihr aufrechtzuerhalten«, sagt er.
Und doch gibt es einiges in bezug auf Mariana, das Murray aus der Ruhe bringt. Er sagt, wenn er wetten müßte, ob die Beziehung hält, würde er dagegen setzen.
»Ich traf sie auf einer Cocktail-Party und mochte sie irgendwie. Sie sieht gut aus, nicht aufregend wie ein Model oder so. Aber ich bat sie, mit mir auszugehen, und wir verbrachten einen romantischen Abend. Wir gingen auf ein paar Drinks in eine Bar, wir aßen, wir gingen tanzen, und im Auto, auf dem Nachhauseweg, küßte sie mich; es funkte sofort. Vom nächsten Morgen an ließ ich alle anderen Verabredungen fallen.
Seitdem bin ich mit ihr zusammen. Aber ich weiß nicht, ob ich sie heiraten soll. Ich muß mir klar darüber werden, ob das die Frau ist, mit der ich den Rest meines Lebens verbringen möchte. Einerseits stimmt alles. Es gibt nichts Schöneres, als sie sagen zu hören: ›Ich liebe dich‹. Und wenn ich mich mal nicht gut fühle, geht sie super mit mir um. Sie sagt mir: ›Du mußt dies machen und das machen.‹ Ich mag starke Frauen. Andererseits bietet sie mir nicht viel von dem, was ich an einer Ehe, einer Familie, einem Zuhause schätze. Sie kann nicht kochen, und besonders gut saubermachen kann sie auch nicht. Und die kleinen, weichen, mütterlichen Sachen, die ich gern hätte, macht sie auch nicht. Sie ist fordernd und ichbezogen. Und es mangelt ihr an Stil. Nicht Klasse, sondern Stil.
Abgesehen davon, mein Vater hat immer Recht. IMMER. Er kennt mich besser als ich mich selbst kenne. Und er sagt: ›Wenn du dieses Mädchen heiraten willst, hast du meinen Segen. Aber glaub' nicht, daß sie die richtige Frau für dich ist.‹ Das ist ein großes Hindernis für mich. Wissen Sie, da kämpft man die ganzen Jahre mit seinem Vater. Man möchte das Gefühl haben, genausoviel zu wissen wie er, oder wenigstens ein Unentschieden. Aber wissen Sie was? Es gibt kein Unentschieden. Er ist besser. Mein Vater ist der smarteste Mann,

den ich je getroffen habe. Wenn er sagt: ›Mein Junge, das ist nicht die Frau für dich‹, dann hört man aufmerksam zu.«
Murrays Eltern ließen sich scheiden, als er 13 und seine Schwester Felicia 14 Jahre alt war. Er erinnert sich an frühe, wunderbare Jahre mit Eltern, die offen ihre Zuneigung zeigten, in der Küche tanzten und händchenhaltend über die Straße gingen.
Aber er erinnert sich auch an den Wendepunkt, als sich alles änderte. Ihre Beziehung wurde, wie er es ausdrückt »blasé«*. Sie begannen, in getrennten Zimmern zu schlafen, und etwa vier Jahre lang war ihre Beziehung distanziert und lieblos. »Es war keine Freude mehr in unserem Haus«, sagt er. Dann gab es einen großen Streit mit Geschrei und Türenschlagen. Als Murray und seine Schwester in dem Jahr aus dem Sommer-Ferienlager kamen, hatten sich ihre Eltern getrennt, und sie zogen mit der Mutter in ein neues Haus. »Es war eine beschlossene Sache«, sagt er, »und ich konnte nichts tun, als es zu akzeptieren.«
Murray sagt, daß seine Mutter schwach sei und er keinen Respekt vor ihr habe. Sie sei immer zu emotional gewesen und hätte ihm vorbehaltlose, kompromißlose Liebe angeboten, Liebe ohne Grenzen und Orientierung. Er sieht sie noch heute weinend in der Tür stehen, als der Bus ihn für das Ferienlager abholte. Damals war er sieben.
»Meine Mutter ist eine Verliererin«, sagt er. »Sie hat kein Selbstwertgefühl. Sie macht alles nur für andere Leute, nie für sich. Es ist, als ob sie eine Nicht-Persönlichkeit wäre. Sie ließ mich hängen. Sie zeigte mir keine Richtung an. Andere Menschen mögen eine Mutter als einen Ort ansehen, an dem man sich ausruhen kann. Ich sehe das nicht so. Ich wollte eine Mutter, die ich respektieren konnte, nicht jemanden, der jedesmal weint, wenn man das Haus verläßt, nicht jemanden, um den man sich die ganze Zeit kümmern muß und der ein Behälter ohne eigenes Leben ist.«

* abgestumpft; A.d.Ü.

Murray zeigt ein breites Lächeln und sagt stolz, daß er sich mit seinem Vater identifiziere, der vorzeitig von der High School abging und sich nach oben gearbeitet hat, bis er Besitzer einer ansehnlichen Firma gewesen sei. Er verstehe, warum der Vater sich von seiner Mutter habe scheiden lassen, und habe das Gefühl, Janice, die zweite Frau seines Vaters, sei seine »wirkliche« Mutter. Sie ist »smart, hat ihre Meinung und läßt dich wissen, wenn sie etwas nicht mag, was du sagst. Aber sie ist auch weich, mütterlich und liebevoll, als Kumpel und Freund. Janice ist perfekt.«

Murray sagt, er wisse nicht genau, warum seine Eltern sich scheiden ließen, und es sei ihm auch egal. Er weiß, daß die Eltern seiner Mutter sich auch scheiden ließen, aber auch da weiß er nicht, warum. Der Alkoholismus seines Großvaters mag etwas damit zu tun gehabt haben. Er hat keinen Kontakt zur Familie seiner Mutter und verachtet die Unfähigkeit seiner Mutter, für seine Großmutter zu sorgen, als diese alt und allein war.

Obwohl sein Vater das jüngste von acht Kindern war, haben weder er noch sein Vater Kontakt zu einem von ihnen. Murray besteht darauf, daß ihn das nicht beunruhige. Als seine Eltern sich scheiden ließen, brachte man ihn – einmal – zu einem Psychotherapeuten, der ihm sagte, er solle all seine »schlechten« Gefühle und Probleme nehmen, sie in einen schwarzen Plastiksack stecken und diesen ins Meer werfen. Murray gehorchte und sagt, seitdem hätte er keine Frustration, keine Spannungen und keine Schuldgefühle mehr wegen seiner Eltern oder ihrer Scheidung verspürt. »Das schleppe ich nicht mit mir herum.«

Lasten aus der Vergangenheit wird man jedoch nicht so schnell los. Und so kommt es, daß in intimen Beziehungen Murrays Gepäck, das Gepäck, das er ins Meer geworfen hatte, wieder an die Oberfläche kommt.

Vor Mariana gab es Gretta. Murray lernte sie am College kennen und fand sie »aufregend, attraktiv, beliebt und mit guten Verbindungen zu Studentengemeinschaften, wodurch sie oft Party-Einladungen erhielt«. Sie gingen zwei Jahre zusammen, und Murray konnte sich vorstellen, sie zu heiraten. Aber seine Eltern (Vater und Stiefmutter) glaubten nicht, daß er schon reif genug dafür sei.

Dann kam Lucy. Murray sagt, sie sei schön gewesen, hätte Temperament gehabt, genau die Art Frau, die er brauchte. Aber als sie begann, von Heirat zu reden, zog er sich zurück.

Das gleiche passierte mit Melanie. »Sie war so, wie ich mir eine Frau wünschte«, sagt Murray. »Lustig, lebhaft, sehr erfolgreich, religiös, aber nicht zu sehr. Sie hatte Talent. Sie war Kosmetik-Beraterin. Sie investierte ihr Geld sehr klug, und ich respektierte ihr Urteilsvermögen. Sie lehrte mich auch zu lachen, und ich mochte uns als ein lustiges Paar. Aber sie zu heiraten, das konnte ich mir nicht vorstellen. Sie hatte keinen Geschmack für Kleidung – die falschen Farbkombinationen, die falschen Schuhe, das falsche Image. Und trotz all ihrer Leistungen war sie nicht stark genug für mich. Es mangelte ihr an Individualität. Also verließ ich sie, weil ich keine dauerhafte Beziehung mit ihr wollte.

Ich verstehe nicht, warum ich immer wieder auf schwache Frauen stoße. Die Sorte, die einem Mann gleich in die Arme fällt. Ich suche niemanden, und ich bin bereit zu warten, bis ich jemanden treffe, der so ist, wie ich es mir wünsche.«

»Was wünscht du dir denn?« frage ich.

»Ich möchte jemanden, der so ist wie die Frau, die mein Vater hat. Genau so eine Frau, nur eine jüngere Version. Ich glaube, daß ich Glück gehabt habe, weil mich bis jetzt niemand verletzt hat. Bisher habe immer ich die Entscheidung für eine Trennung getroffen.«

Murray ist, was ich »emotional unterentwickelt« nenne. Er ist sich seiner Gefühle und dessen, was dahintersteckt, nicht bewußt, und er weiß nicht, wie sie die Art seines Verhaltens gegenüber Frauen beeinflussen. Die Wurzeln für Murrays Verhalten können bis zu seinen Großeltern zurückverfolgt werden. Seine Mutter, die aus einer Ehe voller Zorn und Konflikten stammt und einen Alkoholiker zum Vater hat, ging

mit dem Vorsatz in die Ehe, um jeden Preis Frieden zu bewahren. Wenn dieser Preis es erforderte, daß sie ihre eigenen Bedürfnisse und Gefühle verleugnete, dann sollte es so sein. Sie war ihrem Mann gegenüber nachgiebig, ließ sich von ihm vereinnahmen und widmete sich vollkommen den Kindern, die sie mit ihrer uneingeschränkten Liebe erdrückte.
Seine Mutter war und ist noch am unteren Ende der Reife-Skala und verfügt über kein Gleichgewicht zwischen Denken und Fühlen. Dieses Verhaltensmuster machte sie schließlich zu einem funktionsuntüchtigen Menschen, der sich nicht um die eigenen Bedürfnisse kümmern konnte. Sie hatte ein geringes Selbstwertgefühl, und das wenige bezog sie während der Ehe ausschließlich aus ihrer Mutterrolle. Sie konzentrierte sich auf Murray, was nicht ungewöhnlich ist, da er der Erstgeborene und dazu noch männlich war.
Murray wurde bezüglich der Intensität und der Abhängigkeit der Mutter von ihm extrem reaktiv. Er reagierte mit Aufbegehren und schließlich mit physischem und emotionalen Distanzieren. Er hatte das Gefühl, es sei seine einzige Möglichkeit, sich selbst zu definieren und ein Stück Autonomie zu erlangen.
Sein Vater wurde sein Held, der Mann, der nichts falsch machen konnte, der Mann, der die perfekte Frau heiratete, die Frau, nach der er sucht, die er aber scheinbar nicht finden kann.
Murrays Beziehung zu seinen Eltern zeigt sich deutlich in der Art von Frauen, die er wählt. Sie dürfen nicht schwach sein, wie seine Mutter es war. Aber zeigen sie erst einmal Unabhängigkeit und Selbstsicherheit und weisen nicht die »mütterlichen« Merkmale auf, die er will, die Merkmale, die Janice, die Frau seines Vaters, hat, dann zieht er sich zurück. Dann ist da noch Dad. Murrays Partnerwahl muß seinem Vater gefallen. Er ist von Dads Zustimmung dermaßen abhängig, daß er es nicht wagen kann, diese zu enttäuschen. Ein Elternteil ist ihm bereits verlorengegangen, er kann es sich nicht leisten, auch den zweiten zu verlieren.

Kein Wunder, daß intime Beziehungen Ängste in ihm hervorrufen, die er nicht einmal bemerkt. Zu dem Zeitpunkt, an dem die Beziehung intensiv wird, beginnt er, sich auf die Mängel der Frauen zu konzentrieren. Diese scheinen übergroß und erlauben es ihm, das zu tun, worin er am meisten Erfahrung hat – sich emotional abzuseilen. Die Aussicht, sich auf eine Frau einzulassen, die ihre eigenen Bedürfnisse hat und emotional Forderungen stellt, macht ihm zu große Angst. Er kann nicht erkennen, daß seine Suche nach der »perfekten« Frau eine intellektuelle und keine emotional und rational ausbalancierte Sache ist.

Da Murray keine Einschätzung des Scheidungsverlaufs seiner Eltern hat, hat er auch keine Ahnung davon, wie Beziehungen verlaufen. Er ist bei der Feststellung steckengeblieben, daß seine Mutter ein »schlechter« Mensch und sein Vater ein »guter« Mensch ist. Er erkennt nicht einmal, daß sein Vater, den er so leidenschaftlich verehrt, nicht perfekt ist, sondern – im Gegenteil – zum Bruch der Familie beigetragen hat.

Als Kind mag ihm die emotionale Distanzierung von seiner Mutter und deren Ersatz durch die Stiefmutter als »wirkliche Mutter« geholfen haben, zu überleben. Als Erwachsener behindert es seine intimen Beziehungen. Egal, wie »perfekt« eine Beziehung zu sein scheint, er hält sie sich vom Leib, indem er Konflikte anzettelt und Mängel entdeckt. Er wirft Frauen genauso aus seinem Leben, wie er den kleinen schwarzen Sack ins Meer warf. Es ist ein Mechanismus, der sich verselbständigt hat, eine Reaktion auf seine Ängste vor persönlichen Bindungen. Er tut es, ohne es zu verstehen oder sich dessen bewußt zu sein.

Murray glaubt, er sei unabhängig. In Wirklichkeit ist er immer noch durch das Bedürfnis gelähmt, die Zustimmung seines Vaters zu bekommen, ist er immer noch davon überzeugt, sein Vater hätte immer recht. Er hat die gleichen Probleme und Grenzen, die das Verhaltensmuster der Familie ausmachen. Er möchte so sehr wie sein Vater sein, daß er nicht weiß, wo er beginnt und wo sein Vater aufhört.

Wie viele Klienten ist Murray intelligent und gebildet, aber durch die Verletzung in seiner Kindheit sind seine Gefühle verkümmert. Murray muß erkennen, daß er Teil eines Dreiecks ist – er und sein Vater vereint durch das negative Bild, das sie von der Mutter haben, durch die Mutter als Außenseiterin. Das gleiche Dreieck entsteht, wenn Murray sich auf eine Beziehung zu einer Frau einläßt. So sehr er auch glaubt, sie zu lieben, muß er doch an ihren Mängeln herumnörgeln, so daß er und sein Vater die Nähe zueinander auf dieselbe Art schützen, wie sie es immer getan haben – in der Vereinigung gegen einen Dritten.

Murray muß einen Weg finden, seinen Vater weniger präsent in seinem Leben zu machen und sich von dem Bedürfnis nach der ständigen Zustimmung durch seinen Vater zu lösen. Er muß fähig werden, eine Einschätzung seiner eigenen Bedürfnisse zu entwickeln. Das kann er nur, wenn er in Erfahrung bringt, wie der Vater so wichtig in seinem Leben werden konnte, und wenn er die intensiv gehegte Abneigung gegen seine Mutter versteht, die zu seinen Beziehungsängsten beiträgt.

Ich schlug ihm vor, herauszufinden, wie sich die Beziehung seiner Eltern verschlechterte. Er könnte seinen Vater fragen: »Warum hast du Mom überhaupt geheiratet? Wie entwikkelte sich eure Ehe von einer liebevollen und fürsorglichen zu einer feindseligen und kritischen? Worin liegt der Unterschied zwischen deiner ersten und der zweiten Ehe? Wieviel davon ist dein Beitrag? Warum hast du nicht häufiger Kontakt zu deiner ursprünglichen Familie?«

Wenn Murray in der Lage ist, seine Mutter neutraler zu sehen, wird es ihm möglich sein, mit ihr zu reden. Zu Anfang wird die Unterhaltung wahrscheinlich seine alten Vorurteile reaktivieren. Aber das ist in Ordnung. Wichtig ist, daß er seine Reaktionen auf die Mutter beobachtet, weil es diese Reaktionen sind, die den weiteren Verlauf seiner Beziehungen zu Frauen bestimmen.

Bis Murray eine ausgewogenere Sichtweise der Ehe und der

Scheidung seiner Eltern bekommt, wird er fortfahren, sich aus Beziehungen zurückzuziehen, wenn sie wirklich eng werden.

Felicias Geschichte

Murrays Schwester Felicia sieht die Scheidung der Eltern anders. Sie erinnert sich, daß ihre Eltern sie und ihren Bruder am Eßtisch plazierten und ihnen erklärten, die Ehe liefe nicht gut, und eine Scheidung wäre für alle das Beste. Sie beschreibt ihren Vater als diplomatisch, sagt aber, er hätte zu dieser Zeit ihres Lebens keinen Einfluß auf sie gehabt. »Er denkt, er sei ein wunderbarer Vater gewesen und wäre immer für mich da gewesen, aber ich erinnere mich nur, daß er mit meinem Leben nichts zu tun hatte«, sagt sie.

Sie beschreibt ihre Mutter als aus einer schwierigen Familie stammend, mit einem Alkoholiker als Vater und einer Mutter, die sie nicht respektierte. Sie war 15 Jahre mit Felicias Vater verheiratet, der durchaus erfolgreich war, sie aber verächtlich machte und wenig unterstützte. Ihre Mutter, sagt Felicia, »war eine wunderbare Mutter«, immer zu Hause, wenn sie aus der Schule kam, immer stand das Essen auf dem Tisch, sie tat einfach alles, was eine Mutter mit zwei Kindern macht. »Ihre Kinder waren ihr Leben«, sagt Felicia.

Felicia glaubt, daß ihre Eltern sich trennten, »weil meine Mutter nicht mit meinem Vater wuchs. Sie ist wirklich verletzlich. Sie hat Talente. Sie ist kreativ, schreibt Gedichte und kann wunderbar mit anderer Leute Kinder umgehen. Es gibt in der Nachbarschaft 18-, 19jährige Kids, die sie immer noch ›Mom‹ nennen. Ich glaube, darum ist es so schwer, sie zu respektieren. Sie hat Qualitäten, die sie nutzen könnte, aber sie tut's nicht. Wenn ich zurückschaue, verstehe ich nicht, wie mein Vater mit ihr verheiratet sein konnte.«

Obwohl Murray, Felicia und ihre Mutter nach der Trennung in ein neues Haus zogen, sagt Felicia, es sei nicht traumatisch gewesen, da es in der Nachbarschaft des alten lag und sie nicht mal die Schule wechseln mußten. Wie Murray erinnert auch sie sich an wöchentliche Besuche ihres Vaters. Anfangs kam er an den Wochenenden und fuhr mit ihr und Murray zu »aufregenden Plätzen für kleine Kinder«. Später kam er mit der Frau, die er schließlich heiratete. »Anfangs mochte ich das nicht. Ich fragte immer wieder: ›Bleibt die Frau die ganze Zeit dabei?‹ Aber meine Mom fühlte sich scheinbar nicht bedroht und versuchte nie, etwas über Dads Leben aus uns herauszukriegen.«

Nach der Scheidung wurde Felicias Mutter noch hilfloser. Sie konnte ihren Kindern keine Disziplin beibringen, hatte keine Kontrolle darüber, wann sie gingen und wann sie kamen, und sie und Murray hatten eine Menge Probleme miteinander.

»Es war keine glückliche Umgebung«, erinnert sich Felicia. »Als mein Vater Murray fragte, ob er bei ihm leben wolle, sagte er ja. Ich fühlte mich neutral. Obwohl ich meiner Mutter nahestand, machte es mir nichts aus, zu gehen. Vielleicht wußte ich tief drinnen, daß sie keine wirklich fähige Mutter war – obwohl ich sie abgöttisch liebte.«

Nachdem sie zu ihrem Vater und seiner neuen Frau gezogen waren, sahen Felicia und ihr Bruder die Mutter seltener. Sie waren noch zu jung, um Auto zu fahren, und ihre Mutter »konnte sich nicht in ein Auto setzen und sich auf die verstopften kalifornischen Bundesstraßen begeben«. Sie rief oft an und schrieb Felicia hysterische Briefe. »Aus irgendeinem Grund entwickelte ich die Fähigkeit, mich aufzuregen, und es dann einfach zu vergessen. Ich bin nicht sicher, ob das ein guter Charakterzug ist, aber ...«

Trotz ihrer guten Erinnerungen an die Kindheit mit ihrer Mutter sagt sie, sie könne ihre Mutter nicht respektieren, da diese unfähig gewesen sei, ihr Leben selbst in die Hand zu nehmen. »Aber im Gegensatz zu meinem Bruder sind mir die guten Zeiten mit ihr noch in Erinnerung. Sie ist immer noch meine Mutter. Ich nehme immer meine Freunde mit zu ihr, und alle mögen sie. Sie mag sie auch. Sie würde alle lieben, die

ich mitbringe, weil sie glaubt, sie lieben mich, also liebt sie sie auch. Ihre Zustimmung hat keinen Einfluß auf irgendwas.
Alle (Felicias Freunde) glauben, sie sei sehr normal, sehr glücklich, sehr liebevoll. Aber das ist nur Fassade. Unter vier Augen muß ich sagen, daß sie nicht wirklich so ist. Ich bin da sehr ehrlich. Das ist ein Teil von mir. Ich bin darüber nicht glücklich, aber es ist mir auch nicht peinlich. Trotzdem ist es mein größtes Problem. Sie ist meine Mutter. Gehe ich den gleichen Weg?«
Felicia erkennt, daß ihre Mutter sich als Opfer betrachtet. »Meine Mutter fühlt sich wie jemand, der bei einem Geschäft übervorteilt wurde, jemand, der immer ausgenutzt wurde, der das ganze Leben gegeben hat, aber nie etwas bekommen hat.«
Obwohl Felicia versteht, daß der Vater ihre Mutter verließ, und das auch richtig findet, gesteht sie doch: »Möge Gott verhüten, daß ich mit den gleichen Problemen ende wie sie. Ich wünsche mir jemanden, der mich nicht verläßt. Mein Vater versteht meine Mutter nicht, aber er versucht, mir auf seine Weise zu helfen, herauszubekommen, warum sie heute so ist – hilflos, handlungsunfähig und nicht in der Lage, Freundschaften aufrechtzuerhalten.«
Felicia ist davon überzeugt, daß die Familienprobleme nicht von der Scheidung herrühren. »Menschen konzentrieren sich so sehr auf die Scheidung, und ich entdecke immer mehr, daß es nicht die Scheidung ist. Damit habe ich keine Probleme. Es ist die ganze Art und Weise, wie eine Familie lebt.
Ich möchte nicht wie meine Mutter sein. Aber ich sehe auch Charakterzüge bei meinem Vater, mit denen ich nicht zufrieden bin. Er hat immer über Murray und mich bestimmt. Wir überlegen es uns zweimal, bevor wir etwas anderes tun, als er gesagt hat – Murray noch mehr als ich. Es ist, als ob er (Vater) total recht hatte und sie (Mutter) total unrecht.
Ich glaube, es ist wichtig, seine Eltern zu verstehen. Mein Bruder will nicht einmal darüber reden. Aber ich glaube, wenn

ich meine Mutter und meinen Vater verstehe, habe ich eine bessere Chance, mich zu verstehen.«

Felicia hatte einige Beziehungen, die aus »natürlichen« Gründen endeten. Das Schuljahr war vorbei; der Sommer war vorüber; jemand zog weg. In den letzten zwei Jahren ging sie mit einem Mann aus, der etwa in ihrem Alter ist. Auch er kommt aus einer Scheidungsfamilie und ist vorsichtig, wenn er sich auf eine dauerhafte Beziehung einläßt. »Er will eine perfekte Familie«, sagt Felicia.

»Ich möchte einen erfolgreichen Mann, jemanden, der viel mit seiner Familie zusammen ist, jemanden, der für mich da ist. Ich freue mich darauf, Kinder zu haben. Ich möchte, daß meine Kinder es besser haben, eine bessere Ausbildung bekommen und sich ihrer Möglichkeiten mehr bewußt sind.

Ich habe den normalen Konflikt einer Frau in den Neunzigern. Arbeite ich und habe eine Familie oder arbeite ich nicht und habe eine Familie? Meine Mutter war für uns zu Hause, und sie war eine sehr gute Mutter, und mein Vater ließ sich von ihr scheiden. Ich glaube, ich muß selbständiger sein als meine Mutter. Ein Mann muß eine Frau respektieren, und ich glaube nicht, daß sie jemanden respektieren, der nur Hausfrau ist. Auf der anderen Seite glaube ich, daß es das Beste für Kinder ist, wenn sie jemanden um sich haben, kein Hausmädchen oder eine Oma, sondern eine Mutter. Aber grundsätzlich bin ich der Auffassung, daß eine Beziehung funktioniert, wenn man es will.«

Felicias Chancen für erfolgreiche intime Beziehungen sind beträchtlich höher als die ihres Bruders. Sie hatte dieselben Vorteile wie er – eine liebevolle Stiefmutter mit Wertvorstellungen, die sie respektierte und die in ihrem Leben früh genug den Platz ihrer Mutter einnahm, sowie einen Vater, für den seine Beziehung zu den Kindern eine große Wichtigkeit hat.

Felicia hat jedoch eine ausgewogenere Meinung zur Scheidung ihrer Eltern. Sie kann die Mängel und Vorteile beider Eltern einschätzen und zwischen den Teilen, die sie in sich aufnehmen oder die sie ablegen möchte, unterscheiden. Sie versteht, daß ihre Mutter unfähig und unproduktiv ist, sieht aber auch die Rolle, die ihr Vater dabei spielte, dieses Verhaltensmuster zu schaffen und zu verewigen. Trotz des mangelnden Respekts für ihre Mutter hat sie noch liebevolle Erinnerungen und muß nicht durch Zorn und Verachtung behindert durchs Leben gehen.

Obwohl Felicia ihrer Mutter nähersteht, sie häufiger besucht und einfühlsamer auf sie reagiert, hat sie eine größere emotionale Distanz zu ihr als ihr Bruder. Er reagiert noch immer, weil er enger mit dem ehelichen Dreieck verbunden war. Es ist nicht nur so, daß er seine Mutter ablehnt und die Zustimmung seines Vaters braucht. Er ist zwischen beiden gefangen. Felicia ist in der Lage, die Dinge objektiver zu sehen und kann dadurch weniger reaktiv sein.

Dies ist ein Unterschied, der daraus erwächst, wie die Mutter sich auf ihre Kinder konzentrierte. Murray war das Objekt ihrer intensiven Aufmerksamkeit. Er war es, dessen Abfahrt ins Ferienlager sie zum Weinen brachte. Es war er, der räumlichen Abstand zwischen sich und der Mutter brauchte, um emotional wachsen und überleben zu können.

Wie wir weiter vorn ausführten, haben Mütter manchmal eine Beziehung zu ihren Söhnen, die der zu ihren Ehemännern gleicht. In diesem Fall erwartete Murrays Mutter von ihm, daß er sich so um sie kümmern sollte, wie sie es von ihrem Mann erwartete. Die Forderungen, die sie an ihn stellte, waren zu groß, jenseits der Möglichkeiten eines kleinen Jungen. Er war zu jung, um seiner Mutter sagen zu können. »Das ist unangemessen. Es ist zuviel.« Er tat das einzige, was ihm zur Verfügung stand – er zog sich zurück.

Er zieht sich noch immer zurück, wenn ihm jemand zu nahe kommt. Er wird von einer Vergangenheit beherrscht, die ihn gefangen hält. Seine Freiheit wird er erst erlangen, wenn er die schmerzhafte, aber notwendige Reise in seine Vergangenheit antritt, eine Reise, die ihm helfen wird, sein gegenwärtiges Verhalten zu verstehen – und zu verändern.

23
Alice und Joyce, Edward und Carol

Vor 12 Jahren, als Alice 21, Edward 17, Carol 14 und Joyce 9 Jahre alt waren, ließen sich ihre Eltern scheiden. Edward und Carol stolpern durchs Leben, während Joyce und Alice sich glücklicher, gesunder Beziehungen erfreuen oder sie anstreben. Warum?

Alice ist verheiratet, hat eine dreijährige Tochter und sagt, ihre Ehe sei liebevoll und erfüllend. Ihre jüngste Schwester, Joyce, ist im zweiten Studienjahr am College und hat vor, ihren Doktor in Englisch zu machen. Sie sagt, sie möchte heiraten, aber vorerst noch nicht. Sie glaubt, erst ein fertiger Mensch sein zu müssen – emotional und finanziell –, bevor sie eine Verbindung mit einem Mann in Erwägung zieht. Es sei ein drei-stufiger Prozeß, sagt sie. Erst gilt es, sich zu festigen. Dann ein Gefühl für Vollständigkeit zu bekommen. Danach schaut man sich nach einem Mann um, den man heiraten möchte.

Auf der anderen Seite sagt ihr Bruder Edward, daß er keine dauerhafte Beziehung mit einer Frau will. Mit 28 Jahren kann er sich nicht vorstellen zu heiraten, aber falls es doch so kommen sollte, wäre ihm klar, daß die Ehe nicht halten würde. Er glaubt nicht daran, daß eine Ehe mit demselben Menschen mehr als 10 Jahre überleben kann.

Unterdessen verabredet er sich mit vielen Frauen, die er nach kurzer Zeit wechselt; eine Verhaltensform, die für Männer typisch ist, wie Alan Booth und seine Kollegen in »The Impact of Parental Divorce on Courtship« beschreiben. Edward sucht Frauen aus, denen er sich überlegen fühlt, die ihn aber bald langweilen.

Im Moment trifft er sich mit Rebecca, einer Massage-Therapeutin. »Dad mag sie nicht«, erzählte mir Edward. »Er glaubt, sie sei billig, schlampig und nicht sehr intelligent. Das stimmt wahrscheinlich. Aber ich glaube, ich heirate sie. Nur für kurze Zeit, nur um zu sehen, was Dad für ein Gesicht macht.«

Carol, Edwards jüngere Schwester, hat ähnliche Probleme mit intimen Beziehungen. Während ihrer Zeit am College ließ sie sich mit Männern ein, die sie körperlich und emotional mißbrauchten. Sie beschreibt sich als »festklammernd und bedürftig« und hofft, einen Mann zu treffen, der sie liebt und ihr das Gefühl gibt, ein »ganzer« Mensch zu sein. Sie leidet zeitweise unter Depressionen und hat Angst, ein »Straßenmädchen« zu werden. Die Schuld für ihre Probleme gibt sie der Scheidung der Eltern.

Joyce sagte zu ihrer älteren Schwester: »*Meine* Eltern ließen sich auch scheiden, aber ich sehe die Welt nicht so wie du«.

Edward und Carol wurden in eine Zeit geboren, in der das Chaos in der Familie am größten war. Sie wurden zum Brennpunkt des Familienkonflikts. Joyce und Alice hatten Glück, sie entkamen dieser Rolle.

Eigentlich hätte für Alice als ältester Tochter das größte Risiko bestanden, da es, als sie jünger war, ernsthafte Konflikte in der Familie gab. Sie war gerade zwei Monate alt, als ihre Großmutter (die Mutter ihrer Mutter) Selbstmord beging. So hätte die Möglichkeit bestanden, daß ihre Mutter sich auf sie konzentrierte, um Trost zu finden; und diese zu intensive Beziehung hätte sich später fortsetzen können.

Alices Mutter, eine sensible, aber auch sarkastische Studienberaterin, war sich jedoch vollkommen klar, daß sie ihre Tochter überfordern könnte. Sie gab sich bewußt Mühe, es nicht zu tun, da sie Alices Entwicklung nicht beeinträchtigen wollte. Als Folge davon war Alice in der Lage, sich aus dem Familienkonflikt vor, während und nach der Scheidung herauszuhalten. Für sie war es eine bequeme Rolle, da sie damit aufgewachsen war.

»Nicht, daß mich ihre Scheidung nicht verletzt hätte«, sagte mir Alice. »Aber man hatte mich immer ermutigt, mein eigenes Leben zu leben und mich nicht zu sehr auf die Probleme der Eltern einzulassen. Ich hatte nicht das Gefühl, viel mit ihren Konflikten oder der Scheidung zu tun zu haben. Es war ihr Leben. Ich liebte beide, und nach 21 Jahren glaubte ich auch daran, daß mich beide liebten. Ich war fähig, ihnen zu helfen, und mein Leben doch weiter zu leben.«

Joyce, das jüngste Kind, stand auch nicht im Mittelpunkt der Familienprobleme. Den jüngsten Kindern bleibt diese Rolle häufig erspart, da früher geborene sie schon eingenommen haben. Und da Joyce zur Zeit der Scheidung erst neun Jahre alt war, erinnert sie sich kaum noch an den Streit der Eltern. Sie sagt, sie hätte sich mehr auf das Leben ihres Bruders und der Schwestern eingelassen, als auf das der Eltern. Edward und Carol wurden die Vehikel, über die Mutter und Vater ihre Konflikte austrugen.

Ihre Ehe war eine, in der von allen vier Familienstilen übermäßig Gebrauch gemacht wurde – Konflikt, Anpassung, Distanzieren und sich auf ein Kind zu konzentrieren –, um wichtigen Problemen aus dem Weg zu gehen. Die Kinder waren sich seit langem bewußt, daß ihre Eltern Probleme hatten; mit Geld, mit Sexualität und mit dem Beruf. Lange Zeit paßte sich die Mutter ihrem Ehemann an, einem launischen, jähzornigen Mann mit rigiden Vorstellungen über Lebensführung. Häufig machte er seinen Standpunkt mit der Faust klar. Er war ein *Distanzierer*, der sich mehr Gedanken über seinen Job als Computer-Berater machte als über die Zeit, die er mit der Familie verbrachte. Er dachte, sein Job sei das Geldverdienen. Alles andere war Aufgabe seiner Frau. Er und die Kinder redeten selten über etwas anderes als Hausaufgaben.

Ihre Mutter hatte schon lange an Scheidung gedacht und wollte sie einreichen, sobald die Familie finanziell abgesichert war. Aber als ihr Mann immer gewalttätiger wurde, wußte sie, daß sie nicht länger warten konnte. An dem Tag, als er Carols Arm ausrenkte – in einem Streit über die Party einer Freundin –, war ihr klar, daß die Ehe vorbei war.

Den Kindern wurde versichert, daß es nicht ihre Schuld sei. Die Eltern legten nachdrücklich Wert darauf, daß es ein Problem zwischen ihnen sei, und daß sie ihr Bestes tun würden, die Familie trotz der Scheidung emotional intakt zu halten. Den Kindern sollten Mutter und Vater zugänglich sein, und

sie wollten auch weiterhin Großeltern, Tanten und Cousins beider Seiten besuchen.
Edward und Carol blieben jedoch die Kinder, die am meisten in den Familienkämpfen gefangen waren. Edward vermittelte häufig, um seine Mutter und die Schwestern vor dem Vater zu beschützen. Als die Mutter sich mehr vom Vater entfernte, rückte sie ihrem Sohn näher. Im nachhinein stellt sie fest, daß sie schon als er 12 war mit ihm eher wie mit einem Gleichaltrigen als mit einem Kind umging.
Nach der Scheidung wurde Edward ernsthaft depressiv und weigerte sich lange Zeit, mit seinem Vater, den er für die Scheidung verantwortlich machte, irgend etwas zu tun zu haben. Da er sich in der Zeit des Heranwachsens der emotionalen Bedürfnisse seiner Mutter in höchstem Maße bewußt war, wurde auch er emotional bedürftig. Von seinen Gefühlen beherrscht, war es ihm, im Gegensatz zu seinen Schwestern Joyce und Alice, unmöglich, auf bedachtsame Weise Beziehungen zu entwickeln.
Während Edward wütend gegen die körperlichen Ausbrüche seines Vaters anging, sah Carol ihre Verantwortung als Friedensstifterin in der Familie. Auf ruhige Art tadelte sie den Vater wegen seiner Launen und seiner Gewalttätigkeit. Sie lernte, ihn abzulenken, indem sie ihm von ihren Tanzstunden erzählte oder davon, was sie in der Schule gerade gelernt hatte. Carol fühlte sich als stabilisierende Kraft der Familie, als Mensch, in dessen Verantwortung es lag, die Wogen zu glätten.
Als dann die Scheidung kam, war sie niedergeschmettert, da ihre Stabilität von der Ganzheit der Familie abhängig war. Sie sah die Spaltung als ihr Versagen an. Anfangs wurde sie still, zog sich von Freunden und Familie zurück. Ihre Mutter war erleichtert, als sie ein Jahr später wieder Interesse an ihren Klassenkameraden zeigte und einige ihrer früheren Aktivitäten aufnahm.
In den nächsten Jahren und während der High School war ihre Mutter davon überzeugt, daß Carol es geschafft hätte.

Sie hatte einen vollen Stundenplan und verbrachte wenig Zeit zu Hause. Ihre Mutter wußte damals nicht, daß das scheinbare »Anpassen« in Wirklichkeit ein »Distanzieren« war. Carol zog sich aus einer Umgebung zurück, die sie zu traurig stimmte. Sie suchte in waghalsigen Aktivitäten wie Motorradfahren Zuflucht, weil das ihre Angst linderte. Wenn sie erfolgreich riskante Sachen überstand, würde sie vielleicht auch emotional überleben. Sie fuhr absichtlich mit dem Auto über den Straßenrand hinaus und nahm kleinere Verletzungen in Kauf, um die Liebe ihres Freundes zu testen.

Ihr Bekanntenkreis war schnellebig und locker, ihre Beziehungen zu Freunden kurz und chaotisch. Mit 16 Jahren fing sie an, mit Drogen zu experimentieren. Dieses pseudo-unabhängige Verhalten, von schlechtem Urteilsvermögen und Grenzenlosigkeit gekennzeichnet, war ihre Reaktion auf die durch Ehe und Scheidung der Eltern hervorgerufene Angst.

In dieser Familie verstehen Alice und Joyce, daß sie gefährdet sind. Aber sie haben sich Gedanken darüber gemacht, wie ihre Beziehungen aussehen sollen, und sie sind fähig, daran zu arbeiten. Edward und Carol dagegen sind Gefangene der Vergangenheit. Sie reagieren immer noch auf ihre Eltern, setzen sich immer noch destruktiven Situationen aus und werden durch ihr Verhalten zu Opfern. Sie haben den Vorteil, Schwestern zu haben, die eine andere Meinung über die Ehe der Eltern haben. Die vier Kinder müßten zusammen über ihre Rolle in der Ehe und während der Scheidung der Eltern reden und darüber nachdenken, wie dies ihre Partnerwahl beeinflußt.

Edward muß erkennen, daß es ihm wahrscheinlich schwer fallen wird, eine feste Beziehung zu einer Frau einzugehen, ohne die Beziehung zu seinem Vater, von dem er sich nahezu entfremdet hat, zu klären. Er muß zum Beispiel herausfinden, ob er die Frau, mit der er zusammenlebt, nur heiraten will, um seinen Vater zu provozieren.

Edwards Onkel, der Bruder seiner Mutter, führt eine stabile, sichere Ehe, und Edward könnte davon profitieren, wenn er mit ihm und seiner Familie mehr Zeit verbrächte. Er könnte etwas über das Geben und Nehmen in einer gesunden Beziehung lernen. Und bevor er versucht, sich seinem Vater zu nähern, könnte er mit dessen Verwandten reden – zwei Brüdern und drei Schwestern –, um in Erfahrung zu bringen, wie sein Vater aufwuchs und welche Gründe man dort für das Scheitern der Ehe verantwortlich macht.

Carol verhält sich noch immer wie ein Opfer. Sie trägt die Last ihres Versagens von dem Versuch, die Ehe ihrer Eltern zu retten. Gespräche mit ihrer Mutter, ihrer Tante, ihren Schwestern und ihrem Vater könnten ihr verstehen helfen, daß sie sich immer noch über die Beziehung zu anderen Menschen definiert. Jede neue Perspektive würde ihr helfen, ihre Rolle als größtes Opfer der Familie zu verstehen und ihr klarmachen, daß sie fortfährt, diese Rolle zu zementieren. Sobald Opfer sich ihrer Teilnahme an dem Geschehen bewußt sind, werden Veränderungen möglich. Bis zu diesem Zeitpunkt laufen die meisten mit der Einstellung herum: »Die Welt ist gegen mich«. Solange Menschen dieses Gefühl haben, werden sie unfähig sein, befriedigende enge Beziehungen einzugehen.

Teil 5

Scheidungs-Söhne

Stereotypes Verhalten von Jungen und Mädchen wird ausgeprägter, wenn die Ebene der Reife in einer Familie niedriger wird, was immer während und gleich nach einer Scheidung der Fall ist.

In den vorangegangenen Kapiteln haben Sie gelesen, daß sich das Verhalten von Jungen und Mädchen in dieser Zeit des Umbruchs unterscheidet. Jungen neigen zu:

- Aggressivität, anti-sozialem Verhalten, Unsicherheit und geringerem Selbstwertgefühl
- Problemen der Trieb-Kontrolle und Überaktivität
- wackligen Beziehungen zu ihren Müttern und Schwierigkeiten, sich mit deren Schmerzen und Qualen zu identifizieren
- Isolation von Familie und Freunden

Jungen mit einer schlechten oder gar keiner Beziehung zu ihren Vätern leiden unter einem schweren Schlag für ihr Selbstbewußtsein und können ihr ganzes Leben auf der Suche nach dem Vater sein. Eine gute Beziehung zu einem Stiefvater kann die Lücke manchmal schließen.

Wenn Scheidungs-Söhne mit wenig reifem Verhalten älter werden, liegt eines ihrer Hauptprobleme in ihrer Unfähigkeit, Gefühle einzugestehen und auszudrücken. In intimen Beziehungen, die tief in Gefühlen verwurzelt sind, sind sie dadurch deutlich benachteiligt.

Vergegenwärtigen Sie sich diese Informationen, wenn Sie die folgenden Lebensgeschichten lesen. Bei der Aufführung ihrer

Familiendramen sitzen Sie in der ersten Reihe, und wahrscheinlich werden Sie wichtige Parallelen zu Ihrem Leben entdecken.

24
Diane und Brent: Komm näher ... Geh weg

Brent, 45 Jahre alt, kam zu mir, weil er ernsthafte Probleme in seiner Beziehung mit Diane bekommen hatte. Diane ist eine 36jährige Frau, vor fünf Jahren geschieden, mit der Brent seit zwei Jahren zeitweilig zusammengelebt hatte.

Diane, Autorin politischer Reden, und Brent, Manager in einem Damen-Bekleidungsgeschäft, hatten Wohnungen, die weniger als zwei Kilometer auseinanderlagen. Die meiste Zeit lebten sie zusammen in ihrer Wohnung, aber zweimal in der Woche und gelegentlich auch sonntags ging Brent nach Hause.

Beide hatten Angst, ihre Beziehung dauerhaft zu gestalten. Diane sagte, sie sei bereit, Brent zu heiraten und wollte, daß Brent seine Wohnung aufgab. Sie wünschte sich ein Baby, aber nicht bevor sie geheiratet hätten. Doch sie gestand auch, daß die Vorstellung von Dauerhaftigkeit ihr Angst machte. Brent, auf der anderen Seite, zog sich zurück, wenn über Heiratspläne geredet wurde. Wenn sie stritten, stürmte Brent aus der Wohnung und kam nicht vor drei oder vier Uhr morgens zurück, während Diane aufgeregt und wütend durchs Zimmer lief. Brent gab zu, daß er draußen nach anderen Frauen suchte. Sein Interesse an ihnen bestand nicht unbedingt in Sex, er wollte einfach Spaß – tanzen, trinken oder einfach flirten.

Dann war da noch die Sache mit dem Geld. Diane verdiente doppelt soviel wie Brent. Außerdem war sie ordentlicher und systematischer als er. Sie achtete auf ihre Kleidung und ihr Auto und legte Wert auf Details. Brents Einkommen war zwar angemessen, aber er dachte an einen Berufswechsel, und

Diane würde ihn wahrscheinlich – zumindest für kurze Zeit – unterstützen müssen.
Ihr würde das nichts ausmachen. Jedenfalls nichts, wenn es sich um etwas handelte, von dem beide etwas hätten, z. B. einen Urlaub, Theaterbesuche oder ähnliches. Aber das, was sie als seine »Verantwortungslosigkeit« bezeichnete, wollte sie nicht unterstützen. Etwa wenn sein Auto auf einer Detroiter Straße von Vandalen beschädigt wurde, weil er alle Warnungen in den Wind geschrieben und es nicht in einer Garage geparkt hatte, weigerte sich Diane, sich an der Reparatur zu beteiligen.
Der Kreislauf war folgender: Diane kritisierte; Brent wurde sauer und ging zu anderen Frauen; Diane wurde wütend und fühlte sich abgelehnt; es gab noch mehr Streit. Und wenn sie an Heirat dachten, bekamen es beide mit der Angst zu tun.
Nachdem ich mit beiden erst einzeln und dann zusammen gesprochen hatte, wurde mir klar, daß beide noch Geiseln ihrer früheren Familienbeziehungen waren. Brents Eltern ließen sich scheiden, als er fünf war, nach einer Ehe, die 10 Jahre gedauert hatte und durch viele Konflikte und wenig Kooperation gekennzeichnet war. Seine Eltern stritten und kritisierten sich gnadenlos und wurden auch handgreiflich. Brent erinnert sich, daß sogar die Polizei kam, um ihren Streit zu stoppen. Bei solchen Vorfällen rannte er in sein Zimmer, schloß die Tür und zog sich ein Kissen über den Kopf, um ihre Schreiereien nicht ertragen zu müssen.
Seine Mutter heiratete bald wieder, behandelte Brent aber genauso, wie sie vorher seinen Vater behandelt hatte. Obwohl er früh künstlerisches Talent gezeigt hatte, machte sich seine Mutter über die Bilder lustig. Sie wollte bessere Zensuren sehen, er sollte aktiver Sport treiben und ihr gegenüber aufmerksamer sein. Wenn er versuchte, ein Problem mit ihr zu besprechen, wimmelte sie ihn ab; die Vorstellung, ihr Sohn könne Unzulänglichkeiten aufweisen, konnte sie nicht ertragen.
Brent wandte sich dann an seinen Vater, der ihm versicherte,

er sei in Ordnung. Seine Mutter ärgerte sich über die Zeit, die er mit seinem Vater verbrachte, und sagte häufig: »Du bist genauso wie dein Vater!« Brent fürchtete sich immer vor diesen Loyalitätskämpfen mit seinen Eltern.

Brents Mutter versucht sogar noch heute, sich auf ungesunde Art an ihren Sohn zu klammern. Obgleich er sie zweimal im Monat besucht und jede Woche mit ihr telefoniert, ist sie nicht zufrieden. Sie sagt ihm, er sei »wie alle Männer, unsensibel und lieblos«. Sie wertet ihn immer noch ab. Warum besucht er sie nicht häufiger? Warum macht er nichts aus sich? Warum ist er nicht verheiratet? Warum verdient er nicht mehr?

Brent hat Probleme damit, Diane von seiner Mutter zu unterscheiden. Wenn er und Diane sich streiten – gleich, worum es sich handelt –, fühlt er sich erniedrigt und persönlich angegriffen. Er reagiert auf die ihm bekannte Art, indem er sich jemand anderem zuwendet, der sein schwächer werdendes Selbstwertgefühl stützt. In Wirklichkeit sagt er: »Wenn du schon unglücklich mit mir bist, ist es jemand anders wenigstens nicht.«

Auch Diane kommt aus einer Scheidungsfamilie, die durch eine in hohem Maße handlungsunfähige und alkoholabhängige Mutter gekennzeichnet ist. Wie in vielen Familien dieser Art, wuchs Diane auf, ohne zu wissen, was im nächsten Moment passiert. Manchmal schlug ihre Mutter sie, ein anderes Mal wurde sie von ihr in den Arm genommen. Es gab Zeiten, in denen ihr Bruder sie in Schutz nahm, dann wieder belästigte er sie sexuell, wenn die Mutter mit anderen Dingen beschäftigt war. Sie wurde unsicher, was Beziehungen betrifft und was man von ihnen erwarten kann. Wenn dieselben Menschen, die dich lieben, dich mißbrauchen, was heißt das dann?

Nichtsdestoweniger schien es Diane, wie vielen Scheidungstöchtern, lange Zeit gut zu gehen. Sie bekam gute Zensuren in der Schule und hatte etwas Stoisches an sich, das eine Reife vermuten ließ, die über ihr Alter hinausging. Sie sah ihre

Rolle darin, sich um die Mutter zu kümmern, und versuchte bewußt, nicht auf das irritierende Verhalten ihrer Mutter zu reagieren. Aber diese Art des Über-Funktionierens hat häufig Auswirkungen. In Dianes Fall war es die Heirat mit einem Mann, der so abhängig von ihr war, wie ihre Mutter es gewesen ist. Er war unfähig, längere Zeit an einer Arbeitsstelle zu bleiben, und es endete damit, daß Diane für ihn sorgte. Er war launisch, und Diane hatte das Gefühl, sich wie »auf Eierschalen bewegen« zu müssen, um ihn nicht aufzuregen. Aber sie erkannte nicht, daß diese Rolle in ihrer Ehe eine Wiederaufführung der Rolle in ihrer Ursprungsfamilie war.

Ich war überzeugt, daß Diane und Brent einander liebten und eine dauerhafte Beziehung eingehen wollten. Aber sie mußten lernen, daß ihre Reaktionen aufeinander nichts mit Geld oder Sex oder Flirten zu tun hatten, daß dies lediglich die Vehikel waren, über die sie ihre Ängste zum Ausdruck brachten.

Diane trug ihren Teil zu der streitsüchtigen Beziehung aufgrund ihrer früheren Erfahrungen bei. Ihr Stil war das Über-Funktionieren; sie kümmerte sich so um Brent, wie sie es vorher mit ihrer Mutter und ihrem ersten Ehemann getan hatte. Nach einer gewissen Zeit lehnte sie dies jedoch ab, und Brent tat es ihr gleich. Sie stritten sich. Und Brent ging, um sich eine andere Frau zu suchen.

Diane glaubte, daß Brent sie liebte, aber seine Flirts riefen in ihr ein Gefühl des Mißbrauchs hervor. Und schon fühlte sie sich in ihre frühen Jahre zurückversetzt, als sie sich fragte, ob die Menschen, die einen lieben, einen auch zwangsläufig verletzen. Ihre Angst eskalierte, und ihre Beziehung zu Brent verschlechterte sich.

Sobald ich feststellte, daß diese Konflikte mehr von Angst bestimmt waren und keine wirkliche Substanz hatten (ein typisches Szenario), entschloß ich mich, mit Brent und Diane getrennt, jedoch im Beisein des anderen zu reden. Ich wollte kein Dreier-Gespräch, das zu Konflikten führen würde. Ich wollte, daß Diane das Gespräch zwischen Brent und mir verfolgte, aber ich wollte sie nicht in einen unproduktiven Austausch verwickeln. Durch das Zuhören könnte sie sehr viel über Brent erfahren und darüber, warum er sich so verhielt. Sie würde dann in der Lage sein, an ihren Reaktionen zu arbeiten.

Als wir z. B. über seine Affären sprachen, wurde Brents Unsicherheit schnell offenkundig. Diane konnte erkennen, daß das Problem nicht darin lag, daß er sie nicht liebte, sondern daß er Angst um ihre Beziehung hatte. Das Verstehen veränderte das Bild vollkommen. Für den Anfang erlaubte es Brent und Diane zu erkennen, daß das Problem die Angst war, nicht die anderen Frauen. Diane erkannte darüber hinaus, daß sie zu Brents Ängsten beitrug, indem sie ihn dauernd ändern wollte, genau wie seine Mutter es getan hatte – verantwortungsvollerer Umgang mit Geld, ein besserer Job.

Diane und Brent sind immer noch in der Therapie. Sie arbeiten auf eine Zeit hin, in der sie zu ihren Familien zurückgehen, um weitere Informationen einzuholen und einen neuen Blick auf ihre Vergangenheit zu werfen. Diane kritisiert Brent nicht mehr, also fühlt Brent sich ruhiger. Und er hat angefangen zu erkennen, warum sein Verhalten – sich anderen Frauen zuzuwenden – für sie beleidigend und unakzeptabel ist. Seit sie sich auf ihr eigenes und das Verhalten des anderen eingestimmt haben, machen sie Fortschritte auf dem Weg zu ihrem gemeinsamen Ziel – zu heiraten und eine Familie zu gründen.

25
Richards Geschichte: Gegen jede Wahrscheinlichkeit!

Manchmal steckt die Familiengeschichte eines Menschen dermaßen voller Probleme und ist durch das Netz von Beziehungen (wie oben beschrieben) so kompliziert, daß die Chancen für eine gesunde intime Beziehung fast aussichtslos sind.

Aber aus einer Vielzahl faszinierender Gründe ist das nicht immer der Fall.

Da ist Richard, der Junge, der sich nach der Scheidung der Eltern mit Rockmusik tröstete.

Richard kommt aus einer Familie, in der jeder Elternteil zwei Scheidungen hinter sich hat. Er hat zwei Stiefmütter, zwei Stiefväter, diverse Stiefschwestern, Stiefbrüder und Cousins. Nach der Trennung seiner Eltern hatte er jahrelang Verhaltensprobleme und verbrachte viel Zeit allein, experimentierte mit Drogen und kämpfte mit seiner Mutter. Als er 18 war, traf er eine Frau seines Alters, verliebte sich und war davon überzeugt, daß seine Beziehung zu ihr halten würde. Sie hat gehalten – bisher 15 Jahre. Schauen wir, warum.

Richard und seine Frau Paula haben das, was beide eine kostbare und liebevolle Beziehung nennen. Sie haben drei Kinder, die sie wundervoll finden, erfreuen sich eines großen Freundeskreises und arbeiten daran, eine emotionale Nähe zu ihren Ursprungsfamilien herzustellen. Doch Richard gesteht, daß etwas an ihm nagt, das er nicht erklären kann. Vielleicht ist es das klare Bewußtsein, ein Kind von Eltern zu sein, die sich mehr als einmal scheiden ließen. Vielleicht fragt er sich, wieviel seine Familiengeschichte seinem Leben aufgebürdet hat. Vielleicht sind es Sorgen über seine Frau und die Auswirkungen, die ihr verwickelter Familienhintergrund auf sie beide haben wird.

Im Gegensatz zu vielen Menschen, die zu mir kommen, sprach Richard sehr verständig über seine Herkunftsfamilie und schien sich von Anfang an bewußt zu sein, daß er mit sich Frieden schließen müsse, indem er in seiner Vergangenheit gräbt.

Richard erinnert sich an die frühen Jahre mit seinen Eltern als glückliche Jahre. Er erinnert sich, seiner Mutter und seinem Vater nahegestanden und viel Zeit mit ihnen verbracht zu haben, daß sie im Garten arbeiteten und zum Schwimmen gingen. Aber er erinnert sich auch, daß er etwas hatte, das seine Mutter »schlechte Laune« nannte. Im nachhinein vermutet Richard, daß seine Mutter, die in einer Familie aufwuchs, in der das Ausdrücken von Gefühlen nicht akzeptiert wurde, wahrscheinlich nicht wußte, wie sie damit umgehen sollte. Sie und sein Vater stritten sich hinter verschlossenen Türen, wo sie versuchte, ihn zu beruhigen, weil sie für Richard und seine Schwester den Frieden bewahren wollte.

Die Probleme eskalierten, als sein Vater als Manager einer Restaurantkette mehr Geld verdiente. Sein Vater wollte es für schöne Sachen und ein luxuriöses Leben ausgeben. Seine Mutter stimmte zwar dem Umzug in ein geräumigeres Vororthaus zu, fühlte sich aber mit dem neuen Mercedes und in den Designer-Kleidern nicht wohl.

Dann eröffnete sein Dad ein glitzerndes Feinschmecker-Restaurant und entdeckte plötzlich, daß sein Geld und seine Macht ihn attraktiv für Frauen machten. »Und es waren die Sechziger«, sagt Richard, »als die Verhaltensnormen sich lockerten.«

Bald darauf eröffnete ihm sein Vater, daß er ausziehen würde. Er erklärte nicht warum, sondern nur, daß es etwas mit Geld zu tun hätte. Richard sagt, daß ihm lange Zeit nicht klar war, daß sein Vater eine Affäre mit einer Freundin der Familie hatte. Sogar als die Freundin ihren Ehemann verließ und bei seinem Vater einzog, auch noch, als sie schon verheiratet waren, realisierte Richard nicht, daß sie etwas mit der Trennung seiner Eltern zu tun gehabt hatte. Das kam erst Jahre später.

Nichtsdestoweniger fuhr Richard fort, seinen Vater anzubeten und seine Anerkennung zu suchen. Da seine Mutter den Vater gebeten hatte, auszuziehen, gab er ihr die Schuld an der Scheidung, und ihre Beziehung war während seiner Kindheit und Jugend recht stürmisch.

Er sagte sich immer wieder, daß er von der Scheidung profitiert hätte. Zusammen mit seiner Schwester, seinen zwei Stiefbrüdern und seiner Stiefschwester verbrachte er die Wochenenden in der Stadtwohnung seines Vaters. »Es war da wie auf einer Party«, sagt Richard. »Wir aßen zusammen chinesisch, gingen ins Kino und verbrachten schöne Ferien. Wir waren so ein Haufen wie *Im Dutzend billiger*.«

Während Richards Mutter Abby ihren ehemaligen Mann nie kritisierte, diffamierte er sie bei jeder Gelegenheit. Er nannte sie »Spießbürgerin« und sagte, sie würde mit einem »Brett vorm Kopf« leben. Gewöhnlich unterstützte Richard seinen Vater, da er dessen Zustimmung so dringend brauchte. »Ich war wütend, aber ich ließ nie zu, daß die Wut sich gegen meinen Vater richtete«, sagt er. »Er war laut, neigte zu vorschnellen Urteilen, und ich hatte ja erfahren, daß er seinen Koffer packen und gehen konnte. Ich hatte das Gefühl, daß unsere Beziehung zerbrechlich war, und wollte ihn einfach nicht verlieren.«

Also rebellierte er gegen seine Mutter, deren Liebe er sich gewiß sein konnte und die er nicht erst gewinnen mußte. Als sie zwei Jahre nach der Scheidung wieder heiratete, war er auf dem Höhepunkt seiner Verachtung. Er haßte ihr »spießiges Vororthaus«, er haßte ihren neuen Mann und seine zwei Töchter. Seinem Stiefvater sagte er immer wieder: »Du bist nicht mein Vater!«

Während seiner Jugend war Richard ein Einzelgänger und hatte nur einen Freund, mit dem er Marihuana rauchte und die Schule schwänzte. Er blieb bis in die Nacht auf und verschlief den größten Teil des Tages. Als die Ehe seiner Mutter sieben Jahre später zerbrach, gab er sich die Schuld. Er glaubte, sein unverschämtes Verhalten hätte den Riß in ihrer Beziehung verursacht.

Als ich ihn fragte, ob er jetzt, als Erwachsener, verstehen würde, warum die zweite Ehe seiner Mutter scheiterte, konnte er sich an nichts Spezifisches erinnern. Er sagte mir, es hätte mehr mit der sehr unterschiedlichen Art des Umgangs miteinander und damit, wie sie eheliche Konflikte handhabten, zu tun gehabt. Seine Mutter wollte darüber reden; ihr Mann neigte dazu, sich zurückzuziehen. Je mehr Druck sie ausübte, desto mehr Streß entstand. Schließlich trennten sie sich.

Etwa zur gleichen Zeit kündigten Richards Vater und seine

Frau an, sie würden sich scheiden lassen. Fast von Beginn der zweiten Ehe an hatte sein Vater Affären gehabt. »Ich erinnere mich, daß ich sehr verärgert war«, sagt Richard. »Gerade hatte ich mich den Gegebenheiten angepaßt. Und als ich dachte, die Sache wäre etwas Dauerhaftes, war es nur etwas Vorübergehendes. Das machte mich sehr traurig.«

Zu dieser Zeit war Richard nicht der Casanova, als den er seinen Vater wahrnahm. Er hatte Angst vor Verabredungen mit Mädchen und sagte, er hätte sich ihrer Aufmerksamkeit nicht »wert« gefühlt. Er hatte Angst, abgewiesen zu werden, und wußte nicht, daß es seinem Vater lange Zeit auch so ergangen war.

Als er 17 war, traf er Paula, die ein Jahr älter ist, und sie hatten sofort ein Gefühl der Nähe. Bei einigen Gläsern Bier erzählten sie sich ihre traurigen Geschichten. Ihr Vater hatte Selbstmord begangen, als sie ein Jahr alt war. Ihre Mutter war gerade mit ihrem jüngeren Bruder schwanger. Fünf Jahre später heiratete sie wieder, und Paulas Halbbruder kam auf die Welt.

Paula liebte ihren Stiefvater nicht besonders, aber sie hat trotzdem liebevolle Erinnerungen an ihre Kindheit. Sie stand ihrer Mutter und der »warmherzigen und wunderbaren« Familie ihrer Mutter nahe. Ihre Großeltern, die Eltern der Mutter, waren in den 20er Jahren aus Europa in die Vereinigten Staaten gekommen, hatten sich ein Haus gebaut und waren romantische, bezaubernde Menschen. Als Richard sie traf, liebte er sie genauso, wie Paula es tat.

In der ersten Unterhaltung, die sie führten, fragte Paula, an was Richard glaube und was er sich wünsche. Er erwiderte, daß er sich »Momente wünsche, die nie vorübergehen«. Sie sagte, das wünsche sie sich auch.

In der darauf folgenden Beziehung lebten sie sechs Jahre zusammen. In dieser Zeit trennten sie sich einmal, fanden aber wieder zusammen und erkannten, daß es zwischen ihnen eine starke Bindung gab und daß sie heiraten und Kinder haben wollten.

Richard erzählte mir immer wieder, wie entschlossen er sei, dafür zu sorgen, daß seine Ehe »für alle Zeiten« hält. Er hatte Angst, seine Kontrollfähigkeit zu verlieren und das Verhalten seines Vaters zu wiederholen, und er war ernsthaft besorgt, kein guter Ehemann und Vater zu sein. Er fragte sich, warum einige Menschen zusammenbleiben und andere dauernd die Partner wechseln.

Richard hat natürlich Gründe für seine Besorgnis. In seiner chaotischen Vergangenheit sind alle Zutaten für unglückliche intime Beziehungen zu finden: Jeder Elternteil heiratete zweimal. Sein Kampf um die Liebe und Anerkennung seines Vaters. Das spannungsgeladene Ausagieren, das Jungen, die bei der Mutter leben, häufig nach der Scheidung zeigen. Das Versagen, dem Stiefvater, mit dem er sieben Jahre lebte, näher zu kommen. Das Gefühl, für die zweite Scheidung seiner Mutter verantwortlich zu sein. Eine stürmische, aufbegehrende Adoleszenz. Eine Liebe-auf-den-ersten-Blick-Beziehung, getragen von gemeinsamen Tragödien in der Vergangenheit. Man könnte sagen, seine Geschichte ist unheilverkündend.

Richard mußte erkennen, warum – trotz seiner unerschütterlichen Treue zu seiner Familie – für ihn die Frage von Bindung mit so viel Angst besetzt ist. Er brauchte Hilfe, um einige unerledigte Probleme seines Lebens herauszuarbeiten. Dazu gehört das Bewußtsein, aus welcher Art von Familie er kommt, und ein Verständnis davon, warum die Ehen seiner Eltern nicht funktionierten. Antworten darauf würden ihm ein entspannteres Gefühl für die Zukunft verleihen.

Richards Angst wurzelt in den unerledigten Beziehungen zu beiden Eltern. Und diese Angst macht ihm auch nach acht erfolgreichen Jahren Ehe Probleme in *seinen* intimsten Beziehungen – denen zu seiner Frau und seinen Kindern. Richard erkennt, daß er, trotz des Gefühls, ein erwachsener Mensch zu sein, bei seinen Eltern wieder zum Kind wird. Instinktiv möchte er seine Mutter kritisieren und Eindruck auf seinen Vater machen. Warum?

Richard kommt aus einer Familie, die aus einer sich *anpassenden* Mutter und einem *emotional distanzierten* Vater bestand. »Mom nahm immer alle Schuld auf sich und beließ es dabei. Dad wollte mit Emotionen gar nichts zu tun haben. Das war Moms Job.«
Während der Ehe funktionierte diese *Anpassung* für Richards Mutter nicht, und hinterher trug sie nichts zu seiner Beziehung zu ihr bei. Nach der Scheidung schien Richards Mutter genau das Richtige zu tun. Sie kümmerte sich gut um Richard und seine Schwester. Sie wartete zwei Jahre, bis sie wieder heiratete, und hatte dann einen Mann, den sogar Richard als freundlich und sanft beschreibt. Sie machte Richards Vater nicht lächerlich und schuf keine Loyalitätskämpfe, die das Leben von Scheidungskindern häufig komplizieren. Und sie versuchte auch in der Zeit für Richard da zu sein, als er am meisten rebellierte. Warum hatte Richard dann so viele Probleme mit seiner Mutter? Warum richtete sich seine Wut gegen sie und nicht gegen seinen Vater? Warum stand er dem unverantwortlichen Verhalten seines Vaters nicht kritisch gegenüber? Und warum nimmt er sogar noch heute die mütterliche Liebe und Unterstützung als selbstverständlich hin?
Die Beziehung zwischen Richard und seiner Mutter ist etwas mir sehr Vertrautes. Wenn Väter die Familie verlassen, besonders wenn eine andere Frau im Spiel ist, sollte man annehmen können, daß die Kinder mit der Mutter sympathisieren. Statt dessen sind sie häufig, bewußt oder unbewußt, wütend auf sie. Das kommt daher, daß die Mutter normalerweise der Mensch ist, der für das Funktionieren der Familie verantwortlich ist. Mutter macht das Frühstück, bestellt den Elektriker, dekoriert das Haus, geht mit den Kindern zum Arzt. Wenn es zur Scheidung kommt, hält man die Mutter immer noch für verantwortlich.
Egal, ob der Vater durch sein Verhalten den Bruch beschleunigte. Egal, ob er neue Interessen fand. Egal, ob sie die ganze Zeit stritten. Mutters Aufgabe ist es, die Familie zusammen-

zuhalten. Wenn sie dazu nicht in der Lage war, geben ihr die Kinder häufig die Schuld.
In diesem Fall trug Richards Mutter sogar die Verantwortung für die Aufrechterhaltung der Kontakte zur Familie seines Vaters. »Meinem Dad war seine Herkunft immer peinlich«, sagt Richard. »Er hatte Status-Bewußtsein, war immer um sozialen Aufstieg bemüht und darum, ›wie etwas aussieht‹. Mehr oder weniger entfernte er sich von seiner Familie, die der Arbeiterklasse angehörte.«
Nach der Scheidung sah Richard die Familie seines Vaters nur noch, weil seine Mutter die Verbindung aufrechterhielt. Wenn bei diesen Beziehungen etwas schief lief, konnte er – ironischerweise – unbewußt seine Mutter und nicht seinen Vater dafür verantwortlich machen.
Seine Mutter nahm während der Ehe alle Schuld auf sich. Sie erzählte Richard nicht einmal, warum der Vater sie verlassen hatte. So war es einfach, ihr die Schuld zu geben, da sie sich nicht verteidigte oder dagegen aufbegehrte. Auch konnte Richard sich der – bedingungslosen – Liebe der Mutter gewiß sein. Folgerichtig war sie der Mensch, an dem er seine Wut und seine Trauer abreagieren konnte.
Dads Reaktion auf Wut, das hatte er erfahren, bestand darin, sich in seinen Mercedes zu setzen und wegzufahren, sich andere Menschen zu suchen, die attraktiver waren, sich neue Kleidung zu kaufen. Ein höchst pubertäres Verhalten bei einem erfolgreichen Geschäftsmann. Wenn Richard sich an seinem Vater abreagiert hätte, wäre dieser wütend auf ihn geworden und hätte ihn genauso verlassen können, wie er die Mutter verlassen hatte. Ein solches Risiko konnte Richard nicht eingehen.
Richard leidet noch sehr unter den Schuldgefühlen gegenüber seiner Mutter. Schuldgefühle, die nur durch ein besseres Verständnis der Dynamik zwischen ihnen aufgelöst werden können. Richard und seine Mutter reden nicht sehr viel über die schwierigen Probleme, die die Spannungen zwischen ihnen verursachen. Zum Teil liegt es an der stoischen Ruhe der

Mutter und ihrer Neigung, Informationen, die ihre Kinder verletzen könnten, zurückzuhalten. All die Wut, die Richard auf seine Mutter hat, besonders die aus der Vergangenheit, ist immer noch in ihm, vermischt mit Schuldgefühlen und Verwirrung.

Mit seinem Vater geht es ihm auch nicht besser. Erst vor kurzer Zeit war er fähig, wegen eines speziellen Vorfalls den Vater mit seiner Wut zu konfrontieren. Jeden *Thanksgiving Day** verbrachte Richard mit seiner Familie bei seinem Vater. Dieses gemeinsame Beisammensein ist für Richard wichtig und kostbar.

Letztes Jahr fragte Richard, ob sein Vater und dessen dritte Frau zum Thanksgiving-Essen zu ihm kommen wollten. Die Schwester seines Vaters und deren Familie wollte er auch einladen. Richard liebte die Vorstellung einer »großen, glücklichen Familie« und freute sich, als sein Vater zusagte.

Der Thanksgiving Day kam, sein Vater nicht. Er rief an, daß etwas dazwischen gekommen sei. Und Richard war am Boden zerstört. »Da saß ich nun mit der Schwester meines Vaters und allen Cousins und wollte doch eigentlich mit meinem Vater zusammensein. Ich war sehr wütend auf ihn, und bis Weihnachten wechselten wir kein Wort. Weihnachten kamen wir aber wieder zusammen, weil Feiertage mir sehr wichtig sind. Mein Vater brauchte sehr lange, bis er einsah, daß er einen Fehler gemacht hatte. Er gab zu, egoistisch gewesen zu sein, aber er habe unterschätzt, wie wichtig er mir sei.«

Trotz des Unbehagens über wichtige Aspekte seiner Vergangenheit hat Richard mehr Glück als die meisten Menschen mit einem dermaßen verwickelten Hintergrund.

Er erinnert sich, daß man in seiner Familie vor der Scheidung sehr liebevoll miteinander umging und sich nahestand, deshalb waren die prägenden Kindheitsjahre für ihn sehr fruchtbar und gestatteten es ihm, ein Bild von der Familie zu ent-

* Feiertag am letzten Donnerstag im November in den USA, vergleichbar dem deutschen Erntedankfest; A. d. Ü.

wickeln, die er sich wünschte. Im Gegensatz zu Murray, den wir weiter oben beschrieben haben, stand er nicht im Brennpunkt der elterlichen Probleme – diese Rolle fiel seiner Schwester zu, die immer noch sehr belastet ist und Schwierigkeiten hat, ihr Leben zu organisieren. Und obwohl er emotional immer noch stark an seine Familie gebunden ist, hat er es geschafft festzustellen, daß er anders ist als sie. Er muß nicht tun, was sie tun würden. Er kann auf eine ihm entsprechende Weise handeln.

Als ihn z. B. sein Vater während der kurzen Trennung von Paula drängte, sich mit anderen Frauen zu treffen, war Richard imstande zu sagen: »Nein, das bist du, nicht ich. Ich will das nicht.«

Dies ist ein Beweis für den Wert des fortgesetzten Kontakts zu den Eltern. Erwachsene Scheidungskinder haben dadurch die Möglichkeit, Veränderungen in ihrem Leben vorzunehmen, da sie die Eltern irgendwann nicht mehr durch die Augen des Kindes sehen und damit entscheiden können, ob sie genauso oder anders werden wollen.

Richard erkennt, daß seine Ursprungsfamilie und seine Verbindung zu ihr für seine Weiterentwicklung wichtig sind. Durch das Beharren auf der Beziehung zu seinem Vater und viele persönliche Informationen wurde er sich bewußt, daß sein Vater sich von Schmerz und Unbehagen fernhält. Er verließ seine ursprüngliche Familie, weil er sich ihrer schämte; er ließ Richards Mutter im Stich, als sie mit ihren Schwierigkeiten nicht fertig wurden; er verließ seine zweite Frau und legte Richard an einem kritischen Punkt in dessen Beziehung zu Paula nahe, sie zu verlassen.

Richard hatte immer – auch in den turbulentesten Zeiten seiner Jugend – mindestens einen guten Freund, mit dem er reden und Probleme diskutieren konnte. Und er ließ nie den erweiterten Familienkreis aus den Augen. Seine Tante, die Schwester seines Vaters, bezeichnet ihn als ihren »Lieblingsneffen«, und seine Großmutter (die Mutter der Mutter) ist stolz auf seine Fortschritte an der Wall Street. Seine Mutter und ihr Mann sind Babysitter für seine Kinder, und er kommt weiterhin zu Familienfeiern und Festen.

Die lange Zeit des Zusammenlebens mit Paula vor ihrer Heirat spricht für die Stärke ihrer Bindung. Sie entspricht nicht den üblichen Beziehungen, in denen man zwei, drei Jahre zusammenlebt und die sich dann häufig als eine Verbindung ohne Bindung erweisen.

»Für mich bedeutet Bindung, daß ich nicht jeden Tag den Wert einer Beziehung hinterfrage«, erzählte mir Richard. »Die Beziehung wird zu einer Voraussetzung, zu etwas Grundsätzlichem. Man weiß, wie wichtig es für einen ist, zusammen zu sein, und analysiert es nicht. Man entspannt sich einfach und gibt ihr damit die beste Möglichkeit für Beständigkeit.«

Obwohl Richard nicht darüber sprach und vielleicht nie darüber nachgedacht hat, konnte ich Parallelen zwischen seiner Beziehung zu Paula und den Ehen seiner Eltern erkennen. Die Ehe seiner Mutter und seines Vaters endete nach sieben Jahren. Die zweiten Ehen von beiden endeten auch nach sieben Jahren. Paula und Richard heirateten nicht, bevor die Beziehung fast sieben Jahre bestanden hatte.

Ist das von Bedeutung? Ich glaube ja. Kein Elternpaar hatte es länger als sieben Jahre geschafft. Ich glaube, daß Richard auf einer Ebene unterhalb des Bewußtseins zu sich sagte: »Mal sehen, ob wir es sieben Jahre schaffen, und dann werden wir heiraten.«

Das ist nichts, dessen man sich bewußt ist, aber es ist in etwa so, als hätte man einen Vater und eine Mutter, die beide mit 55 Jahren starben. Und man fragt sich, ob es einen auch trifft.

Richard muß seine Gefühle seinen Eltern gegenüber jetzt ehrlicher ausdrücken. Er muß mehr darüber in Erfahrung bringen, warum die Ehe seiner Eltern scheiterte. Er braucht eine realistische Sicht seiner Familiengeschichte und muß wissen, wie sie weiterhin sein Verhalten beeinflußt. Und, was am wichtigen ist, er muß seine Einstellung den Eltern gegenüber, besonders die zu seiner Mutter, überprüfen, und sie besser verstehen lernen. Wenn er unsensibel ist, läuft er Gefahr, ohne es zu merken, dieses Verhalten bei seiner Frau zu wiederholen. Wenn er seine Reaktionen auf Mutter und Vater versteht und diejenigen, die unproduktiv sind, ändert, dann wird er sich von vielen Ängsten befreien können, die ihn sich in seiner Ehe unwohl fühlen lassen.

Richard und seine Frau müssen aufpassen, daß sie in bezug auf ihre Kinder nicht überängstlich werden. Seine Mutter hat einmal zu ihm gesagt: »Ich glaube, ich war zuviel Mutter und zu wenig Frau.« Er muß sich in acht nehmen, sich nicht ähnlich zu verhalten. Richard und Paula fanden zueinander, weil beide intensiv mit der Bewältigung einer ähnlichen Vergangenheit beschäftigt waren. Beide hatten, wenn auch auf unterschiedliche Weise, ihren Vater verloren, und ihr Hunger nach Beständigkeit brachte sie zusammen. An ihrem ersten Abend redeten sie über die intimsten Dinge und gaben damit ihrem Treffen einen einzigartigen Reiz. Sie müssen vorsichtig sein, daß diese Intensität sich nicht auf die Beziehung zu ihren Kindern überträgt. Wenn das gegenseitige Wohlbefinden in ihrer Beziehung auf der Sorge über eine dritte Sache basiert (was es zu Beginn so einnehmend machte), so dürfen sie die Kinder jetzt nicht zu dieser dritten Sache machen.

Kinder übernehmen die Ängste ihrer Eltern. Es ist wichtig für sie, mit dem Gefühl aufzuwachsen, daß man sie liebt und sich angemessen um sie kümmert. Wenn sie spüren, daß ihre Eltern sich fortwährend Sorgen um sie machen, daß sie überängstlich sind, können daraus Probleme entstehen. Die Kinder reagieren dann häufig eher auf die Ängste ihrer Eltern, statt auf die ihnen selbst angemessene Art.

Richard und Paula sind sich dieser Risiken bewußt und entschlossen, sie zu vermeiden. Da sie ehrlich miteinander umgehen und sich weiter mit der Vergangenheit beschäftigen, um gegenwärtige Probleme zu interpretieren und zu lösen, würde ich ihnen die »Momente, die nie vorübergehen«, und die sie sich so sehr wünschen, prophezeien.

26
Jerry: Das Gespenst der »emotional distanzierten Familie«

Jerry weiß heute noch nicht, warum er und seine Frau Doris sich vor fünf Jahren scheiden ließen. Sie sind immer noch gute Freunde (obwohl sie wieder geheiratet hat), mögen sich weiterhin, und er glaubt noch immer, sie könnten noch zusammensein, wenn sie sich nur mehr Mühe gegeben hätten.
Jeder hat noch ein freundschaftliches Verhältnis zur Familie des anderen, und wenn Doris ihre Mutter in South Dakota besucht, wohnen sie und ihr Mann bei Jerrys Bruder. Jerry geht mindestens einmal im Monat mit ihr zum Essen und ruft sie jede Woche an.
Als ich mich mit Jerry unterhielt, schien er passiv und irgendwie hilflos, so als ob er nur Beobachter und nicht Teilnehmer an der Scheidung gewesen wäre. Er sagt, obwohl er sich gelobt hätte, sich nicht wie seine Eltern scheiden zu lassen, hätte er es geschluckt, und es wäre in Ordnung gewesen.
Jerry ist ein 38jähriger Chemiker, gutaussehend und in seiner Gemeinde respektiert. Er spielt Tennis, amüsiert sich mit Nichten und Neffen, wird von Freunden immer zum Thanksgiving Day eingeladen und fährt jede Weihnachten nach Hause. Er sei zufrieden, sagt er, aber er wisse, daß etwas, eine gewisse Vitalität, in seinem Leben fehle. Die letzte Frau, mit der er sich traf, sagte ihm, er sei ein Schwamm. Er wußte nicht so genau, was sie damit meinte.
Als ich ihn bat, darüber nachzudenken, warum seine Ehe auseinanderging, sagte er: »Ich wünschte, ich wüßte es. Ich habe gedacht, ich mache alles richtig. Wir haben uns selten über etwas gestritten. Ich habe sie immer ermutigt zu tun, was sie will. Wenn sie mit Freunden ausgehen wollte und ich lieber zu Hause blieb und las, war das in Ordnung für mich.
Ich liebte es, allein zu sein. Und ich glaube, sie liebte die Freiheit. Vielleicht zu sehr. Anfangs unternahmen wir viel zusammen, aber das änderte sich. Und eines Tages, wir waren vier

Jahre verheiratet, sagte sie mir: ›Es tut mir leid, aber ich glaube, ich liebe dich nicht mehr. Ich habe noch sehr viel für dich übrig, aber ich glaube nicht, daß es Liebe ist.‹

Wir redeten drei oder vier Tage darüber und entschieden uns zu einem Trennungsversuch. Wir wollten sehen, was passiert. Wenn wir einander vermißten, das Gefühl hatten, uns zu lieben und zusammensein zu wollen, würden wir zurückkommen. Falls nicht, wär's das gewesen.«

Jerry und Doris lebten nie wieder zusammen. »Es schien, als ob wir uns nicht mehr so sehr liebten, und ich wollte sie nicht zurückhalten. Wenn wir Kinder gehabt hätten, wäre Scheidung gar kein Thema gewesen, weil wir absolut gut zusammen leben konnten. Es hätte gut sein können, daß wir uns wieder lieben gelernt hätten.«

Bei dem Gespräch mit Jerry konnte ich deutlich erkennen, daß er seine Familiengeschichte ausagierte. Er war 13, als sich seine Eltern scheiden ließen. An die Zeit vor der Scheidung erinnert er sich so, daß sie – er, seine ältere Schwester und zwei ältere Brüder – sich nahestanden und viel zusammen unternahmen: angeln, Baseball spielen und Picknicks. Dinge, die sich eine Arbeiterfamilie aus einer Kleinstadt leisten konnte.

Jerry sagte, seinem Vater »brannte schnell die Sicherung durch«. Er beschuldigte seine Frau oft, mit anderen Männern »herumzumachen«, und gab ihr gelegentlich eine Ohrfeige. »Ich glaube nicht, daß er sie sehr oft schlug, obwohl ich mich an ein paar blaue Augen erinnere. Einige Male drohte er ihr, sie umzubringen, meist wenn er getrunken hatte – was er oft tat. Aber ich glaube nicht, daß er so weit gegangen wäre.«

Als Jerry hörte, daß seine Eltern vorhatten, sich scheiden zu lassen, fühlte er sich erleichtert. Aber er und seine Geschwister redeten nie darüber. Auch nicht mit ihren Eltern.

»Ich glaube, es war uns allen ein bißchen peinlich. In unserer Familie redete man nicht viel miteinander. Wir fühlten uns nahe, weil wir etwas zusammen machten, aber über unsere Gefühle sprachen wir nie. Ich erinnere mich, daß ich dachte, die Scheidung müsse mir etwas ausmachen, aber es war nicht so. Ich erinnere mich, daß ich dachte, ich müsse weinen, aber ich weinte nicht. Ich glaube, ich sah einfach ein, daß ich es nicht aufhalten konnte.«

Nach der Scheidung lebten alle Kinder bei der Mutter. Der Vater mietete sich eine Wohnung in der Nachbarstadt. Aber er kam oft zu Besuch und, soweit sich Jerry erinnern kann, war er immer willkommen im Haus der Mutter. Er aß einmal in der Woche und an allen Feiertagen mit der Familie zu Abend. Manchmal weinte Jerrys Vater und sagte, er würde es gern noch einmal versuchen, aber die Mutter blieb standhaft. Er könne zum Essen kommen, aber nicht wieder einziehen. Es gab keine Auseinandersetzungen, keinen Streit. »Manchmal fragte ich mich, wie das geht«, erzählte mir Jerry. »Verheiratet sein konnten sie nicht, aber sie konnten Freunde sein. Ich verstand es nicht.«

Als er 18 war, wußte Jerry nicht, was er mit seinem Leben anfangen sollte. Er belegte einige Kurse am College der Gemeinde, briet Hamburger auf dem Rost bei McDonald's und verschlang wissenschaftliche Magazine von der ersten bis zur letzten Seite. Als er Doris traf, war er sich immer noch nicht sicher, was er tun solle. Aber sie legte ihm buchstäblich das Anmeldeformular für das College hin und machte ihm klar: »Mach was aus deinem Leben.« Also machte er. Er absolvierte das College, studierte und machte seinen Doktor in Chemie.

Nach der Abschlußprüfung wollte Doris heiraten. Sie waren schließlich seit acht Jahren zusammen. Jerry sagt, er wäre glücklich gewesen, Single zu bleiben, und weiß auch rückblickend nicht, ob er Angst hatte, eine Bindung einzugehen. »Aber Doris ärgerte sich«, erzählte er mir, »also sagte ich: ›Okay, dann werden wir heiraten‹.«

Jerry erkannte nicht, daß er die Art des »anpassenden« Reagierens kopierte, die zu bestimmten Zeiten so typisch für die Ehe seiner Eltern gewesen war. 18 Jahre hatte sich seine Mutter dem gewalttätigen Verhalten und dem Trinken seines Vaters angepaßt. Sie hatte sich vorgemacht, daß es nicht wichtig sei und daß es ihr nichts ausmache. Sie wisse ja, daß er in Wirklichkeit ein »Kätzchen« sei, sagte sie.

Jerrys Mutter isolierte sich, indem sie wieder zur Schule ging, eine Stelle als Kassiererin bei einer Bank im Ort fand und sich nach und nach zur Assistentin des Vizepräsidenten hocharbeitete. Bis zum letzten Jahr vor der Trennung der Eltern erwähnte niemand in der Familie das gewalttätige Verhalten des Vaters. »Wir richteten uns nach Mom, glaube ich«, sagt Jerry heute. »Es war einfach etwas, über das wir nicht sprachen.«

Als Jerrys Mutter endlich entschied, daß sie die Nase voll hatte, wurde ihr Mann der »Anpasser«. Er wollte die Ehe aufrechterhalten, machte aber nicht den Vorschlag, daran zu arbeiten oder sein Verhalten zu ändern. Er wußte, daß seine Frau Gründe für die Scheidung hatte, und nahm ihre Entscheidung gelassen hin.

»Kommt Ihnen das nicht bekannt vor?« fragte ich Jerry. »Ist es Ihnen nicht auch so ergangen? Ihre Ex-Frau sagte Ihnen, Sie sollten zur Schule gehen, und Sie gingen zur Schule. Sie sagte Ihnen, sie wolle heiraten. Also heirateten Sie. Sie sagte, sie wolle sich scheiden lassen, also ließen Sie sich scheiden.«

Jerry gab zu, daß er ein Mensch sei, »der mit dem Strom schwimmt«. Als seine Frau anfing, mehr Zeit außerhalb des Hauses zu verbringen, fragte er nicht nach. Als seine Frau wegen ihrer Ehe besorgt war, nahm er ihre Angst auf, und seine Reaktion war die Zustimmung zur Scheidung. Er begann zu erkennen, daß er sich den Erfahrungen anderer Menschen anpaßt und trotz seiner Intelligenz und beruflicher Fortschritte nicht fähig ist, für sich, auf einer persönlichen Ebene zu denken. Es ist, als ob er keine Persönlichkeit besäße. Seine Gefühle und Überzeugungen stehen nicht für sich. Sie sind immer Gegenstand äußerer Einflüsse. Jerry ist das, was ich als verhaltensunreif beschrieben habe; er verfügt über kein adäquates Gleichgewicht zwischen Denken und Fühlen.

Er läßt zu, daß äußere Ereignisse mehr als seine eigenen Überzeugungen sein Verhalten diktieren.
Jerry richtet sein Verhalten nach der Scheidung nach dem Muster aus, das er bei seinen Eltern gesehen hatte. Seine Eltern blieben auch während der letzten Krankheit des Vaters Freunde; die Mutter besuchte ihn jeden Tag im Krankenhaus. Jerrys Freundschaft mit Doris und ihrem neuen Ehemann und sein fortgesetzter Kontakt zu ihr und ihrer Familie wurzeln in vertrautem Boden.
Am wichtigsten ist vielleicht, daß Jerry das Zeichen emotionaler Distanz trägt, das seine Familie charakterisiert. Ein Zeichen, das für alle, außer für ihn selbst, deutlich sichtbar ist. Als die Ehe seiner Eltern zerbrach, sprach er mit niemandem darüber. Im Gegensatz zu den meisten Scheidungskindern nahm er es nicht als eine Lebenskrise wahr; er nahm einfach die Spannungen auf, ohne etwas zu erkennen. Während seiner Ehe verhielt er sich mehr wie ein Kamerad als ein Ehemann. Wenn er sagt, daß Kinder die Ehe zusammengehalten hätten, meint er in Wirklichkeit, daß seine Frau soviel mit den Kindern zu tun gehabt hätte, daß er sich emotional nicht hätte zugänglich halten müssen. Er hätte der Ernährer bleiben können, ein Mitglied am Rande der Familie, und er hätte seine emotionale Distanz, mit der er sich wohl fühlt, bewahren können.
Er erinnert sich, daß seine Ehe ruhig und ohne Streit endete, und daß er bereit war, die Wohnung seiner Frau zu bezahlen, bis sie wieder heiratete. Als der Brief mit dem Scheidungstermin mit der Post kam, las er ihn, fühlte aber nichts.
Sein Verhaltensmuster der emotionalen Distanzierung setzte sich nach der Auflösung der Ehe fort. Ein Jahr lang erzählte er seiner Familie nicht, daß er und Doris nicht mehr zusammenlebten. Wenn sie am Telefon mit ihr sprechen wollten, sagte er, sie wäre »aus«. Erst als seine Schwester Verdacht schöpfte, gab er zu, daß er und Doris sich getrennt hätten.
Auch dann fragte niemand in der Familie danach, wie er sich fühlte, und auch er schnitt das Thema nicht an. Er wußte, daß

seine Mutter sich nicht gut fühlte, weil sie und Doris gute Freunde waren, aber sie sprach ihn nie darauf an.
Mit der Zeit erkannte Jerry, daß die Vergangenheit immer noch sein Leben diktiert. Er weiß, daß er mehr mit seinen Gefühlen in Berührung kommen muß, bevor er eine intime Beziehung zu jemandem entwickeln kann. »Ich glaube immer noch, daß ich auf bestimmte Art gern allein bin. Keiner mischt sich in mein Leben ein, mit niemandem muß man Kompromisse schließen. Aber ganz tief unten glaube ich, daß ich mein Leben mit jemandem teilen möchte, daß ich mit jemandem alt werden möchte. Wenn ich nur etwas lockerer würde und den richtigen Menschen finden könnte, wäre ich sehr glücklich.«
Nachdem Jerry einige Monate Therapie hinter sich hatte, schlug ich ihm vor, mit seiner Familie und seinen Freunden auf eine Weise wieder in Verbindung zu treten, die ein neues Gefühl der Nähe schaffen würde. Da er sich so lange distanziert hatte, war es unrealistisch zu erwarten, daß er jetzt plötzlich über emotional wichtige Themen reden würde. Das wäre sicher ein voreiliger und unproduktiver Schritt. Zuerst war es wichtig, daß er ein präsenter Teil seiner Familie wurde. Er begann mit einer »geplanten Kommunikation« mit seinem Bruder, seiner Schwester und seiner Mutter und achtete auf regelmäßige Kontakte.
Fast als »Hausaufgabe«, bat ich ihn, seine Schwester, seinen Bruder und seine Mutter regelmäßig anzurufen und ihnen häufig zu schreiben, so daß er mehr zu einem Teil ihres Alltagslebens würde. Er sollte auch mehr an wichtigen Familienereignissen wie Hochzeiten, Feiern zu Abschlußprüfungen und Feiertagen teilnehmen. Falls er nicht anwesend sein könnte, sollte er ein Geschenk oder ein Telegramm schicken oder anrufen, als Zeichen, daß es ihm am Herzen lag.
Jerry erstellte eine Liste mit Geburtstagen und Jubiläen und trug sie in seinen Kalender ein, so daß er die Daten nicht vergessen konnte. Auf diese Weise war es der Familie möglich zu spüren, daß er ihnen verbunden war. Die Teilnahme an Fami-

lienfeiern und das Interesse an seinen Geschwistern und ihren Familien würde diese Beziehungen mit Leben erfüllen und ihn letztendlich emotional stärken.

Ich warnte Jerry, daß er mit Widerständen rechnen müsse. Seine Familie könnte wütend werden und andeuten, daß er ihnen nicht näherkommen solle. Sie könnten die Einstellung haben: »Du warst so lange weg, warum kommst du jetzt zurück?« Und »Wenn du schon da bist, was willst du von uns?« Als spontane Reaktion darauf könnte er wieder wegrennen und sich auf die bekannte Distanz zurückziehen. Ich bat ihn, sich dieser Reaktion bewußt zu sein, als einem Verhalten, das ihm natürlich vorkommt, wenn Menschen ihn nicht mit offenen Armen aufnehmen. Ich bat ihn, diese Impulse zu unterdrücken und nicht wegzulaufen.

Ich warnte Jerry, sich nicht »voll hineinzustürzen«, wie er es ausdrückte. Emotional distanzierte Menschen wie Jerry haben die Tendenz, impulsiv und in hohem Maße reaktiv zu sein, wenn sie versuchen, sich wieder mit Menschen in Verbindung zu setzen. Wenn sie sich wieder distanzieren, geht es an erster Stelle um das Vermeiden dieser Intensität. Aber extremes Verhalten schreckt Menschen häufig ab. Bevor er sich in die Richtung einer gesunden intimen Beziehung bewegen kann, muß Jerry diese Lektion in seiner Familie – dort, wo alles begann – wieder lernen.

27
Russell: »Warum zerstöre ich mein Leben?«

Russell kam zu mir, weil er sich von Problemen überrannt fühlte, die, wie er sagte, sein Leben auf den Kopf gestellt hätten. Er zeigte mir sein Tagebuch, in das er geschrieben hatte: »Was für eine Art, sein Leben zu zerstören! Früher war ich extrovertiert, ordentlich und gesellig. Heute bin ich introvertiert und von meinen Problemen besessen.«

Russell ist ein bekannter Rechtsanwalt mit Mandanten in vielen Staaten und im Ausland. Er ist als zäher Unterhändler und herausfordernder Gegner im Gerichtssaal bekannt. Russell, 33 Jahre alt, erzählte mir, daß er in seinem Privatleben jedoch ein »Nichts« sei. Fünf Jahre lebte er mit Sophia zusammen, einer charmanten, liebevollen Frau, die in Chicago zwei Spitzen-Restaurants besaß. In dem Augenblick, als Sophia ihm vorschlug, seine Wohnung aufzugeben und bei ihr einzuziehen, wurde er nervös; aber ihm fiel kein Grund für eine Weigerung ein. Statt an seiner Beziehung zu ihr zu arbeiten, suchte er nach Möglichkeiten, öfter auf Geschäftsreisen zu gehen. Zwei Monate später fing er eine Affäre mit Marla an, einer exotischen und auch etwas neurotischen Nachtclub-Tänzerin aus Florida.

Da Russells Tätigkeit viele Reisen erforderte, begann er eine, wie er es nennt, »schizophrene Existenz«, und reiste zwischen Chicago und Florida hin und her. Jede der Frauen glaubte, sie sei die einzige in seinem Leben. Und Russell sagt, daß er keine Schuldgefühle hatte.

Nach sechs Monaten schöpfte Sophia Verdacht und stellte ihn zur Rede. Er leugnete, daß es eine andere Frau in seinem Leben gebe, war aber so beunruhigt, daß er begann, sich Freunden und Kollegen anzuvertrauen. Wenn er daran dachte, daß Sophia ihn verlassen würde, fing er an zu weinen. Aber das minderte die magnetische Anziehungskraft von Marla nicht. Schließlich wurde das Problem das einzige, an das er denken und über das er reden konnte. Jedesmal, wenn er Marla besuchte, tauchte Sophia in seinem Kopf auf. Wenn er nach Chicago zurückkehrte, war sein Herz noch in Miami.

Er schrieb in sein Tagebuch: »Dies ist meine erste Krise. Ich mußte bisher nie etwas zurücklassen. Ich muß jetzt herausbekommen, warum ich so viele Probleme habe. Ich habe das Gefühl, daß die Probleme mit diesen beiden Frauen symbolisch für etwas stehen, das viel tiefer geht...«

Russell hatte natürlich recht. Seine Probleme konnten bis zu seinen Großeltern zurückverfolgt werden; desgleichen der Familien-Stil von *Vermeiden* und *Distanzieren*, der seine Familie charakterisierte.

Russell wußte z. B., daß sich die Eltern seiner Mutter scheiden ließen, als sie acht Jahre alt war und ihr Bruder elf. Er wußte auch, daß seine Großmutter wieder geheiratet hatte und einige Jahre danach gestorben war. Und daß der ältere Bruder seiner Mutter ein Jahr später starb.

Russell wußte auch, daß diese Todesfälle etwas waren, worüber die Familie nicht sprach, daß sie verbotene Geheimnisse der Vergangenheit waren. Er wußte nicht, daß es sich in beiden Fällen um Selbstmorde gehandelt hatte, und seine Mutter der Scheidung ihrer Eltern die Schuld dafür gab.

Seine Mutter, eine Sozialarbeiterin, heiratete, als sie 40 war. Ihr Ehemann, ein Wirtschaftsberater, stammte aus einer großen, glücklichen Familie, zu der seine Mutter gerne gehören wollte. Sie waren sich einig, daß sie nur ein Kind haben wollten, um ihm ihr Leben zu widmen. Seine Mutter wollte einen Ausgleich zu ihrer unglücklichen Kindheit schaffen, und sein Vater, der aus einer fröhlichen Familie kam, wollte über sein Kind etwas abzahlen, was er als Schulden an die Gesellschaft für soviel empfangenes Glück betrachtete.

Ein Jahr nach ihrer Heirat wurde Russell geboren. Sechs Monate später ließen sich seine Eltern scheiden. Der Kontrast zwischen der sich nahestehenden Familie seines Vaters und dem Fehlen von Bindungen in der Familie seiner Mutter verursachte zu viele Spannungen.

Russells Mutter, eine attraktive und kompetente Frau, heiratete sofort wieder, und Russell wurde von seinem Stiefvater aufgezogen. Bis ich Russells Mutter in die Therapie mit einbezog, wußte er nicht, daß sein Stiefvater nicht sein biologischer Vater war. Seine Mutter gestand, daß sie geglaubt hatte, daß dieses Wissen zu schmerzhaft für ihn gewesen wäre, und sie hätte auch keinen Sinn für diese Information gesehen.

Wenn Russell sich an früher erinnert, so scheint das Leben aus Parties, Freunden, Verwandten und einer endlosen Folge von Vergnügungen zu bestehen. Seine Mutter, immer sehr darum bemüht, den Frieden in der Familie zu bewahren, gab selten eine eigene Meinung von sich. Es war klar, daß sie auch dann ihre Gefühle unterdrückte, um die Harmonie zu bewahren, wenn sie nicht derselben Meinung wie die anderen war.

Aber soweit sich Russell erinnert, sprachen seine Eltern nie offen miteinander oder bemühten sich, Meinungsverschiedenheiten direkt aus dem Weg zu räumen. Seine Mutter paßte sich allem an, was ihr Mann wollte, und ersetzte die fehlende Nähe, die ihre Ehe bereichert hätte, durch ein schwindelerregendes gesellschaftliches Leben.

Unterdessen sah sie ihre Aufgabe darin, ihren Sohn vor Schmerz und Angst zu beschützen. Gab es ein Problem, wie unbedeutend auch immer, zwischen Russell und dem Mann, den er für seinen Vater hielt, griff sie ein und hielt die beiden davon ab, es zusammen zu lösen. Sie sagte, es sei »ihr Job«, Russell aufzuziehen. Ihr Mann verstände Kinder nicht. Folglich wuchs Russell in der Distanz zu seinem Stiefvater auf und war vollkommen von einer Mutter abhängig, die sein emotionales Leben managte.

Sie gestatte ihm zum Beispiel nicht, zu einer Beerdigung zu gehen, da dies traumatisch für ihn werden könne. Er besuchte nie die Gräber seiner Großeltern oder das seines Onkels. Er hat seinen biologischen Vater nie gesehen, und seine Mutter sagte ihm nichts, als dieser starb. Russell war damals 19.

Ich war nicht sonderlich überrascht, als ich erfuhr, daß Russell auch vor mir Geheimnisse hatte. In unserer fünften Therapiesitzung enthüllte er mir, daß er Sophia geheiratet hatte, kurz bevor er die Affäre mit Marla anfing. Keiner seiner Freunde wußte davon und auch seine Mutter nicht. Er wußte, daß seine Mutter und Sophia sich nicht leiden konnten, und er wollte seiner Mutter den Schmerz ersparen.

Russell gibt zu, daß er sich darauf verläßt, daß Frauen so sind wie seine Mutter – bei ihren Gefühlen Zugeständnisse machen und ihm jeden Gefallen tun. Er erwartet auch, daß sie

sich emotional um ihn kümmern, wie es seine Mutter tat. Seine Mutter erledigte alle Gefühle für ihn und erwartete nicht, daß er selbst mit Nähe umging. Sie half ihm dabei, ein guter Schüler zu sein und sich gut in große Gruppen zu integrieren. Aber er hat Angst vor Nähe, weil er nicht weiß, wie er damit umgehen soll. Es ist einfacher, wegzulaufen.
Sophia erwartet von ihm, daß er sie besser kennenlernt und daß er sich öffnet und über seine Gefühle spricht. Darin hat er keine Erfahrung.
Auf der anderen Seite ist Marla bereit, das zu tun, was seine Mutter für ihn tat: ihn zu schützen und, wenn es um Beziehungen geht, sogar für ihn zu denken. Aber von einer Ehe will er mehr als nur das. Er weißt, daß seine Mutter nicht glücklich gewesen ist, und er ist wütend auf sie, weil sie nie sagt, was sie will. Er will nicht wie seine Mutter sein, aber er weiß nicht, wie er das anstellen soll.
Wenn Russell darüber spricht, daß er nichts hinter sich lassen kann, bezieht er sich auf seine Herkunftsfamilie. Er ist der klassische Fall eines Kindes aus einer Kind-zentrierten Ehe, in der die Ängste seiner Mutter, die nie mit der Scheidung ihrer Eltern und den darauffolgenden Selbstmorden ihrer Mutter und ihres Bruders ins reine kam, auf ihn konzentriert wurden. Indem sie ihren Sohn von Schmerzen isolierte, ist sie in der Lage, ihnen auszuweichen.
Darauf reagiert Russell immer noch. Auf einer Ebene ist er wütend auf seine Mutter, auf einer anderen ist er unfähig, sich emotional von ihr zu befreien. Er ist ihre Kehrseite: Sie kümmert sich um jedermanns Emotionen, und er kümmert sich darum, daß jedermann sich um seine Emotionen kümmert. Er muß beginnen, Verantwortung für seine Gefühle zu übernehmen, statt sich darauf zu verlassen, daß andere das für ihn tun. Und er muß mit seiner Mutter daran arbeiten, die Geheimnisse der Vergangenheit zu entwirren, damit sie nicht weiterhin einen Schatten auf sein Leben werfen.
Auf der Plus-Seite hat Russell einige Probleme nicht, die andere Scheidungskinder quälen. Er war nicht dem »Geflecht

von Beziehungen« ausgesetzt – Stiefeltern, Stiefgeschwister –, die das Leben der meisten Kinder komplizieren, deren Eltern sich trennen und dann wieder heiraten. Und da er selbst noch sehr klein war, als seine Mutter wieder heiratete, brauchte er sich nicht mit den Folgen der Scheidung seiner biologischen Eltern zu beschäftigen. Es gab keine Probleme mit dem Besuchsrecht, dem Sorgerecht oder einem abwesenden Vater, die traumatisch für sein Leben hätten sein können.

Doch die Scheidungen – seiner Großeltern und seiner Eltern – haben ihn verfolgt, weil sie nicht eingestanden und als Teil der Familiengeschichte durchgearbeitet wurden. Russell hatte keine Möglichkeit, sich durch Beziehungen mit Menschen zu kämpfen, die ihm hätten helfen können herauszufinden, wer er ist.

Der Grund für die Scheidung seiner Großeltern – sie fand ihren Mann mit einer anderen Frau im Bett – war ein tabuisiertes Thema. Russell war ein Mann ohne Vergangenheit, ohne Kontinuität und ohne einen Hintergrund, gegen den er sich eine Meinung über sich selbst hätte bilden können.

Obwohl Russell sich intellektuell darüber klar war, daß seine Beziehungsprobleme mit Sophia und Marla ihren Ursprung in der Beziehung seiner Mutter zu ihm hatten, mußte er begreifen, wo und wann dieses Verhaltensmuster begann. Er fing an, sich einmal in der Woche mit seiner Mutter zu treffen, um über ihre Kindheit zu sprechen, er ermutigte sie, ihre Gefühle mitzuteilen, so daß er anfangen konnte, sie zu verstehen.

Ich legte ihm nahe, mit seiner Mutter über Sophia und Marla zu sprechen, auch wenn er wüßte, daß er sie damit unglücklich machen würde. Ich trug ihm auf, sie zu fragen, wie sie früher mit Männern umgegangen sei.

Hat sie je Gefühle erlebt, wie er sie jetzt hat?

Wie stellte sie fest, daß eine Beziehung zu Ende war?

Wie kam sie zu dem Entschluß, heiraten zu wollen?

Und wie zur Scheidung?

Wie ging sie mit Selbstzweifeln um?

Wie ich Russell schon vorausgesagt hatte, entstanden aus den Treffen mit seiner Mutter Neuinszenierungen der alten Familienmuster. Statt über sich zu reden, verlagerte Russells Mutter den Brennpunkt auf ihren Sohn. Sie bot ihm Ratschläge an, machte klar, daß sie versuchen würde, ihn zu »heilen«, und sagte ihm, wieviel Sorgen sie sich um ihn mache. Anfangs ließ Russell das zu. Er fühlte sich behaglich und gut. Aber nach einer gewissen Zeit war er frustriert und erkannte das Verhaltensmuster. Er wollte, daß seine Mutter über *ihre* Gefühle redete. Sie konzentrierte sich aber weiter auf *seine*.

Die Parallelen zu seinen Beziehungen mit Sophia und Marla traten deutlich zutage. Wenn seine Beziehung mit Sophia zu intensiv wurde (wie auch bei seiner Mutter, als er sie bat, ihre Gefühle mitzuteilen), zog er sich zurück und flüchtete zu Marla, die ihn trösten und umsorgen würde. Genau wie Mom es tat.

Russell beginnt zu erkennen, daß Sophias Klagen über ihn berechtigt sind. Sie weiß nicht, wer er ist, weil er es selbst nicht weiß.

Russell weiß, daß er erst am Anfang steht. Er hat seine Mutter um Bilder seines Vaters gebeten und will mehr über ihn wissen. Er möchte die Schwester seines Vaters und ihre Kinder kennenlernen. Mittlerweile, so sagte er mir, erkenne er, daß Marla nur ein »Requisit« für ihn war, und daß er weniger Spannungen und mehr Nähe in seiner Beziehung mit Sophia verspürt.

Er zeigte mir den letzten Eintrag in sein Tagebuch. Es war ein Brief an Sophia:

»Liebe Sophia«, schrieb er, »ich liebe Dich, aber ich hasse Dich dafür, daß Du mich zwingst, in mich zu schauen. Es ist schmerzhaft, und ich habe keine Erfahrung darin. Meine Mutter hinderte mich daran, zu fühlen, weil sie es für mich tat. Mein ganzes Leben wußte ich, wo es lang geht. Nun habe ich angefangen zu ahnen, wer ich wirklich bin. Bleib' bitte bei mir, während ich es versuche ...«

Teil 6

Scheidungs-Töchter

Wie bei den Jungen wird auch das stereotype Verhalten von Mädchen eher ausgeprägter, wenn die Familie eine Streßperiode durchläuft und der Reife-Grad aller Familienmitglieder absinkt.

In den vorangegangenen Kapiteln haben Sie erfahren, daß Mädchen während und gleich nach der Scheidung dazu neigen:

- sich mit ihren Müttern zu identifizieren, sich in sie einfühlen und Mitgefühl zeigen
- superkompetent zu werden; sich um die Mutter zu kümmern, wenn diese Depressionen hat; auf jüngere Geschwister aufzupassen und den Haushalt zu besorgen
- gut mit Erwachsenen umzugehen und bedeutungsvolle Freundschaften zu haben
- den Anschein zu erwecken, gut angepaßt zu sein

Ihre Beziehung zur Mutter verschlechtert sich häufig, wenn die Mädchen in ein Alter kommen, in dem sie anfangen, sich mit Jungen zu verabreden. Es kann auch früher geschehen, wenn die Mutter wieder heiratet und ihre Tochter den Stiefvater nicht mag.

Die Bedeutung der Beziehung eines Mädchens zu seinem Vater sollte nicht unterschätzt werden; in dieser Beziehung lernt sie – oder versäumt zu lernen –, wie Männer denken und sich verhalten, und sie bekommt ein Gefühl für ihre Weiblichkeit.

Wenn sie heranwachsen, haben Mädchen, besonders die, die wenig oder gar keinen Kontakt zu ihren Vätern hatten, Probleme mit heterosexuellen Beziehungen. Manchmal können sie ihre Emotionen nicht kontrollieren, manchmal wählen sie die falschen Männer, oder sie können keine Beziehung aufrechterhalten.

Wenn Sie die nachfolgenden Lebensgeschichten lesen, denken Sie über sich nach und darüber, welche Verhaltensmuster Ihnen vertraut sind.

28
Carolyn: »Ich habe nie ein gutes Gefühl zu mir«

Carolyn hat von ihrer Familie eine Überdosis aller beschriebenen, unreifen Verhaltensformen mitbekommen. Da gibt es extreme Distanz gleich neben erstickender Nähe. Ihre Familie ist gewalttätig, chaotisch und handlungsunfähig; ihr Vater ist Alkoholiker, und sie sieht ihn selten. Mit 33 Jahren steht Carolyn noch immer im Mittelpunkt des Interesses ihrer Mutter.

Die Gründe für die Trennung ihrer Eltern sind ihr vollkommen verständlich, und sie weiß, wie sie zum Ziel der Familienprobleme wurde. Sie erkennt alle Verhaltensmuster, die in der Familie im Spiel sind. Nichtsdestoweniger ist sie unfähig, dieses Wissen einzusetzen, um ihre Beziehungen mit Männern zu verbessern. Trotz ihrer bemerkenswerten Leistungen in der Schule und im Beruf hat sie das Gefühl, nichts wert zu sein. Und ihr geringes Selbstwertgefühl treibt sie zu höchst intensiven, letztendlich aber destruktiven Beziehungen.

Carolyn ist überzeugt, daß sie in ihrem Leben mit keinem Mann glücklich wird.

»Man hat mir gesagt, daß ich in Männern Widerstand hervorrufe«, erzählt sie. »Man hat mir erzählt, ich klammere zu sehr. Daß ich zu viele Bedürfnisse hätte. Oder auch zu wenige.

Ich weiß, daß ich emotional nicht gefestigt bin. Manchmal bin ich nur lieb zu Menschen und sage nie, wie ich mich wirklich fühle. Manchmal benehme ich mich wie eine Wahnsinnige. Ich schreie, und es kommt zu Überreaktionen. Wenn ich mit jemandem eine Auseinandersetzung habe, weine ich. Ich weine viel. Wut? Was ich mit meiner Wut mache? Ich bin nie wütend«, sagt sie, sich über sich selbst lustig machend. »Es ist beängstigend. Manchmal fühle ich etwas, das Wut sein könnte. Aber ich weiß nie, was es ist, bis es sich immer mehr aufstaut und ich dann durchdrehe. Dann bin ich total außer Kontrolle.«

Carolyn hat einen einflußreichen Posten als Finanzanalytikerin. Sie schloß das College mit überdurchschnittlichen Noten ab und graduierte mit Auszeichnung, sie war Klassen- und Jahrgangsbeste. Schon vor ihrer Graduierung hatten sich einige der renommiertesten Börsenmakler-Büros um sie bemüht.

Auf ihrem Gebiet ist sie als Dynamo bekannt, selbstbewußt, unabhängig, peinlich ordentlich und ungeheuer tüchtig. Ihre Freunde finden es unglaublich, daß ihr Privatleben so chaotisch ist, daß sie von dem Gedanken gequält wird, allein und einsam alt zu werden. Und sie ist vollkommen unfähig, ihre berufliche Logik auf ihr Privatleben zu übertragen.

Carolyn hat ihre Probleme klar und deutlich vor Augen. Sie sagt: »Wenn es um Universität, Beruf und freiwillige Arbeit geht, bin ich Eins A. Dreht sich's um Familie, Sex, Leben und Beziehungen – auch mit Freundinnen –, bin ich eine Null. Ich weiß, daß es viele Menschen gibt, die in der Berufswelt alles mit links schmeißen, aber sich nachts in den Schlaf weinen.«

Carolyn weiß, daß sie destruktive Beziehungen eingeht. Sie weiß, daß sie Beziehungen zu Männern mit leicht verächtlichen Gefühlen angeht und entschlossen ist, emotionale Distanz zu ihnen zu halten. In dem Augenblick, in dem ihre Abwehr fällt, in dem Moment, in dem ihr an der Beziehung mehr liegt, ändert sich ihre Haltung von stark und unabhängig zu bedürftig und abhängig.

»Männer haben mir erzählt, daß ich in einem Moment so bin, im nächsten vollkommen anders. Ich weiß, daß, sobald ich mich auf einen Mann einlasse, ich darauf warte, daß die Klappe fällt. Ich schaffe eine Situation, in der er geht. Ich dränge und fordere Widerspruch heraus. Es macht ihn verrückt, und wir trennen uns.«

Carolyns Eltern ließen sich nach einer gewalttätigen und stürmischen Ehe scheiden, in der geschrien, geflucht und körperlich mißhandelt wurde. Carolyn war neun Jahre alt. Sie sagt, sie sei nie geschlagen worden, aber ihr Vater und ihre Mutter hätten ihre Meinungsverschiedenheiten mit den Fäusten ausgetragen. Zwischen den Gewalttätigkeiten gab es friedliche Zeiten, in denen der Vater, der Alkoholiker war, sie in den Arm nahm und mit ihr spielte. »Wenn ich heute Alkohol rieche«, sagt Carolyn, »spüre ich immer noch, wie er mich in die Arme nimmt.«

Sechs Monate nach der Scheidung brachte ihre Mutter einen neuen Mann mit nach Hause und sagte ihren Kindern – Carolyn und ihren drei Brüdern –, daß er bleiben würde, ebenso wie seine vier Kinder. »Sie heirateten, und ich hatte auf der Stelle vier Schwestern«, erzählt Carolyn. »Eine zog in mein Zimmer, und die anderen benutzten alle meine Sachen. Meine Mutter bemühte sich sehr darum, diesen Mädchen eine Mutter zu sein, von ihnen anerkannt zu werden; und ich war eifersüchtig. Ich dachte fortwährend: ›Und was ist mit mir?‹«

Carolyns Leben wurde noch chaotischer. Die zweite Ehe ihrer Mutter war auf bestimmte Weise noch konfliktträchtiger als die erste. Auf beiden Seiten gab es Kämpfe um das Sorgerecht und bitteren Neid zwischen Vater und Stiefvater. Jeder forderte, daß sie den anderen schlechtmachte, und die Besuche waren ein Alptraum.

»Ich kannte einige Scheidungen, bei denen sich die Eltern zivilisiert verhielten. Aber ich war jedesmal total verängstigt, wenn mein Vater mich nach einem Besuch zu Hause absetzte. Mein Vater und mein Stiefvater fingen an, sich zu prügeln. Meine Stiefgeschwister fingen an, meinen Vater anzuschreien. Sie haßten ihn. Dann fing auch noch meine Mutter an zu schreien. Ich hatte das Gefühl, daß ich in Deckung gehen müßte.«

Wie viele Scheidungskinder hatte Carolyn ein ausgeprägtes Gefühl für gespaltene Loyalität. Ihr Vater wollte sie auf seiner Seite wissen, ihre Mutter wollte dasselbe.

»Wenn ich mit Dad zusammen war, wollte ich ihm zustimmen, damit er mich liebt. Meine Mutter zu verteidigen, hätte eine Entfremdung von meinem Vater bedeutet. Dann wurde meine Mutter wütend, weil ich sie nicht genug in Schutz nahm. Jeder schlug auf jeden ein.«

Carolyn konnte es kaum erwarten, aufs College und damit weg von zu Hause zu gehen. Sie war sicher, ihre Vergangenheit hinter sich lassen und einen neuen Anfang machen zu können. Es klappte nicht. Sie hatte am College wahllose sexuelle Beziehungen und bald den Ruf eines lockeren Mädchens.

»Die Menschen glauben, daß Kinder unverwüstlich sind und sich nach der Scheidung bald wieder im Griff haben«, sagt Carolyn. »Aber das läuft nicht so. Die Probleme bleiben an dir hängen wie ein Hauch Parfüm, den man nicht abwaschen kann. Was ich durchgemacht habe, beeinträchtigt das Selbstwertgefühl und schafft alle möglichen Probleme. Ich habe noch nie eine dauerhafte, gesunde Beziehung zwischen Erwachsenen gesehen, und ich habe nicht die leiseste Ahnung, wie ich das erreichen soll. Ich habe eine solche Bindung nie geschafft.«

Auch nach dem College hatte Carolyn eine Reihe von auslaugenden Beziehungen. Da war Willie, der sie mit Geschenken, Blumen und Freundlichkeiten überhäufte. Anfangs sträubte sie sich gegen seine Annäherungsversuche und stellte klar, daß sie ihn »nehmen oder verlassen« könnte. Aber in dem Augenblick, als sie begann, sich etwas aus ihm zu machen, wurde sie ein anderer Mensch, anhänglich und unreif, an seiner Liebe zweifelnd und ständige Rückversicherungen fordernd, daß sie der wichtigste Mensch in seinem Leben sei. Die Beziehung ging nach vier Monaten zu Ende.

Dann war da noch Ben. Ben sagte zu Carolyn, sie sei etwas Besonderes, und er liebe sie mehr, als er jemals jemanden geliebt hätte. Der Haken war nur, daß Ben mit Vyette verlobt war und sie in vier Monaten heiraten wollte. Egal. Carolyn traf ihn weiter, weil »er mich die ganze Zeit streichelte und alle Bedürfnisse, die ich schon so lange hatte, befriedigte. Es war mir gleichgültig, ob er auf mir spielte wie auf einer Geige. Ich hatte sowieso nicht das Gefühl, zu verdienen, die Nummer Eins in jemandes Leben zu sein. Diese ganze verrückte Szene, die emotionalen Hochs und Tiefs, die Labilität, die bizarre Natur unserer Beziehung, ich fühlte mich wie zu Hause. Ich wußte, daß es falsch war, aber ich konnte nicht aufhören.

Wenn man in einem chaotischen Zuhause aufwächst, kennt man auch nur das Chaos. Es hat etwas Zwanghaftes an sich. Man fühlt sich wohl darin. Wenn man eine stürmische und problematische Beziehung hat, fühlt man sich in vertrauter Umgebung. Man trifft jemanden, der gefestigt ist ... und das ist fremdes Territorium. Meine Kindheit hat mir wirklich ein Zeichen aufgedrückt.«

Carolyn kann sich an keine Familienfeier erinnern, die nicht von Tumulten und Peinlichkeiten gekennzeichnet war.

»Freunde betraten unser Haus und spürten die Spannungen unserer gemischten Familie. Kein Tag war heilig. Wir haben keinen Feiertag überstanden. Es ist zu stressig, und mein Stiefvater kann nicht mit sozialem Verhalten umgehen. Der Tag meiner Graduierung am College war ein Alptraum.

Nach der College-Feier waren wir in einem Restaurant. Die ganze Abschlußklasse war da. Und ich, meine Mom, mein Stiefvater und seine Töchter. Aus heiterem Himmel fingen meine Mom und mein Stiefvater an, sich laut zu streiten. Alle guckten zu uns rüber. Dann stand er auf, tobte aus dem Restaurant und schloß sich in seinem Hotelzimmer ein. Da sitze ich, habe meinen Abschluß mit den höchsten Ehren gemacht, und meine Eltern sprechen nicht miteinander. Wir schluchzen alle, und alle anderen versuchen, uns nicht anzustarren.

Mit dieser Art von Druck habe ich mein ganzes Leben verbracht. Egal, wie gut alles läuft, ich warte immer auf jemanden, der es zerstört.«
Carolyn beschreibt ihre Beziehung zur Mutter als sehr nahe. »Wir sehen uns ähnlich, und wir denken ähnlich. Aber Mom hat wegen mir Schuldgefühle, und sie versucht, mir Ratschläge über Beziehungen zu geben. Sie sagt, sie hätte mir nicht die Chance gegeben, etwas Besseres zu sehen. Zwanghaft versucht sie, mir ihre Schmerzen zu verheimlichen. So sagt sie z. B.: ›Das hört sich zu bettelnd an, wenn du ihm das sagst.‹ Oder: ›Du bist zu schnell. Du verscheuchst ihn damit.‹ Einmal machte sie sich Notizen darüber, was ich zu einem Mann gesagt hatte und nicht hätte sagen sollen.«
Carolyn hatte in ihrem Leben keine Menschen, die ihr halfen oder sie unterstützten. Der Vater ihrer Mutter wurde bei einem Unfall getötet, als sie noch in den Windeln lag. Seine Frau, Carolyns Großmutter, litt an einer Geisteskrankheit und starb später an einem Herzfehler. Eine ihrer Tanten, die Schwester ihrer Mutter, starb an unkontrollierter Diabetes, als sie Mitte 20 war. Und ihre Mutter heiratete mit 17, um von zu Hause wegzukommen.
Carolyn sagt, als ihre Eltern sich scheiden ließen, gab es keine Verwandten mehr. Die Verbindung zum weiteren Familienkreis ihres Vaters löste sich auf. Ihre Großmutter sagte zu ihr: »Ich bin jetzt nicht mehr mit dir verwandt.«
Inmitten dieser Isolation hatte Carolyn mit einem Vater umzugehen, der sie ablehnte, einem Stiefvater, der sie abwechselnd umarmte und dann wieder beiseite schob, und einer Mutter, die eine unbeständige und turbulente Beziehung gegen die nächste austauschte. Es gab verschiedene Verhaltensregeln für den Umgang mit verschiedenen Menschen, und Carolyn sagt, sie hätte zu jeder beliebigen Zeit eine Liste mit Menschen in der Familie aufstellen können, die nicht miteinander sprachen.
»Wenn meine Mutter und mein Stiefvater Meinungsverschiedenheiten hatten, wurden sie wütend aufeinander. Sie haben

sich nicht geschlagen, aber sich Obszönitäten und leere Drohungen an den Kopf geworfen. Dann wollte Mom darüber reden. Aber mein Stiefvater sagte nichts mehr. Das war seine Art, sie zu strafen. Also beobachtete ich, wie die Kommunikation aufhörte, während alle weitermachten, als sei nichts passiert.

So lernte ich, Gefühlen nicht zu trauen. Deine Eltern tun so, als ob nichts wäre. Aber du weißt, daß das nicht stimmt. Also checke ich heute alles. Ich habe keine Überzeugungen. Ich traue nicht mal mir selbst. Ich muß fast noch auf die Farbe meiner Unterwäsche achten. Und ich bin wie ein Chamäleon. Ich neige dazu, mich meiner Umwelt anzupassen, da ich innerlich in Wirklichkeit niemand bin.«

Carolyn hat in der Therapie riesige Fortschritte gemacht. Sie weiß, daß ihre akademischen und beruflichen Leistungen nur äußerliche Requisiten sind, auf die sie zählen kann. Sie nähren ihr Selbstwertgefühl ... aber nicht für lange. Ein besseres Gefühl zu sich selbst können sie ihr nicht geben.

Sie weiß, daß sie Probleme damit hat, Grenzen zu setzen, und daß sie nicht in der Lage ist, eine angemessene Distanz zwischen sich und einem Mann zu halten. Sobald sie anfängt, Zuneigung zu einem Mann zu empfinden, konzentriert sie sich voll auf ihn und läßt sich außer acht. Dieses Ungleichgewicht von Fühlen und Denken überfordert den potentiellen Partner und verscheucht ihn.

Carolyn versteht auch, daß sie auf eine Weise mit ihrer Mutter verstrickt ist, die keine Grenzen respektiert. Ihre Mutter gibt ihr zum Geburtstag Geld und sagt ihr dann, wie sie es auszugeben hat. Sie lädt die Mutter und zwei Gäste zum Essen ein und sagt ihr dann, wen sie mitzubringen hat. Sie gesteht, daß sie sich jedesmal, wenn sie das Haus der Mutter verläßt, fragt, ob sie sie jemals wiedersehen wird. Das ist eine Form von Angst, mit der ein anderthalbjähriges Kind zu kämpfen hat. Wenn dieses Problem noch mit 33 Jahren existiert, stimmt etwas nicht.

Carolyn versucht, sich weniger intensiv auf Menschen einzulassen und ihre Reaktionen zu dämpfen. Ich habe ihr nahegelegt, ihr persönliches Leben dem Berufsleben gegenüberzustellen, damit sie sieht, daß sie über die Fähigkeit verfügt, anders zu handeln. Ich fragte sie: »Wie löst ihr Meinungsverschiedenheiten bei der Arbeit? Wie große Sorgen machst du dir darüber, ob sich Mitarbeiter zustimmend oder ablehnend verhalten?« Carolyn sagt, diese Art des Denkens habe ihr geholfen. Es gibt ihr das Gefühl, in ihr ruhe ein Potential für ein weniger angstbesetztes Privatleben. Sie hat nicht mehr das Gefühl, mit einem Erbfehler leben zu müssen, dem sie nicht entrinnen kann.

Obwohl Carolyn und Jerry, der vorher beschrieben wurde, verschiedene Reiserouten durch ihr Leben nahmen, sind sie an der gleichen Stelle angekommen. Beide sind das Produkt intensiver Familienbeziehungen. Jerry reagierte mit einer »Distanzierung« von seinen Gefühlen. Carolyn wurde zu emotional und verlor die Fähigkeit zur Selbstreflexion. Am Ende fühlen sich beide, als wären sie ein emotionaler Niemand.

Carolyn muß im Kontext einer engen, persönlichen Beziehung lernen, ihre Gefühle zu regulieren. Obwohl eine Gruppentherapie – in der sie sich bewußt werden würde, wie reaktiv sie emotional ist – ihr helfen könnte, schlug ich ihr vor, daß ihre Familie die Gruppe sein sollte. Sie muß ihre emotionalen Reaktionen bei den Menschen »in den Griff« kriegen, die ihr wirklich etwas bedeuten.

Carolyn hat angefangen, sich einmal in der Woche mit ihrer Mutter zu treffen und auf ruhige, nachdenkliche Art, ohne Überreaktionen über ihre Vergangenheit zu reden. »Es ist hart«, sagt sie. »Ich bin es so gewohnt, mich voll hineinzustürzen (der gleiche Ausdruck, den Jerry benutzte). Aber ich bin entschlossen durchzuhalten, weil ich nicht mein ganzes Leben so bleiben will.

Im Moment habe ich wenig Vertrauen in dauerhafte Liebe. Ich habe das Gefühl, Menschen lieben mich nur kurze Zeit. Jeder, der mir gesagt hat, er oder sie liebe mich, fand es einfach, mich nicht mehr zu lieben. Mein Vater. Mein Stiefvater. Meine Freunde. Ich glaube, es ist ein Märchen, daß jemand lange Zeit für mich da sein könnte.«

29
Ginger: »Ich will nicht die gleichen Fehler machen«

Im Gegensatz zu Carolyns launenhaften Eltern hatten Gingers Eltern eine zivilisierte Ehe ... und eine zivilisierte Scheidung. Bis zu dem Augenblick, als sie vom College nach Hause kam und entdeckte, daß die Schränke ihres Vaters leer waren, wußte sie nicht, daß ihre Eltern ernsthafte Probleme hatten. Sie versteht noch immer nicht, warum die Ehe zerbrach. Sie hat ihre Eltern gefragt, aber keiner von beiden ist fähig, es ihr auf eine Weise zu erklären, die für sie einen Sinn ergibt. Da ihr so viele Informationen fehlen, ist sie die ganze Zeit latent verängstigt – als ob etwas in ihrem Leben schiefläuft und sie nicht einmal weiß, worum es sich handelt.
Ginger ist 29, verheiratet und mit ihrem ersten Kind schwanger. Ihre Zeit des Hofmachens bezeichnet sie als »Wirbelsturm«, ihre Ehe als »solide«, ihre Karriere als Werbegraphikerin als »zufriedenstellend«. Sie sagt, es gäbe keinen Grund dafür, warum die Scheidung ihrer Eltern sie dermaßen beschäftigt, warum sie so nervös ist, wie sie es ist, daß irgend etwas, das sie nicht kontrollieren kann, ohne Warnung über sie hereinbricht und ihre Welt auf den Kopf stellt.
Ginger war 21 und im dritten Studienjahr am College, als ihre Eltern sich scheiden ließen. Sie und ihre jüngere Schwester Gail bekamen keine Informationen oder Erklärungen, nur sehr viele Tränen von Mutter und Vater über eine Ehe, die nicht hatte sein sollen und die nicht mehr gerettet werden konnte. »Sie will mich nicht mehr«, sagte ihr Vater traurig. »Er hat mich einfach verlassen«, schluchzte ihre Mutter. Gin-

ger war wütend auf ihre Eltern, die ihr diese Informationen so lange vorenthalten hatten, die ihr Leben genauso dramatisch veränderten wie das der Eltern. Ihre Erklärung war, daß sie Ginger in ihrer Examenszeit nicht hatten stören wollen.

Ihre Schwester, die zu Hause lebte, sagte nur: »Dad ist weg. Ich weiß nicht, warum.« Sie machte Andeutungen, daß ihre Mutter eine Romanze hätte, aber Ginger sagt, das sei nicht der Fall gewesen, und sie glaube es immer noch nicht. Als ich sie fragte, ob sie ihre Mutter danach gefragt habe, sagte sie, das könne sie nicht tun. Sie wüßte nicht warum. Sie könne einfach nicht. Aber sie denkt sehr viel darüber nach und verbringt sehr viel Zeit damit, das Geheimnis der Trennung ihrer Eltern zu entwirren. »Wir hatten eine entzückende Familie«, erzählt sie mir. »Wir standen uns so nahe, besonders von Mutters Seite. Es gab fast nie Streitigkeiten, und wir vier gingen jeden Sonntag gemeinsam in die Kirche. Wir besuchten unsere Großeltern oft – die Eltern meiner Muter – und hörten auch dort keinen Streit. Gail und ich waren ziemlich glückliche Kinder. Deshalb war die Scheidung ja solch ein Schock.«

Wenn sie zurückschaut und versucht, die Ehe genauer in Augenschein zu nehmen, gibt sie zu, daß es Hinweise gab. Ihre Eltern hatten außer den Kindern wenig Gemeinsamkeiten. Ihr Dad ging total in seiner Arbeit auf und brachte noch Akten mit nach Hause, die er nach dem Essen auf dem Tisch ausbreitete. Er und Ginger unterhielten sich selten, meist verbrachten Ginger, Gail und ihre Mutter die Zeit zusammen.

Gingers Mutter ging gern aus und war sehr lebhaft. Sie liebte Theater, Rockmusik und Tanzen; ihr Vater, ernst und ruhig, zog Golf und Kartenspielen vor. Im Laufe der Jahre verbrachten sie dann mehr Zeit in ihren jeweiligen Freundeskreisen als miteinander. Es war eine Familie, in der man wenig über die Gefühle der anderen wußte. Ob es unterschiedliche Meinungen zwischen den Eltern gab, wußte Ginger nicht. Sie diskutierten nur über Trivialitäten.

Nach einigen Monaten Therapie erkannte Ginger, daß nicht das Fehlen von Meinungsverschiedenheiten die Ehe ihrer Eltern gekennzeichnet hat. Das größte Problem war der Familienstil des Nichteingestehens von unterschiedlichen Meinungen; es wurde nicht über Schwierigkeiten geredet, und es wurde nicht nach Lösungsmöglichkeiten gesucht. Das ist ein Mangel, der für Ginger und ihre Eltern immer noch existiert. Ginger kann jetzt bestimmte Vorfälle zurückverfolgen, die den Familienstil schärfer in den Brennpunkt rücken.

Als ihr Vater wieder heiraten wollte, rief er Ginger einen Tag vorher an, um sie von seinem Vorhaben zu unterrichten. Unter Tränen sagte er ihr, er wünsche sich, daß sie bei der Trauungszeremonie dabei sei. Er sagte ihr nicht – und sie fragte ihn nicht –, warum er mit dem Anruf so lange gewartet hätte. Klick.

Als Ginger ein Jahr nach der Trennung der Eltern ihren Abschluß am College machte, sagte der Vater, er wäre bei der Abschlußfeier gewesen, hätte aber nicht zu ihr kommen können, weil er nicht damit umgehen konnte, daß ihre Mutter bei ihr war. Klick.

Als ihr Großvater (väterlicherseits) starb, rief ihre Stiefmutter, nicht ihr Vater, an, um ihr die Neuigkeit mitzuteilen. »Dein Dad kann mit solchen Sachen nicht besonders gut umgehen«, sagte seine Frau zu Ginger. Klick.

Wenn Ginger an Feiertagen ihre Heimatstadt besucht, sieht sie ihren Vater normalerweise einmal, verbringt aber die meiste Zeit mit ihrer Mutter.

Wie fühlt ihr Vater sich damit? Wünscht er sich, daß sie Thanksgiving oder Weihnachten oder Ostern mit ihm verbringt? »Ich weiß es nicht«, gesteht Ginger. »Ich frage nie. Und er sagt nichts.« Klick.

Als Gingers Tanten – die drei Schwestern ihrer Mutter – sich innerhalb von drei Jahren scheiden ließen, fragte niemand, welche Gründe das gehabt haben könnte. Niemand fragte überhaupt irgend etwas, und Ginger hat keine Ahnung, wie es zu den Scheidungen kam. Weiß es ihre Mutter? Wahrscheinlich nicht. Aber Ginger hat nicht gefragt. Klick.

Als Ginger sich mit Bernie verlobte, hatte ihre Mutter ihn

noch nie gesehen, und Ginger hatte nicht einmal angedeutet, daß sie ernsthaft an einem Mann interessiert war. Als sie zu Hause anrief, um die Verlobung anzukündigen, fragte ihre Mutter: »Wer ist er, Liebes?« Klick.

Als Ginger ihren Mann kennenlernte, war sie gerade am Ende einer siebenjährigen Romanze mit Elliot. Aber sie rief Elliot nie an, um ihm zu sagen, daß sie sich verloben wolle ... mit jemand anderem. »Ich glaube, er war schockiert, aber mir ist nie eingefallen, mit ihm darüber zu reden.« Klick.

Die »Klicks« kamen nicht einfach so. Im Gegenteil, sogar nachdem ich sie darauf hingewiesen hatte, war Ginger verblüfft, daß sie ihren Familienstil widerspiegelte. »Ich denke gern daran, wie wir waren, nicht wie wir heute sind. Das war eine Scheidung, die nicht hätte sein müssen. Meine Mom und mein Dad gehören immer noch zusammen.«

Ginger betrachtet den Zusammenbruch der Ehe ihrer Eltern immer noch als den Zusammenbruch ihrer Familie und empfindet ihn als sehr schmerzhaft. In Wirklichkeit war die Ehe lange vor der Scheidung zu Ende. Nur die vielen verschiedenen sozialen Kontakte ihrer Mutter und ihres Vaters gaben der Beziehung den Halt, so lange zusammenzubleiben, bis die Kinder älter waren. Nicht die Scheidung gibt Ginger das Gefühl, innerlich verarmt zu sein. Es ist der Familienstil. Sie und ihre Schwester waren junge Erwachsene, als sich ihre Eltern entschlossen, die Ehe zu beenden. Sie hätten ihre Entscheidung mit Ginger und Gail diskutieren und ihnen versichern können, daß sie ihre Familie nicht verlieren würden. Ihr Vater hätte an der Abschlußfeier teilnehmen können, ohne sich zu verstecken. Vielleicht hätte ihre Mutter ihren Ex-Mann zu dem gemeinsamen Essen am Thanksgiving Day einladen können.

Aber hier handelt es sich um eine Familie, die weder mit Schmerzen noch mit Verlusten und Unannehmlichkeiten umgehen kann. Aus diesem Grund hatten Gingers Eltern so große Probleme, ihre Elternrolle aufrechtzuerhalten. Aus diesem Grund kann der Vater ihr nicht sagen, daß er sie am

Weihnachtsmorgen sehen möchte. Aus diesem Grund kann ihr die Mutter nicht erklären, warum die Ehe zerbrach.
Gingers Therapieziel ist es, ihre »Eltern zu finden«. Die Ehe ist vorbei, aber ihre Eltern sind noch da. Wenn es ihr möglich ist, hartnäckig zu versuchen, an sie heranzukommen, wird sie ihre Eltern zum ersten Mal richtig kennenlernen. Die neue Nähe, die sie verspüren wird, wird einige ihrer Schmerzen lindern. Zu Gingers Aufgaben gehören Besuche bei beiden Eltern, um ihnen Fragen darüber zu stellen, wie es zur Auflösung ihrer Beziehung kam. Sie wird beide fragen, wie sie wichtige Ereignisse erlebten, wie etwa die Ehe, die Geburt des Kindes ihrer Schwester, die zweite Ehe ihres Vaters. Wie denken sie, hat es der jeweils andere erlebt? Haben sie unerledigte Gefühle? Warum machen sie Sachen heute anders?
Da ihre Fragen Ängste in den Eltern hervorrufen werden, wird sie darauf achten, wie beide reagieren. Und sie wird auf ihre eigenen emotionalen Reaktionen achten. Besondere Aufmerksamkeit wird sie den Verhaltensmustern ihrer Familie widmen: der verschwommenen Kommunikation und dem Vermeiden von Unannehmlichkeiten. Und sie wird sich bewußt machen, welchen Anteil sie daran hatte.
Da ihre Fragen und Antworten ihrer Eltern darauf den Weg ebnen werden, wird sich ein neues Verständnis füreinander entwickeln, das zu einer befriedigenderen Beziehung führen wird. Ginger wird sich in ihrer eigenen Ehe besser entspannen können, geborgen in dem Gefühl, immer noch eine Familie zu haben. Und sie wird wissen, daß sie die Fehler ihrer Eltern nicht wiederholen muß.

30
Tammy: »Ich habe nie eine normale Beziehung gesehen«

Tammys Eltern trennten sich vor 30 Jahren, sind aber immer noch nicht geschieden. Die meiste Zeit war Tammy die Vermittlerin in der Familie. Als sie noch ein Kind war, bestand ihre Aufgabe darin, Nachrichten von einem Elternteil zum anderen zu bringen. Später dann wurde sie zur Beraterin ihrer Eltern, sagte ihnen, wie sie zu leben hätten, wo sie zu leben hätten, welche Jobs akzeptabel waren und wie sie besser auf ihre Gesundheit achten könnten. Sie glaubt, daß sie ihnen ihr ganzes Leben lang dienen wird, und stellt sich vor, wie beide im Alter wieder zusammen sind und sie sich um sie kümmert. Tammy, Einkäuferin eines Spezialitätengeschäfts in Boston, war unterdessen unfähig, eigene Beziehungen herzustellen. Sie sucht sich Männer aus, die sie als »Verlierer« bezeichnet, und glaubt nicht, daß sie jemals eine glückliche Beziehung haben wird. »Ich habe nie gesehen, wie Menschen an einer Beziehung arbeiteten, also bin ich darin nicht gut. Ich fürchte mich, abhängig und allein zu enden wie meine Mutter.«
Tammys Eltern trennten sich, als sie vier Jahre alt war, und sie kann sich kaum noch an eine intakte Familiensituation erinnern. Von Zeit zu Zeit taten sich die Eltern für einen oder zwei Monate wieder zusammen, aber das ist in den vergangenen 10 Jahren nicht mehr passiert.
Tammys Leben war ein nicht enden wollender Konflikt. Es ging um Geld, um Besuche, um die Freundinnen ihres Vaters und die Freunde ihrer Mutter. In all den Geschichten war sie das Pfand und die Vermittlerin. Sie mußte ihrem Dad sagen, daß der Unterhalts-Scheck nicht gedeckt war; sie mußte ihre Mutter fragen, ob sie das ganze Wochenende und nicht nur am Samstag bei Dad bleiben dürfe; sie mußte ihrem Dad sagen, wie abstoßend es sei, daß er seine neue Freundin in einem tiefausgeschnittenen Kleid zur Schau stellte.
»Es war nicht die Trennung, die mir so zu schaffen gemacht

hat. Es war die Art, wie man mich benutzte. Meine Eltern stellten Kontakt zueinander her, indem sie mich in die Mitte stellten. Mein Dad wurde als der »schlechte Kerl« hingestellt, und ich habe das Bild übernommen. In gewisser Weise halte ich immer noch daran fest.

Ich weiß nicht, wieviel davon Anhänglichkeit an meine Mutter war und wieviel Wut ich auf Dad hatte, weil er derjenige war, der die Familie verlassen hatte. Obwohl ich ihm heute näherstehe, vergebe ich ihm nicht, daß er weggelaufen ist und uns mit einem Haufen Rechnungen und in großer Unsicherheit allein ließ.«

Tammys Eltern hatten beide eine Reihe von Liebesbeziehungen. Tammy mochte weder die Partnerinnen ihres Vaters noch die Partner ihrer Mutter. »Mom sucht sich Männer aus, die so gemein zu ihr sind, wie Dad es war; und Dad hat Frauen, die so abhängig sind, daß letzten Endes ich mich um sie kümmere. Ich rede drei- bis viermal in der Woche mit meinen Eltern, manchmal öfter. Sie scheinen immer ein Problem zu haben, bei dem sie meine Hilfe brauchen.

Jetzt, wo ich älter bin (Tammy ist 34), erkenne ich die Probleme der beiden. Meine Mutter war zu abhängig, zu sehr Opfer. Sie kümmerte sich nicht besonders gut um ihre eigenen Bedürfnisse. Dad ist unberechenbar. Und schrecklich launisch. Er ist ein Mensch, auf den man sich nicht verlassen kann. Trotzdem, er ist nicht nur schlecht oder nur gut. Und die Botschaft, die bei mir ankommt, ist, daß auch ein guter Mann schlimme Sachen machen und mich verletzen kann.«

Tammy erzählte mir, daß sie sich sehr wünscht, zu heiraten und eine Familie zu haben, und daß sie ihre Freundinnen beneidet, die einen Haushalt und Kinder haben. Aber enge Beziehungen machen ihr Angst, deshalb wählt sie Männer, die unerreichbar für sie sind. Kevin z. B. war verheiratet. Er hatte ihr gesagt, daß er und seine Frau sich auseinandergelebt hätten, aber noch in einer Art »Koexistenz« lebten. Sie entschied, er sei ungefährlich. Ihre Beziehung endete, als er ihren

Geburtstag verpaßte, weil er mit Babysitten an der Reihe war.

Lenny lebt in Omaha und kommt einmal im Monat geschäftlich nach Boston. Auch er ist ungefährlich. »Ich kann ihn in ein Flugzeug stecken und nach Hause schicken. Ich lasse mich gern auf Menschen ein, die nicht in Boston leben. Auf diese Weise brauche ich keine Bindung einzugehen.«

Douglas war ihre Telefon-Beziehung. Sie telefonierten spät abends und am Wochenende stundenlang, aber Douglas hatte noch eine Beziehung. Er versprach immer wieder, daß er seine gegenwärtige Beziehung bald beenden würde. Als sie dann vorüber war, ließ Tammy sich eine neue Telefonnummer geben.

Tammy sagt, daß sie nicht zum Opfer werden wolle, aber daß sie panische Angst davor hat, sie könne eine »Opfer-Mentalität« haben. Und jedesmal, wenn sie ihrer Mutter gegenüber einen Mann erwähnt, spürt sie deren Ablehnung. »Vielleicht denkt sie, daß ich dann weniger Zeit für sie habe; oder vielleicht hat sie Angst, ich könnte verletzt werden.«

Tammy repräsentiert das extreme Beispiel einer Kind-zentrierten Ehe. Die Eltern machen keinen Unterschied zwischen sich als Eltern und als Ehegatten. Im Gegenteil, Ehegatten sind sie nur durch ihre Beziehung zu Tammy. Tammy komplettiert das Dreieck, das die Stabilität der Beziehung ihrer Eltern bewahrt, ohne Veränderungen nach sich zu ziehen, das die Ehe trotz der langen Trennung intakt hält. Beide Eltern sind von ihr abhängig und verarbeiten ihre Probleme über sie. Sie verlassen sich unbewußt auf sie, um die Familie vor dem totalen Auseinanderfallen zu bewahren. Seit ihrer Kindheit ist dies Tammys Rolle, und daran hat sich nichts geändert.

Das alles macht sie zum Mittelpunkt der Ehe ihrer Eltern – wohin sie nicht gehört. Und es hindert Tammy daran, erwachsen zu werden und eine eigene Familie zu gründen.

Tammys Beziehungen scheitern aus mehreren Gründen: Sie sucht sich die falschen – für sie unerreichbaren – Männer aus, da sie Angst vor einer langfristigen Bindung hat. Sie weiß nicht, wie solche Beziehungen funktionieren, weil es in ihrer Vergangenheit keine Beispiele dafür gab. Und sie weiß nicht, wie man Meinungsverschiedenheiten ausräumt, ohne die Beziehung zu zerbrechen. Solange sie niemandem zu nahe kommt, kann sie auch nicht verletzt werden.

Die emotionale Struktur ihrer Beziehung zu Männern stimmt mit der Struktur der Familie genau überein. Sie paßt auf die gleiche Weise in das Leben ihrer Partner, wie sie in das Leben ihrer Eltern paßt. Indem sie sich mit unerreichbaren Männern verbindet, bildet sie das ihr so vertraute Dreieck. In diesem Fall besteht ihre Rolle darin, die »andere« Frau in einer unglücklichen Ehe zu sein.

Tammy sagt, sie wünsche sich eine Ehe und eine Familie, sie weiß aber nicht, wie sie das schaffen kann. Sie gesteht, daß sie sich ihren Weg durch eine Beziehung »fühlt«. Solange das Gefühl okay ist, gibt es keine Probleme, und sie bleibt. Aber längere Beziehungen schaffen unausweichlich Meinungsverschiedenheiten, die durchdacht werden wollen. An dem Punkt macht Tammy Schluß.

»Ich weiß nicht viel über das Schließen von Kompromissen, und ich weiß nicht, was ich machen soll, wenn er etwas anderes will als ich. Ich glaube, das ist für mich das Zeichen, Schluß zu machen oder verlassen zu werden.«

Tammy hat weder die Energie noch die Zeit, ernsthaft eine Beziehung zu suchen, weil sie sich noch viel zu sehr für ihre Eltern verausgabt.

In der Therapie steht sie einigen Herausforderungen gegenüber: Sie muß lernen, sich aus dem Familiendreieck zu lösen, ohne die Nähe zu ihren Eltern zu verlieren; sie muß begreifen, daß sie nicht für das Glück ihrer Eltern verantwortlich ist; sie muß die Mischung von Denken und Fühlen beherrschen, die ihr helfen wird, die rauhen Stellen von Beziehungen zu überwinden; sie muß den Mut aufbringen, ihre Vergangenheit mit den Eltern zu diskutieren, sich Möglichkeiten schaffen, ihre Reaktionen auf schädliche Familien-Verhaltensmuster zu ändern und ihre Zukunft neu zu gestalten.

Ein früherer Versuch, mit ihrer Mutter über ihre Situation zu reden, endete mit einem Streit. Deshalb versucht Tammy nun, über die jüngere Schwester ihrer Mutter etwas über ihre Vergangenheit in Erfahrung zu bringen. Aber schon das Verabreden eines Termins schuf Probleme. Tammys Mutter fühlte sich durch den Versuch ihrer Tochter, ein Gespräch unter vier Augen mit der Tante zu führen, bedroht. Sie fühlte sich ausgeschlossen und schmollte. Tammy hatte Schuldgefühle. Also sagte sie das Treffen ab.

Tammy kommt nicht weiter, weil sie alles tut, um eine Auseinandersetzung mit Gefühlen zu vermeiden. Auch wenn sie weiß, wie wichtig ein Gespräch mit der Tante für sie ist, den Umsturz, den das in der Familie verursachen würde, kann sie noch nicht ertragen. Dies ist typisch für Menschen am unteren Ende der Verhaltensreife-Skala. Egal, wie sehr sie die Veränderung brauchen, sie fühlen sich zu hilflos, um sie in Angriff zu nehmen. Erst wenn sie aufhören zu *reagieren* und anfangen, mit einer angemessenen Mischung von Denken und Fühlen zu antworten, kann eine produktive Veränderung stattfinden.

Tammy braucht die Kommunikation mit ihrer Tante über ihre Mutter. Sie muß wissen, wie die Familie ihrer Mutter funktionierte. Wie kam ihre Mutter mit *ihrer* Mutter aus? Wie war die Ehe der Großeltern? Welche Rolle spielte ihre Mutter in ihrer Familie? Hatte sie Probleme mit Verabredungen? Welche Männer suchte sie sich aus?

Tammy wird erfahren, daß die Beziehung zu ihren Eltern stark genug ist, um ihre Erkundung der Vergangenheit auszuhalten; ganz gleich, wie stark die Eltern auch protestieren mögen. Tammy ist ein lebensnotwendiges Glied ihrer Familie. Ihre Eltern könnten zornig werden, aber sie werden sie nicht verstoßen. Für Tammy wird das eine wichtige Lektion sein. Wut bedeutet nicht, Beziehungen abbrechen zu müssen. Im Gegenteil, ein angemessener Umgang mit Wut kann eine Beziehung festigen.

Im Gespräch mit ihrer Tante kann Tammy viel über ihre

Mutter und ihre Familie lernen, das dazu beitragen wird, daß sie mehr über sich selbst erfährt. Und es wird die Zeit kommen, in der ihre Mutter und ihr Vater (mit denen sie den gleichen Prozeß durchmachen muß) fähig sein werden, mit ihr direkt über Probleme zu reden, die sie alle angehen.

Dies wird das Zeichen einer Beziehung sein, die Fortschritte macht, einer Beziehung zwischen Tammy und ihren Eltern auf einer reiferen Ebene. Und es wird der Beginn von Tammys Freiheit sein, eigene gesunde Beziehungen einzugehen.

31
Sheila: »Ich traue niemandem; ich muß mich um mich selbst kümmern«

Sheilas Eltern, beide in der Verwaltung einer Agentur für soziale Dienste tätig, ließen sich scheiden, als sie 15 war. Sie führten eine sehr emotionale Ehe, in der es auch zu körperlichen Auseinandersetzungen kam. Ihr Vater vergrub sich in Arbeit, war ein »Workaholic«, und er und ihre Mutter stritten sich über Jobs, Sex, Geld und die Kinder. Sheila erzählt, daß ihre Mutter exzessiv in diese höchst intensive Beziehung zu ihrem Mann verwickelt war und die meiste Zeit damit verbrachte, sich physisch und emotional um ihn zu kümmern. Aber um sich selbst kümmerte sie sich nie. Sheila glaubt, daß diese Kombination eines launenhaften Vaters und einer Mutter, die trotz aller Proteste nicht wußte, wie sie ihren Bedürfnissen Aufmerksamkeit schenken sollte, letztendlich die Ehe zerstörte. Unglücklicherweise änderte auch die zweite Ehe ihrer Mutter nichts daran. Sheila sagt, ihre Mutter habe das Bedürfnis, sich hingebungsvoll um andere Menschen zu kümmern, aber sie habe immer noch nicht gelernt, sich um ihre eigenen Bedürfnisse zu kümmern.

Sheila ist fest entschlossen, die Fehler ihrer Mutter nicht zu wiederholen. Was Beziehungen anbelangt, ist sie vorsichtig, sie glaubt niemandem, daß er für sie da ist, und wehrt sich dagegen, auch nur im geringsten von einem Mann abhängig zu sein.

Sheila, 27 Jahre alt, ist im letzten Jahr ihres Jura-Studiums an einer der renommiertesten Universitäten der Vereinigten Staaten. Sie suchte mich auf, weil sie sich Sorgen darüber machte, wie sie mit Beziehungen zu Männern umging. Sie hatte große Angst, einem Mann zu vertrauen, nicht weil sie dachte, er könne sie betrügen, sondern weil sie befürchtete, daß sie in einer Beziehung, in der sie sich wohl fühlte, die Fähigkeit verlieren würde, sich um sich selbst zu kümmern. Also suchte sie sich immer Männer aus, denen sie sich intellektuell und emotional überlegen fühlte. Sie suchte auch Männer aus, die körperlich kleiner waren als sie. Sheila entdeckte, daß sie tatsächlich ihre Bedürfnisse vernachlässigte. In einem Fall blieb sie viel zu lange bei einem Mann, der sie schlug.

Sheila glaubt, daß die wichtigen Menschen in ihrem Leben sie immer enttäuschen werden. Sogar ihre Mutter, der sie sich nahe fühlte, ließ sie im Stich, als sie nach der Scheidung nicht fähig war, mit ihrem Mann über die Kosten von Sheilas Ausbildung zu verhandeln.

»Da sie nie gelernt hat, sich um sich zu kümmern, konnte sie sich schließlich auch nicht um mich kümmern. Ich glaube, ich kann mich nur auf einen Menschen verlassen – mich selbst.«

Sheila erwartet für sich keine ausfüllende, gegenseitig befriedigende intime Beziehung. Und sie hat kein Vertrauen, daß ein Mann jemals fähig sein wird, emotional für sie da zu sein. Im Gegenteil, ihre Einschätzung von Männern lautet, daß »die meisten Null-Nummern sind«. Sie beschreibt sich selbst als einen Menschen mit »grundsätzlichem Mißtrauen gegenüber Beziehungen«. In einem Rückblick auf ihre Familiengeschichte konnte Sheila sehen, daß das Thema »sich um andere kümmern/sich um sich selbst kümmern« schon immer ein Problem gewesen ist. Sheilas Ur-Großmutter wurde kurz nach der Geburt ihrer Tochter Celia, Sheilas Großmutter, krank. Celia verbrachte ihr Leben damit, sich um die Mutter zu kümmern, danach sorgte sie für ihren Ehemann, der zwar liebenswürdig, aber ansonsten antriebsschwach war.

Celia traf die größeren Entscheidungen und führte die Familie »auf ihre Weise«. Aber als sie selbst krank wurde, war niemand da, der sich um sie kümmerte. Sie hatte sich »selbst eine Falle gestellt«, berichtet Sheila. »Da sie nie etwas erwartete, bekam sie es auch nie.«

Dieses Erbe wurde an Sheilas Mutter weitergereicht, die das Verhaltensmuster wiederholte. Egal, wie gewalttätig ihr Mann war, ganz gleich, wie nachlässig sie ihren Bedürfnissen gegenüber war, sie war hilflos, wenn es darum ging, selbstverantwortlich zu handeln. Allein der Gedanke daran war schon zu schmerzhaft. Als sie dem Mann begegnete, der später ihr zweiter Ehemann wurde, sah sie einen Ausweg und griff zu.

Nach langer Therapie ist Sheila heute klar, daß das *unreife Verhalten* in ihrer Familie das Zusammenspiel eines launenhaften und gewalttätigen Vaters und einer höchst anpassungsfähigen Mutter war. Diese Kombination schuf eine unerträgliche Spannung in der Familie. Um sie zu mildern, um den Druck von sich zu nehmen, begannen die Familienmitglieder sich um andere Menschen zu kümmern. Ihr Haus war immer voll mit Menschen, die Probleme hatten – Tanten, Cousinen und Nachbarn –, die der Familie keine Zeit für ihre eigenen Angelegenheiten ließen.

Sheila gab zu, daß sie ihrer Mutter übelnahm, daß sie nicht für sich selbst verantwortlich gewesen war und sich als Lösungsmöglichkeit für ihre Probleme von einem unberechenbaren Mann abhängig gemacht hatte. Wäre ihre Mutter sicherer, stärker und fähiger gewesen, bei ihrem ersten Ehemann ihre Interessen zu wahren, so hätte die Ehe überleben können, glaubt Sheila.

Sie erkennt viele Ähnlichkeiten zwischen sich und ihrer Mutter, und das stört sie. Fast unmittelbar nach der Scheidung zog die Mutter mit dem Mann zusammen, der ihr zweiter

Ehemann wurde. Als Sheila aufs College ging, fing auch sie an, mit Männern zusammenzuleben. Sie sagt, das sei keine wohldurchdachte Entscheidung gewesen, sondern eher eine Parallele zum Leben ihrer Mutter. Bedeutete das, daß sie auch so abhängig und bedürftig war wie ihre Mutter?

Sheila war froh, als ihre Mutter wieder heiratete, weil sie glaubte, daß Martin, der neue Ehemann ihrer Mutter, zuverlässiger als ihr Vater sei und ihre Mutter mehr über ein angemessenes Geben und Nehmen in einer Ehe gelernt hätte. Sie glaubte, nun würde sie endlich in der Lage sein, eine gesunde Beziehung zwischen einem Mann und einer Frau zu erleben.

Sie irrte sich. Statt dessen sah sie *zwei* Menschen, die am Ende nicht mehr fähig waren, weder für sich noch für den anderen zu sorgen. Zu Beginn ihrer Ehe waren ihre Bemühungen so intensiv, daß sie erdrückend waren und Konflikte hervorriefen. War die Situation dann problematisch, wußte keiner von beiden, was zu tun war. Also machten sie das für sie Natürlichste: Sie verlagerten ihre Aufmerksamkeit auf andere Menschen.

Sheila meint, es sei noch schlimmer gewesen als in der ersten Ehe ihrer Mutter. Eine Freundin von Martin, eine 38jährige Frau mit einem kleinen Kind, hatte keine Bleibe und wurde eingeladen, eine Zeitlang bei ihnen zu wohnen. Acht Jahre vergingen, und die Frau wohnt immer noch mit ihrer Tochter in Sheilas altem Zimmer. Als Sheila an einem Wochenende einen ihrer Freunde mitbrachte, lud die Mutter ihn ein, im Haus zu wohnen, weil er sich während seiner Jobsuche vorübergehend keine Wohnung leisten konnte. Heute, zwei Jahre später, sind Sheila und er zwar nicht mehr zusammen, aber er wohnt noch immer im Haus ihrer Mutter. Kürzlich schloß sich eine Cousine, die gerade keine Arbeit hatte, der Familie an. »Wahrscheinlich wird sie ewig dort bleiben«, meint Sheila. »Genau wie alle anderen.«

»Ich war froh, als sich meine Eltern trennten«, sagt Sheila. »Ich war die Streitereien so leid und hatte Angst vor den Ge-

walttätigkeiten. Jetzt geht's mir noch schlechter, weil sich in meiner Familie nichts geändert hat. Die Scheidung hat nichts gebracht. Das alte Spiel mit neuer Besetzung.«
Sheilas gegenwärtiger Freund, mit dem sie seit einem Jahr zusammenlebt, möchte heiraten. Er betrachtet ihr Zusammenwohnen als einen Schritt in Richtung Ehe. Sheila nicht. Im Gegenteil, sie sagt, wenn er weiter auf einer Heirat besteht, wird sie die Beziehung beenden.
In Übereinstimmung mit den Ergebnissen der umfangreichsten Untersuchung über erwachsene Scheidungskinder legt Sheila größeren Wert auf eine berufliche Karriere als auf die Ehe, macht sich aber Gedanken darüber, ob der Lohn der Arbeit sie auch mit zunehmendem Alter befriedigen wird. Sie erwartet nicht, daß Beziehungen ewig halten, und in ihrer Zukunft sieht sie keine Ehe. Es ist ein großes Paradox, daß in Familien, die sich darauf konzentrieren, sich um andere zu kümmern, niemand *in der Familie* das Gefühl hat, man hätte sich um sie oder ihn gekümmert. Der Grund dafür liegt darin, daß der emotionale Wunsch, sich um andere zu kümmern, *mehr mit den Bedürfnissen des sich Sorgenden zu tun hat als mit den realistischen Bedürfnissen desjenigen, um den man sich kümmert.* In dieser Familie ist das Sorgen für andere ein Regulator für die eigenen Ängste.
Da Sheila akademisch so erfolgreich und beruflich so vielversprechend ist, ist es unwahrscheinlich, daß sie motiviert sein wird, an ihrem privaten Leben viel zu verändern, bis sie sich in ihrem beruflichen Leben gut eingerichtet hat. Sie sieht jedoch ihre Eltern, die im Beruf erfolgreich, aber nicht sehr glücklich sind. Und sie ist sich bewußt, daß sie nicht auf die gleiche Weise enden will.
Sheila konnte einen Durchbruch erzielen, als sie feststellte, daß ihr Erbe – sich um andere zu kümmern – auch in ihrem Berufsleben auftauchte. Sie erwischte sich dabei, zu sehr auf die Probleme von Klienten einzugehen, mit denen sie während ihrer Ferienjobs zu tun hatte, und sie war fähig, damit aufzuhören.

Sheila hatte den Kontakt zu ihrer Familie in der Hoffnung vermieden, daß sie – wenn sie ihre Eltern und andere Verwandte ignorierte – auch das an sie überlieferte Erbe ignorieren könnte. Aber da sie deutlich erkennt, daß sie mit ihrer Mutter und Großmutter ein Verhaltensmuster teilt, versteht sie, daß genau das Gegenteil der Fall ist. Sie muß sich in Gesprächen mit der Vergangenheit und den bestimmenden Mustern auseinandersetzen und so eine Veränderung in Gang bringen.

Sheilas großes Problem ist: »Ich habe nicht das Gefühl, als hätte sich meine Mutter sehr gut um mich gekümmert.« Das Thema ist für Sheila jedoch emotional zu stark belastet, um damit zu beginnen. Zuerst könnte sie mit Mutter und Großmutter darüber reden, warum das Sorgen für andere sie dermaßen aufzehrt. Dann kann sie die Unfähigkeit ihrer Mutter problematisieren, die sich weder um sich noch um ihre beiden Ehemänner angemessen kümmern kann. Eine Diskussion, die nicht unmittelbar auf die Beziehung zwischen Sheila und ihrer Mutter zielt, wird weniger Angst hervorrufen und den Weg ebnen für kommende heiklere Themen. Sheila muß irgendwann klären, wie sie durch Identifikation das Verhaltensmuster der Mutter kopiert hat und wie sie sich in ihrer Fähigkeit, für sich selbst zu sorgen, beeinträchtigt fühlt.

Sheilas Bekenntnis, daß sie nicht das Gefühl hatte, gut behütet worden zu sein, wird ihre Mutter zweifellos erschrecken, die von sich selbst glaubt, daß sie einen gewalttätigen Ehemann aufgegeben hat, darum kämpfte, daß Sheila eine gute Schule besuchen konnte, und ihr Leben auf das ihrer Tochter konzentrierte. Sie wird nicht verstehen können, wie Sheila solche Gefühle haben kann, und sie wird wahrscheinlich wütend und verletzt sein: Falls Sheila nicht zu emotional wird und die Diskussion dadurch beendet, wird die Reaktion der Mutter die Tür zu einer produktiven Kommunikation über den Familienstil und die Art, wie er alle beeinflußt, eröffnen.

Auch Sheila muß die Rolle, die *sie* in dem Szenario spielte, begreifen. Vielleicht hat sie in ihrem Bemühen, ihre Unabhängigkeit zu beweisen, den Versuchen ihrer Mutter, sich um sie zu kümmern, eine Abfuhr erteilt. Hat sie ihrer Mutter jemals gesagt, was sie von ihr braucht? Hat sie sich geweigert, die von der Mutter angebotene Hilfe in Anspruch zu nehmen? War sie um die Ehe der Eltern so besorgt, daß sie das mit einem Rückzug vor den Annährungsversuchen der Mutter verdeckte?

Sheila sollte auch mit ihrem Vater und Großvater sprechen. Sie braucht deren Ansichten darüber, warum die Frauen in ihrem Leben sich so überverantwortlich gegenüber ihren Männern fühlten. Sie muß in Erfahrung bringen, was die Männer taten, um dieser Art von Verhalten Vorschub zu leisten.

Der Nutzen des Aufarbeitens von Problemen an ihrem Ursprung liegt darin, daß der Beitrag, den jedes Familienmitglied geleistet hat, klar zutage tritt. Und das ist das Einfachste für den Beginn von Veränderungen. Es ist, als ob man auf eine Straßenkarte schaut. Erkennt man erst einmal alle Straßenverbindungen, wird der Weg zum Ziel klar. Das heißt nicht, daß man sich auf dem Weg nicht verirren kann, aber die Chancen, wieder zurückzufinden, sind besser.

32
Donna: »Ich habe Angst, betrogen zu werden«

Donnas Eltern hatten das, was man eine »gute Scheidung« nennen könnte. Obwohl ihre Eltern emotional unreif waren, als sie zusammenlebten, verstanden sie den Ursprung ihrer Probleme und schafften es, in ihrem zweiten Anlauf eine bessere Wahl zu treffen. Was am wichtigsten ist, sie blieben für Donna auf gesunde und kooperative Weise weiterhin Vater und Mutter, und Donna hatte die Möglichkeit, nicht nur zu ihnen, sondern auch zu ihrer Stiefmutter und ihrem Stiefvater eine liebevolle Beziehung aufzubauen. Donna sagt, sie fühle sich durch ihre vier Eltern und den großen erweiterten Familienkreis bereichert. Trotzdem lastet auf ihr die Furcht, betrogen zu werden, und sie kämpft mit starken Verlassenheitsängsten.

Als ich Donna kennenlernte, war sie 31 Jahre alt. Sie hatte gerade ihr Medizinstudium erfolgreich abgeschlossen und war im Begriff, sich als Dermatologin niederzulassen. Sie kam zu mir, weil sie die letzten 10 Jahre damit verbracht hatte, sich zu fragen, ob ihre Ehe halten würde.

»Ich habe keinen Grund zu glauben, daß Anton mich verläßt«, erzählt mir Donna. »Er hat mir nie Anlaß gegeben, daran zu zweifeln, daß er mich und unsere zwei Kinder liebt. Aber ich habe immer dieses nagende Gefühl, daß es nicht so bleibt, und daß mir eines Tages alles um die Ohren fliegt.«

Donnas Eltern ließen sich scheiden, als sie sechs und ihr Bruder vier war. Die ersten drei Jahre nach der Trennung war Donnas Mutter depressiv und handlungsunfähig. Typischerweise wurde Donna zu ihrem emotionalen Halt und ihrer Vertrauten. Sie war ein übereifriges kleines Mädchen, das schnell groß wurde, Verständnis für seine Mutter hatte und ihr durch eine schwierige Zeit half. Donnas Gefühl der Nähe zu ihrer Mutter basiert jedoch nicht auf einem negativen Vater-Bild, wie es so oft der Fall ist.

Donna sagt, daß sie sich nach einer ersten Zeit der Unruhe mit der Scheidung wohl gefühlt hätte. Sie verstand, warum ihre Eltern nicht zusammenleben konnten. Beide waren unordentlich und unreif. Im Beruf war der Vater ehrgeizig und erreichte seine Ziele. Die Mutter war eine schöne Frau und etwas unzuverlässig. Bevor sie heiratete, wurde sie von Männern umschwärmt, und Donna glaubt, ihr Vater habe sie als einen gewonnenen »Preis« betrachtet. Über das Gewinnen des Preises ging ihre Beziehung aber nie hinaus. Donna erzählt, daß ihre Unterhaltungen sich auch in den intimsten Momenten wie Small-Talk auf einer Cocktail-Party anhörten.

Nach der Heirat stritten sie sich fortwährend und fanden die unreifsten Formen für eine Beilegung ihrer Meinungsverschiedenheiten. Zum Beispiel, so berichtet Donna, zankten sie sich die ganze Zeit darüber, wer die Autoschlüssel verloren hätte. Das Problem wurde dadurch gelöst, daß das Auto verkauft wurde.

Als sie sich jedoch zur Scheidung entschlossen, verhielten sie sich kooperativ, und die Konflikte, die ihre Ehe gekennzeichnet hatten, traten nicht auf. Sie erkannten, daß sie beide gute Menschen waren – nur nicht füreinander geschaffen.

Donna erinnert sich an keinen Streit über Geld, Sorgerecht oder die Aufteilung der Möbel. Im Gegenteil, beide Eltern hielten ihre Kontakte zur erweiterten Familie des anderen aufrecht. »Also habe ich nie das Gefühl gehabt, eine Familie verloren zu haben«, sagt Donna. »Die Familie meines Vaters kam zur Hochzeit meiner Mutter, und die Familie meiner Mutter war bei der Trauungszeremonie und dem anschließenden Empfang meines Vaters dabei.

Meine Eltern waren der Ansicht, daß man die Familie nicht aufgeben sollte, bloß weil man sich scheiden läßt. Also kamen wir bei Familientreffen zusammen, und niemand redete schlecht über den anderen. Die Scheidung war wahrscheinlich so ›gut‹ wie möglich.«

Wie es so oft nach der Scheidung bei Mädchen der Fall ist, die stark und gut angepaßt zu sein scheinen, wurde Donna mit 16 aufsässig. Sie verabredete sich mit älteren Männern, die ihre Mutter mißbilligte, und dachte mehr an Partys als an die Schule.

Mit 19 lernte sie Anton, 26, kennen, den Mann, den sie heiraten wollte. Sie sagt, sie habe sich von ihm angezogen gefühlt, weil seine Eltern eine stabile Ehe ohne Scheidungsabsichten führten.

»In meiner Beziehung mit ihm wurde ich richtig paranoid und eifersüchtig«, erinnert sich Donna. »Dauernd hatte ich Angst, es könnte nicht klappen, obwohl alles funktionierte. Ich weiß, daß ich irrational war, hatte aber keine Ahnung,

woher das kam. Daß Anton nichts zu diesem Gefühl beitrug, war offensichtlich. Ich brachte das in unsere Beziehung.«
Während ihrer ersten Zeit wollte Donna nicht mit Anton zusammenleben. Es hatte nichts mit Moral oder Sexualität zu tun, erzählt sie mir. »Es ist einfach so, daß man heute alles kann, ohne verheiratet zu sein. Mit jemand zusammenzuleben, das wollte ich mir aufheben.«
Während sie mit Anton ging, hatte sie die Vorstellung von einer traditionellen Trauung in der Kirche, vier Kindern, einem Haus mit einem liebevollen Ehemann, und die Absicht, sich nie scheiden zu lassen. Ein Jahr später heirateten Anton und sie. Sie bekamen die gewünschte große Hochzeit, zu der sowohl die alten Familien ihres Vaters und ihrer Mutter als auch die neuen Familien kamen. In den folgenden sechs Jahren bekamen sie zwei Kinder.
Währenddessen hatte Donna, beeinflußt von einer Stiefmutter, die sie drängte, »etwas aus sich zu machen und nicht von ihrem Mann abhängig zu sein«, Medizin studiert. Ihr Ehemann ermutigte sie, und sie teilten sich die Kindererziehung, wenn sie zu Vorlesungen ging oder im Krankenhaus arbeitete.
Die ganze Zeit über hatte sie jedoch nagende Zweifel an der Stabilität ihrer Ehe. »Ich kann es nicht erklären«, sagt sie. »Ich habe das Gefühl, als hätte die Scheidung meiner Eltern mich nicht verletzt. Im Gegenteil, ich glaube, ich habe viel dazugewonnen, da ich von vier verschiedenen Sichtweisen profitieren kann – von der eines Vaters und eines Stiefvaters, einer Mutter und einer Stiefmutter.
Und ich habe erlebt, daß Scheidung etwas Positives sein kann, und daß sie Probleme lösen kann. Die zweiten Ehen meiner Eltern sind gut, und sie sind viel glücklicher. Trotzdem ...«
Als Donnas Vater und ihre Mutter sie zu einem Treffen mit mir begleiten, enthüllten sie widerstrebend einen möglichen Grund für Donnas Unbehagen in ihrer eigenen Ehe. Kurz bevor sich ihre Eltern trennten, hatte ihr Vater eine kurze Affäre mit der Frau eines alten Freundes gehabt. Obwohl sie sich

bewußt bemühten, sich nicht in Donnas und ihres Bruders Anwesenheit zu streiten, waren sich beide darin einig, daß Donna, auch wenn sie sich nicht daran erinnert, die »Schwingungen« mitbekommen haben könnte.

Donna selbst erinnert sich an ein vages Gefühl, daß ihr Vater einen neuen »Preis« gefunden hatte. Und obgleich sie lange nicht daran gedacht hatte, erinnerte sie sich an die Depressionen, die ihre Mutter nach der Trennung durchlebt hatte. In diesem Licht fingen die vagen, unerklärlichen Gefühle über die Zerbrechlichkeit ihrer Ehe an, einen Sinn zu ergeben. »Vielleicht habe ich mich, ohne mir dessen bewußt zu sein, immer gefragt: Wenn mein Vater das meiner Mutter antun konnte – könnte Anton mir nicht das gleiche antun?«

Danach besuchte Donna ihren Vater mehrmals und redete mit ihm über seine Eltern und darüber, warum er glaube, daß die zweite Ehe gutgeht, während die erste scheiterte. Mit den Augen einer Erwachsenen begann sie zu sehen, wie unreif ihr Vater war, als er ihre Mutter heiratete, und wie sehr er sich mit der Zeit geändert hatte. Und sie war noch mehr davon überzeugt, daß die Scheidung notwendig gewesen war und ein besseres Leben sowohl für ihren Vater als auch ihre Mutter zur Folge hatte.

Sie vergleicht sich mit anderen erwachsenen Scheidungskindern und ist ihren Eltern dankbar, daß sie fähig waren, Kooperation, Kommunikation, Kontakt und Kontinuität aufrechtzuerhalten, und damit verhinderten, daß sie entwurzelt wurde.

»Ich gehe jetzt noch gewissenhafter mit meiner Ehe um«, berichtet Donna. »Ich will das Erbe der Scheidung nicht an meine Kinder weitergeben. Auch wenn es mein Leben nicht beeinträchtigt hat, auch wenn meine Eltern sich auf die bestmögliche Art haben scheiden lassen, auch wenn meine Bindungen zur Familie noch stark sind, diese unbegründeten Verlassenheitsängste haben mir in meinem Leben lange zu schaffen gemacht.«

Donna ist eine der glücklichen Scheidungs-Töchter. Sie und

ihre Eltern waren in der Lage, etwas zu tun, was viele erwachsene Scheidungskinder nicht können: zusammen mit den Eltern über ihre Vergangenheit reden und dabei erfahren, was und warum etwas falsch lief.

Wie wir jedoch schon vorher erörterten, haben sogar »gute« Scheidungen oft dauerhafte Auswirkungen auf Kinder. Die Angst, betrogen zu werden, ist eine der verbreitetsten. Donnas Aufgabe besteht jetzt darin, zu erkennen, daß sie nicht ihre Mutter oder ihr Vater ist, und daß sie nicht ihr Leben lang darauf reagieren muß, wie sie miteinander umgingen. Sie sagt, daß das Herstellen der Verbindung zwischen der Affäre ihres Vaters und ihren Ängsten in bezug auf die Stabilität ihrer Ehe ihr geholfen hat, sich zu beruhigen.

Sie arbeitet jetzt daran, sich davon zu überzeugen, daß »Anton Anton ist und nicht mein Vater«.

Nachwort

Andere Dinge mögen sich ändern, aber wir beginnen und enden mit der Familie.
Anthony Brandt

Wir alle kommen aus einer Familie, die ihren Anfang nahm, lange bevor wir auf die Welt kamen. Was uns von dieser Familie überliefert wurde – ihre ganz eigenen Wertvorstellungen, Rituale, Weisheiten, Volkswissen, Gedanken, Gefühle und Verhaltensformen –, trägt dazu bei, uns zu formen, und bestimmt, was wir wiederum an unsere Kinder und Enkelkinder weitergeben. Glücklicherweise sind wir alle fähig, die Fülle unseres Familienerbes zu bewahren, während wir die automatischen, emotionalen Reaktionen, die störend in unser Leben eingreifen und unsere Beziehungen zu anderen schädigen, »verlernen« können.

Wenn Sie sich eingehend mit diesem Buch befaßt und über Ihren Familienstil und Ihre Reaktionen darauf nachgedacht haben, und wenn Sie die Fragen zu Ihrer Verhaltensreife beantwortet haben, dann werden Sie bereit sein, die ersten Schritte in Richtung einer Verhaltensänderung zu machen. Denken Sie aufmerksam über die folgenden, wichtigen – und enthüllenden – zehn Fragen nach:

1. Welches waren die dominierenden Familienstile in Ihrer Familie in den letzten drei Generationen? Auf welcher Grundlage haben Sie diese Beobachtungen gemacht?
2. Beschreiben Sie Ihre Reaktionen auf diese Verhaltensmuster und wie diese Reaktionen mit Ihren gegenwärtigen intimen Beziehungen in Zusammenhang stehen.

3. Was sind die Anzeichen für eine Funktionsstörung in Ihrer Familie?
4. Wer in Ihrer Familie hat versucht, sie zu ändern?
5. Würden Sie diese Änderung als vorübergehend oder als dauerhaft beschreiben?
6. Zu welchem Familienzweig – dem Ihrer Mutter oder dem Ihres Vaters – haben Sie gefühlsmäßig eine engere Bindung? Warum?
7. Beschreiben Sie, was Sie mit Ihrem Hintergrundwissen über Familienstile dabei für ausschlaggebend halten.
8. Welchen Problemen würden Sie begegnen, wenn Sie mehr Kontakt zum anderen Zweig der Familie aufnehmen wollten – dem Zweig, mit dem Sie weniger verbunden sind?
9. Was wäre für Sie erforderlich, um ein wichtiges Mitglied Ihres erweiterten Familienkreises zu werden?
10. Was lieben Sie an Ihrer Familie am meisten? Was mögen Sie am wenigsten?

Wenn Sie sicher sind, daß Sie diese Themen gründlich genug untersucht haben, denken Sie darüber nach, wie Sie Ihre neugewonnenen Einsichten für signifikante Veränderungen in Ihrem Leben einsetzen können. Bestimmen Sie als erstes, wie Sie im allgemeinen auf Streß reagieren. Versuchen Sie, wenn Sie sich das nächste Mal in einer angespannten Situation befinden, diese Reaktion zu verändern. Holen Sie tief Luft, erinnern Sie sich daran, was Sie über Denken und Fühlen gelernt haben, und *denken Sie* darüber *nach*, wie Sie reagieren möchten. Versuchen Sie, anders zu reagieren: Falls Sie gern viel reden, versuchen Sie, zuzuhören; falls Sie Probleme gemieden haben, versuchen Sie zu kommunizieren; fahren Sie normalerweise schnell aus der Haut, beherrschen Sie sich und reagieren Sie auf vernünftige Weise.

Stellen Sie fest, wie andere Menschen auf Ihr neues Verhalten reagieren und beobachten Sie Veränderungen in den für Sie daraus resultierenden Gefühlen. Versuchen Sie, Ereignisse vorauszusehen, die die alten Reaktionen hervorrufen könnten – Ihre Mutter kommt zu Besuch, Ihre Frau kommt zu spät zur Verabredung im Restaurant, Ihr Partner hat Ihren Geburtstag vergessen –, und geben Sie sich bewußt Mühe, auf neue Art zu reagieren.

Erwarten Sie nicht, daß dies von einem Tag zum anderen funktioniert. Ihre Reaktionsmuster haben sich im Laufe von Jahren gebildet. Auch wenn Sie sich und Ihre Familie jetzt besser verstehen, bedeutet das nicht, daß Sie in Streßsituationen automatisch alles anwenden können, was Sie wissen. Sie werden Fortschritte machen, und dann wieder frustriert sein, weil Sie auf alte Verhaltensmuster zurückgegriffen haben. Aber Sie werden überrascht sein, daß Sie durch Übung Ihre früheren, vertrauten Reaktionen durch neue sinnvollere ersetzen können.

Machen Sie sich keine Sorgen, wenn Sie weniger spontan werden. Sie werden erkennen, daß Sie an Flexibilität gewinnen und größere Freiheit bei der Wahl Ihrer Ausdrucksmöglichkeiten haben. Und, was am wichtigsten ist, es wird sich Ihnen die Fähigkeit erschließen, wertvolle und lohnende persönliche Beziehungen zu verwirklichen, die dem Leben Struktur und Sinn geben.

Danksagung

Ohne die Begeisterung und Entschlossenheit von Bob Miller, dem Cheflektor von Delacorte Press, gäbe es dieses Buch nicht. Er wußte, wann er zu drängen, wann er sich herauszuhalten hatte, und seine gewissenhaften und einfühlsamen redaktionellen Bemerkungen trugen dazu bei, dem Buch diese Form zu geben. Es gäbe es auch nicht ohne die Ermutigung durch meine frühere Studentin Anne Boas, ohne Lisa DiMona, meine Agentin, deren Vertrauen in das Projekt unerschütterlich war, und auch nicht ohne Ann Redpath, meine Schwägerin und Präsidentin von Redpath Press, die mich überzeugte, daß dieses Buch eine angemessene Erweiterung meiner bisherigen Arbeit sei.

Das Schreiben eines Buches mit einem Co-Autor ist wie eine Ehe. Gloria und ich verbrachten viel Zeit damit, uns kennenzulernen und darüber zu reden, was jeder von uns in das Projekt einbringen könnte. Schließlich fingen wir mit hoffnungsvollem Schwung an. Es ist eine wundervolle Erfahrung gewesen. Ich möchte Gloria für ihre großartige Arbeit danken, für ihre beständige Hilfe bei der Klärung der Komplexität von Scheidung und dafür, daß sie sie selbst war und mich so ließ wie ich bin.

Selbstverständlich wäre dieses Buch auch nicht zustande gekommen ohne die Tausende von Stunden, die Patienten und Freunde damit verbrachten, ihre Leben mit mir zu diskutieren, die zu Interviews bereit waren und ihre privatesten Gedanken mit mir teilten. Diese Menschen und ihre Familien müssen anonym bleiben. Jedoch bilden sie und ihre Lebensgeschichten das Rückgrat des Buches. Sie sind es, durch die der Leser sich sehen wird, und sie sind es, denen ich meinen aufrichtigen Dank und meine Wertschätzung aussprechen möchte.

Mein Interesse an der Familienforschung wurde in den späten 60er und den frühen 70er Jahren durch meine Ausbildung zum Erwachsenen- und Kinderpsychiater an der Menninger-Foundation geweckt. In jenen Tagen gab es nur ein geringes klinisches Interesse an der Familie als Einheit, doch Arthur Mandelbaum verstand und ermutigte mich.

Meine besondere Wertschätzung gilt Dr. Murray Bowen, den ich 1971 als Mitglied der *Group for the Advancement of Psychiatry's Committee on the Family* traf. Dort wuchs mein Interesse an Familien und an Scheidungsfällen. Dr. Bowens Fähigkeit, offen zu bleiben, während er endlose Vorstellungen und provokative Fragen entwickelte, war von unschätzbarem Wert für mich – ein großzügiges und kostbares Geschenk.

Meine lange Verbindung mit der Fakultät, dem Personal und den klinischen Mitarbeitern des Georgetown Family Center ist sowohl beruflich als auch persönlich bereichernd gewesen. Alle haben mein Denken angeregt und zu meiner Produktivität beigetragen. Bei der Unterstützung der sechs Georgetown-Symposien zur Scheidung waren sie eine große Hilfe. Mein Bewußtsein bezüglich der sozialen, rechtlichen, ökonomischen und demographischen Dimensionen von Familie und ihrer Bedeutung für die Scheidung erwuchs aus der Planung und Koordination dieser Symposien. Unzählige Rechtsanwälte, Richter und Gerichtsangestellte im Raum von Washington D. C. haben mich in den rechtlichen Aspekten des Problems unterrichtet. Kathryn Wallman, Direktorin des Council of Professional Associations on Federal Statistics half mir, die Wichtigkeit der in den USA alle 10 Jahre stattfindenden Volkszählung zu verstehen – sie sind der Hauptnenner aller auf der Bevölkerung basierenden Samplings, sowohl auf privater als auch öffentlicher Ebene. Ich danke Paul

Glick, ehemals bei der Population Division des U.S. Census Bureau, und E. Mavis Hetherington, die Gastredner auf meinem ersten Symposium waren. Sie schienen ihren Kollegen weit voraus zu sein.
In neuerer Zeit: Barbara Foley Wilson, Demographin der Division of Vital Statistics des National Center for Health Statistics, die mich mit neuesten Daten zu Eheschließungs- und Scheidungsraten versorgte und mir Literatur zu Werbungsverhalten und Zusammenleben erschloß.
Mein Dank gilt Kathryn A. London, Family Growth Survey Branch of the Division of Vital Statistics of the National Center for Health Statistics, für ihre Beratung und ihre ausgezeichnete Arbeit »Are Daughters of Divorced Parents More Likely to Divorce as Adults?«. Mein Dank gilt Bernie Brown, der mir half, die Fragebögen zu diesem Buch zu entwerfen.
Amy Beal, Tracy Johnson, Sheila Kilcullen und Sara Skilling für die Transkription von Interviews und das Tippen von Rohentwürfen. Dank an Ann Redpath und Lynn Chertkov für die Durchsicht des Manuskripts und für ihre Vorschläge.
Meiner Frau, die behauptet, ich hätte nie Strunks *Elements of Style* gelesen, und trotzdem zugibt, mich noch zu mögen – meiner Freundin über dreiunddreißig Jahre, meiner Frau seit fünfundzwanzig Jahren, meiner besten Lehrerin in Liebe und Hingebung, Nähe und Freundschaft während all dieser Zeit.
Unseren Kindern Alan, Amy und Maryalice, die mich die wahre Bedeutung von Sonnenschein sowie die Wertschätzung von »The Grateful Dead« gelehrt haben.
Meiner Mutter und meinem Vater, Wanita und Edward Beal, die mir das Leben und einen gesunden Menschenverstand schenkten.
Meinen Schwestern, Mary Beth und Jane, die sich, offen gesagt, mit mir abgefunden haben.
Reverend John P. McNamee und Schwester Anne B. Doyle, die meine Seele fünfundzwanzig Jahre gehegt haben.

Edward Beal

Mein Wunsch für alle, die dieses Buch lesen – und das, wie sich herausgestellt hat, mehr von Familienbindungen als von Familienauflösungen handelt –, ist, daß Sie soviel wie ich darüber lernen, was Sie tun, warum Sie es tun und wie Sie es anders tun können, wenn Sie sich dazu entscheiden.

Die Arbeit mit Ted Beal hat mir viel darüber beigebracht, wie Beziehungen funktionieren und wie man Konflikte lösen kann. Ich danke ihm für sein Wissen, seine Überzeugungen, seine Toleranz, seine Geduld, sein Vertrauen in mich, seinen Respekt und letztlich für seine Freundschaft.

Ich möchte auch Bob Miller, einem außergewöhnlichen Lektor, für sein Engagement an diesem Buch danken, für seine Überzeugung, daß es wichtig ist, und dafür, daß er da war, wenn wir ihn brauchten, sowie Lisa DiMona, unserer Agentin, und dem Personal der Raphael Sagalyn Agentur für ihre Führung und ihre Zuversicht.

Danken möchte ich Dr. Salvador Minuchin, Dr. Bernice L. Rosman, Dr. Lester Baker, Dr. John Sargent, Dr. Michael Silver, Dr. Ronald Liebman und dem Personal der Philadelphia Child Guidance Clinic, die mir halfen, die Interaktionen von Familien besser zu verstehen und zu verändern.

Dieses Buch handelt von Familien, und ich möchte meiner danken – einer besonderen, lärmenden, warmherzigen und liebevollen Zahl von Tanten, Onkeln, Cousins, Neffen, Nichten, Schwägerinnen und Schwagern, die das Leben reich und lohnenswert machen. Ich möchte meiner Familie von Freunden danken, besonders Cathy Kiel für ihre hingebungsvollen Forschungsbemühungen. Ich möchte meiner Mutter Sarah danken, ihre sanfte Stimme und aufmunternden Blicke vermisse ich jeden Tag; meinem Vater Abe, der mich lehrte, das Leben nicht in Jahren zu messen, sondern in Lebendigkeit; meiner Schwester Charlotte für die Erinnerungen, die wir teilen; meiner Tochter Anndee für ihre Freundschaft und Liebe und meinem Mann Stan, der mein Seelenfreund, mein Partner, mein Vertrauter und mein Geliebter auf unserer wundersamen Reise durch das Leben ist.

Gloria Hochman

Bibliographie

Ahrons, Constance: After the Breakup, in: Family Therapy Networker, November/Dezember 1989, S. 123–142
dies.: The Continuing Coparental Relationship between Divorced Spouses, in: American Journal of Orthopsychiatry, Bd. 51/1981, S. 315–328
Ahrons, Constance/Rodgers, Roy: Divorced Families: A Multidisciplinary Developmental View, New York 1987
Amato, Paul R.: Long-Term Consequences of Parental Divorce for Adult Well Being. Presented at 51st annual conference of the National Council on Family Relations, New Orleans, November 1989
Bachrach, Christina A.: Characteristics of Cohabiting Women in the United States: Evidence from the National Health Survey of Family Growth, Cycle III. Presented at annual meeting of the Population Association of America, Boston, März 1985
Beal, Edward: Child Focused Divorce, in: Family Systems Theory: Clinical Application, hrsg. von Peter Titleman. Northvale, N.J., 1991
ders.: Children of Divorce: A Family Systems Perspective, in: Journal of Social Issues, Bd. 35, Nr. 4/1979, S. 140–154
ders.: Family Therapy Treatment of Adjustment Disorders, in: Treatment of Psychiatric Disorders, hrsg. von T. B. Karasu (A Task Force Report of the American Psychiatric Association), Washington D.C., 1989
ders.: Separation, Divorce and Single-Parent Families, in: The Family Life Cycle: A Framework for Family Therapy, hrsg. von Elizabeth A. Carter und Monica McGoldrick, New York 1980
ders.: Thoughts on the Divorce Process. Presented at the annual Divorce Symposium of Georgetown University Medical School, Washington D.C., Januar 1978, 79, 80, 81, 82
Bennet, Neil G./Blanc, Ann/Bloom, David: Commitment and the Modern Union: Assessing the Link between Premarital Cohabitation and Subsequent Marital Stability. Presented at annual meeting of the Population Association of America, San Francisco, April 1986
Bisnaire, Lise M. C./Firestone, Phillip/Rynard, David: Factors Associated with Academic Achievement in Children Following Parental Separation, in: American Journal of Orthopsychiatry, Bd. 60, Nr. 1 (Januar 1990), S. 67–76
Booth, Alan/Brenkerhoff, D. B./White, L. K.: The Impact of Parental Di-

vorce in Courtship, in: Journal of Marriage and the Family, Februar 1984, S. 85–94
Bowen, Murray: Family Therapy in Clinical Practice. New York 1987
Bray, James H.: Children's Development During Early Remarriage, in: Impact of Divorce, Single Parenting and Stepparenting on Children, hrsg. von E. Mavis Hetherington und J. D. Arasteh. Hillsdale, N.J., 1988
Bumpass, Larry/Sweet, James: Children's Experience in Single-Parent Families: Implications of Cohabitation and Marital Transitions, in: Family Planning Perspectives, Bd. 21, Nr. 6/1989, S. 256–260
dies.: Preliminary Evidence on Cohabitation from the National Survey of Families and Households. Presented at annual meeting of the Population Association of America, Madison Wisc., August 1988
Cain, Barbara, S.: Parental Divorce During the College Years, in: Psychiatry, Bd. 52, Nr. 135 (Mai 1989), S. 135–146
Camara, K. A./Resnick, G.: Interparental Conflict and Cooperation: Factors Moderating Children's Post-Divorce Adjustment, in: Impact of Divorce, Single Parenting and Stepparenting on Children, hrsg. von E. Mavis Hetherington und J. D. Arasteh. Hillsdale, N.J., 1988
Carter, Betty/McGolddrick, Monica: The Changing Family Life Cycle: A Framework for Family Therapy. Needham Heights, Mass., 1989
Castro, Teresa/Bumpass, Larry: Recent Trends and Differentials in Marital Disruption. Center for Demography and Ecology, University of Wisconsin-Madison, Juni 1987
Castro, Martin/Castro, Teresa/Bumpass, Larry: Recent Trends in Marital Disruption, in: Demography, Bd. 26, Nr. 1/1989, S. 37–51
Everett, Craig: Effects of Divorce on Children, in: Journal of Divorce, Bd. 12, Nr. 2 und 3/1989
Felner, Robert D./Terre, Lisa/Rowlison, Richard T.: A Life Transition Framework for Understanding Marital Dissolution and Family Reorganization, in: Children of Divorce, hrsg. von Sharlene A. Wolchik und Paul Karoly. New York 1988
Friedman, Edwin H.: Generation to Generation: Family Process in Church and Synagogue. New York 1985
Furstenberg, Frank F. Jr.: Child Care After Divorce and Remarriage, in: Impact of Divorce, Single Parenting and Stepparenting on Children, hrsg. von E. Mavis Hetherington und J. D. Arasteh. Hillsdale, N.J., 1988
Furstenberg, Frank F. Jr./Morgan, S. Phillip/Allison, Paul D.: Paternal Participation and Children's Well-Being After Marital Dissolution, in: American Sociological Review, Bd. 52/1987, S. 695–701
Furstenberg, Frank F. Jr./Spanier, G./Rothschild, N.: Patterns of Parenting in the Transition from Divorce to Remarriage, in: Women: A Developmental Perspective, hrsg. von P. W. Berman und E. R. Ramey. Bethseda, Md.: United States Public Health Service, National Institute of Health, 1982
Gardner, Richard: The Boys and Girls Book about Divorce. New York 1970
ders.: Psychotherapy with Children of Divorce. New York 1976

Glenn, N. D./Kramer, K. D.: The Marriage and Divorces of Children of Divorce, in: Journal of Marriage and the Family, Bd. 49/1987, S. 811–825
Glick, Paul C.: The Role of Divorce in the Changing Family Structure: Trends and Variations, in: Children of Divorce, hrsg. von Sharlene A. Wolchik und Paul Karoly. New York 1988
Glick, Paul C./Spanier, Graham B.: Married and Unmarried Cohabitation in the U.S., in: Journal of Marriage and the Family, Bd. 42, Nr. 1/1989, S. 19–30
Gottman, J. M./Levenson, R. W.: Assessing the Role of Emotions in Marriage, in: Behavioral Assessment, Bd. 8/1986, S. 31–48
Guerin, P. J. Jr. et al.: The Evaluation and Treatment of Marital Conflict: A Four Stage Approach. New York 1987
Guidubaldi, John/Perry, Joseph D.: Divorce and Mental Health Sequalae for Children: A Two-Year Follow-Up of a Nationwide Sample, in: Journal of the American Academy of Child Psychiatry, Bd. 24, Nr. 5/1985, S. 531–537
Hetherington, E. Mavis: Coping With Family Transitions: Winners, Losers, Survivors, in: Child Development, Bd. 60/1989, S. 1–14
dies.: Effects of Father Absence on Personality Development in Adolescent Daughters, in: Developmental Psychology, Bd. 7, Nr. 3/1972, S. 355–369
Hetherington, E. Mavis/Arnett, Jeffrey/Hollier, E. Ann: Adjustment of Parents and Children to Remarriage, in: Children of Divorce, hrsg. von Sharlene A. Wolchik und Paul Karoly. New York 1988
Hetherington, E. Mavis/Cox, Martha/Cox, Roger: Long-Term Effects of Divorce and Remarriage on the Adjustment of Children, in: Journal of the American Academy of Child Psychiatry, Bd. 24, Nr. 5/1985, S. 518–530
Hetherington, E. Mavis/Furstenberg, Frank F. Jr.: Sounding the Alarm, in: Readings: A Journal of Reviews and Commentary in Mental Health, Bd. 4, Nr. 2 (Juni 1989), S. 4–8
Hetherington, E. Mavis/Tyron, Adeline S.: His and Her Divorces, in: Family Therapy Networker, November/Dezember 1989, S. 58–61
Hoffmann, Saul D./Duncan, Greg J.: What are the Economic Consequences of Divorce?, in: Demography, Bd. 25, Nr. 4 (November 1988), S. 641–645
Hu, Yuanreng/Goldman, Noreen: Mortality Differentials by Marital Status: An International Comparison, in: Demography, Bd. 27, Nr. 2 (Mai 1990), S. 233–250
Isaacs, Marla Beth/Montalvo, Braulio/Abelsohn, David: The Difficult Divorce: Therapy for Children and Families. New York 1986
Johnston, Janet R./Campbell, Linda E. G.: Impasses of Divorce: The Dynamics and Resolution of Family Conflict. New York 1988
Johnston, Janet R./Kline, M./Tschann, J. M.: Effects on Children of Joint Custody and Frequent Access, in: American Journal of Orthopsychiatry, Bd. 59, Nr. 4 (Oktober 1989), S. 576–592
Kalter, Neil: Research Perspectives on Children of Divorce, in: American Journal of Orthopsychiatry, Bd. 59, Nr. 4 (Oktober 1989), S. 557–618
Kalter, Neil et al.: Implications of Parental Divorce for Female Develop-

ment, in: Journal of the American Academy of Child Psychiatry, Bd. 24, Nr. 5/1985, S. 518–530
Kerr, Michael E.: Family Systems Theory and Therapy, in: Handbook of Family Therapy, hrsg. von Alan S. Gurman und David P. Kniskern. New York 1981
Kerr, Michael E./Bowen, Murray: Family Evaluation: An Approach Based on Bowen Theory. New York 1988
Kressel, Kenneth: The Process of Divorce: How Professionals and Couples Negotiate Settlements. New York 1985
Kulka, R. H./Weingarten, Helen: Long-Term Effects of Parental Divorce, in: Journal of Social Issues, Bd. 35, Nr. 4/1979, S. 50–78
Kunze, Jane Carolyn: Role of Peer Relations in Children Coping with Divorce. Dissertation, George Washington University Graduate School of Arts and Sciences, 18. Februar 1990
Lawson, Annette/Samson, Colin: Age, Gender and Adultery, in: The British Journal of Sociology, Bd. 39, Nr. 3 (September 1988), S. 409–440
Levinger, George/Moles, Oliver C. (Hrsg.): Divorce and Separation: Context, Causes and Consequences. New York 1979
London, Kathryn A./Kahn, Joan R./Pratt, William F.: Are Daughters of Divorced Parents More Likely to Divorce as Adults? Presented at annual meeting of the Population Association of America, New Orleans, April 1988
McLanahan, Sara/Bumpass, Larry: Intergenerational Consequences of Family Disruption. Presented at the annual meeting of the Population Association of America, San Francisco, April 1986
dies.: Intergenerational Consequences of Family Disruption, in: American Journal of Sociology, Bd. 94/1988, S. 130–152
Medred, Diane: The Case Against Divorce. New York 1989
Minuchin, Salvador/Rosman, Bernice L./Baker, Lester: Psychosomatic Families. Cambridge, Mass., 1978; Deutsch: Psychosomatische Krankheiten in der Familie, Stuttgart 1983
National Center for Health Statistics: Advance Report of Final Divorce Statistics. 1987. Monthly Vital Statistics Report, Vol. 38, Nr. 12, Supplement 2. Hyattsville, Md.: Public Health Service, 1990
dies.: Births, Marriages, Divorces and Deaths for 1989. Monthly Vital Statistics Report, Vol. 38, Nr. 12. Hyattsville, Md.: Public Health Service, 1990
Newcomb, Paul R.: Cohabitation in America: An Assessment and Consequences, in: Journal of Marriage and the Family (August 1979), S. 597–603
Papero, Daniel V.: Bowen Family Systems Theory. Needham Heights, Mass., 1990
Pittman, A. Frank: Private Lies, Infidelity, and the Betrayal. New York 1989
Rosenbaum, Lilian: Biofeedback Frontiers. Self-Regulation of Stress Activity, New York 1988
Santrock, J. W./Warshak, R. A.: Development, Relationships, and Legal Clinical Considerations in Father-Custody Families, in: The Father's Role: Applied Perspectives, hrsg. von M. E. Lamb. New York 1986

dies.: Father Custody and Social Development in Boys and Girls, in: Journal of Social Issues, Bd. 35, Nr. 4/1979, S. 112–125
Scarf, Maggie: Intimate Partners: Patterns in Love and Marriage. New York 1987
Southworth, S./Schwarz, J. C.: Post Divorce Contact, Relationships with Father, and Heterosexual Trust in Female College Students, in: American Journal of Orthopsychiatry, Bd. 24, Nr. 5 (Juli 1987), S. 371
Stone, Lawrence: A Short History of Divorce, in: Family Therapy Networker, November/Dezember 1989, S. 53–57
Tanfer, Koray: Patterns of Premarital Cohabitation Among Never-Married Women in the United States, in: Journal of Marriage and the Family, Bd. 49 (August 1987), S. 483–497
Titelman, Peter (Hrsg.): The Therapist's Own Family: Toward the Differentiation of Self. Northvale, N.J., 1987
Visher, Emily B./Visher, John S.: Step-Families: A Guide to Working with Stepparents and Stepchildren. New York 1979
Wallerstein, Judith S.: Children of Divorce: Preliminary Report of a Ten-Year Follow-Up of Older Children and Adolescents, in: Journal of the American Academy of Child Psychiatry, Bd. 24, Nr. 5/1985, S. 545–553
Wallerstein, Judith S./Blakeslee, Sandra: Second Chances. New York 1989; Deutsch: Gewinner und Verlierer, München 1989
Wallerstein, et al.: Children of Divorce: A 10-Year Study, in: Impact of Divorce, Single-Parenting and Stepparenting on Children, hrsg. von E. Mavis Hetherington und J. D. Arasteh. Hillsdale, N.J., 1988
Wallerstein, Judith S./Kelly, Joan B.: Surviving the Breakup: How Children Cope with Divorce. New York 1980
Warshak, Richard A./Santrock, John W./Eliott, Gary L.: Social Development and Parent-Child Interaction in Father-Custody and Stepmother Families, in: Nontraditional Families, hrsg. von M. E. Lamb. Hillsdale, N.J., 1982
Warshak, Richard A./Santrock, John W.: Children of Divorce: Impact of Custody Disposition on Social Development, in: Life-Span Developmental Psychology: Non Normative Life Events, hrsg. von E. J. Callahan und K. A. McCluskey. New York 1983
Weiner, Marcella/Starr, Bernard: Stalemates: The Truth About Extra-Marital Affairs. Far Hills, N.J., 1989
Weiss, Robert S.: Marital Separation. New York 1975; Deutsch: Trennung vom Ehepartner. Stuttgart 1980
Weitzman, Lenore J.: The Divorce Revolution: The Unexpected Consequences for Women and Children in America. New York 1985
Zaslow, Martha J.: Sex Differences in Children's Response to Parental Divorce, in: American Journal of Orthopsychiatry, Bd. 59, Nr. 1 (Januar 1989), S. 118–139, und Bd. 58, Nr. 3 (Juli 1988), S. 355–369
Zill, N.: Behavior, Achievement, and Health Problems among Children in Stepfamilies: Findings from a National Survey of Child Health, in: Impact of Divorce, Single Parenting and Stepparenting on Children, hrsg. von E. Mavis Hetherington und J. D. Arasteh. Hillsdale, N.J., 1988